Recherche De Mon Identité

Volume 2

L'évolution Chronologique D'un Motard Hors-la-
loi Sur La Route De La Rédemption

Edward Winterhalder

Blockhead City
Jenison, Michigan

Publié par Blockhead City, PO Box 145, Jenison, MI 49429

Données de catalogage avant publication de l'éditeur
Des Noms: Winterhalder, Edward, 1955-, auteur.
Titre: Recherche de mon identité : L'évolution Chronologique D'un Motard Hors-la-loi Sur La Route De La Rédemption
La Description: Jenison, MI: Blockhead City, 2022.
Identifiants: LCCN: 2022934220 | English ISBN: 979-8-9858817-0-7 (print) | 979-8-9858817-2-1 (ebook) | French ISBN: 979-8-4344327-6-4
Sujets: LCSH Winterhalder, Edward, 1955-. | Biker clubs-USE-Motorcycle clubs-Biography. | Bikers-USE-Motorcyclists-Biography. | Criminal behavior-BT-Criminal psychology-Biography. | Criminal behavior-BT-Deviant behavior-Biography. | Criminals-RT-Criminology-Biography. | Criminals-NT-Outlaws-Biography. | Criminals-Psychology-USE-Criminal psychology-Biography. | Criminals-Rehabilitation-UF-Reform of criminals-Biography. | Ethnology-UF-Ethnography-Biography. | Ethnology-UF-Social anthropology-Biography. | Ethnology-NT-Outcasts-Biography. | Motorcycle clubs-UF-Biker clubs-Biography. | Motorcycle clubs-BT-Motorcycles—Societies, etc.-Biography. | Motorcycle gangs-UF-Gangs, Motorcycle-Biography. | Motorcycle gangs-BT-Motorcycles—Societies, etc.-Biography. | Outlaws-BT-Criminals-Biography. | Outlaws in popular culture-BT-Popular culture-Biography. | Popular culture-UF-Pop culture-Biography. | Popular culture-NT-Anthropology in popular culture-Biography. | Popular culture-NT-Outlaws in popular culture-Biography. | BISAC BIOGRAPHY & AUTOBIOGRAPHY / Criminels et Hors-la-loi | BIOGRAPHY & AUTOBIOGRAPHY / Mémoire Personnelle
Classification: LCC HS101-330.7 .W56 2022 | HM811-821 .W56 2022 | GN301-674 .W56 2022

Livre de poche: Mars 2022   1ère édition

À mon frère et mentor Wil De Clercq, pour avoir planté la graine qui m'a encouragé à poursuivre ma rédemption

Winterhalder Livres

Searching For My Identity (Vol 1): The Chronological Evolution Of A Troubled Adolescent To Outlaw Biker by Edward Winterhalder (2022)

Searching For My Identity (Vol 2): The Chronological Evolution Of An Outlaw Biker On The Road To Redemption by Edward Winterhalder (2022)

Tous Les Chemins Menent A Sturgis: Une Histoire De Motard (Livre 1 de la Serie) by Edward Winterhalder & James Richard Larson (2022)

Die Übernahme: Von Der Rock Machine Zu Den Bandidos Der Bikerkrieg In Kanada by Edward Winterhalder & Wil De Clercq (2021)

La Asimilación: Rock Machine Volverse Bandidos – Motociclistas Unidos Contra Los Hells Angels by Edward Winterhalder & Wil De Clercq (2021)

L'Assimilation: Rock Machine Devient Bandidos - Bikers United Contre Les Hells Angels by Edward Winterhalder & Wil De Clercq (2021)

Biker Frauen: Die Anziehungskraft Von Frauen Auf Motorräder Und Outlaw-Bikers by Edward Winterhalder & Wil De Clercq (2021)

Motarde Femmes: L'Attirance Des Femmes Pour Les Motos Et Les Motards Hors-La-Loi by Edward Winterhalder & Wil De Clercq (2021)

Mujeres Motociclistas: La Atracción De Las Mujeres Por Las Motocicletas Y Los Motociclistas Fuera De La Ley by Edward Winterhalder & Wil De Clercq (2021)

Die Ultimativ Biker-Anthologie: Eine Einführung in Bücher über Motorradclubs & Outlaw Biker by Edward Winterhalder & Iain Parke (2021)

El Último Antologia Biker: Introducción A Los Libros Sobre Clubes De Motociclistas Y Motociclistas Fuera De La Ley by Edward Winterhalder & Iain Parke (2021)

L'Ultime Anthologie Biker: Une Introduction Aux Livres Sur Les Clubs De Motards Et Les Motards Hors-La-Loi by Edward Winterhalder & Iain Parke (2021)

Biker Chicz D'Amérique Du Nord by Edward Winterhalder & Wil De Clercq (2021)

Biker Chicz De América Del Norte by Edward Winterhalder & Wil De Clercq (2021)

Biker Chicz Von Nordamerika by Edward Winterhalder & Wil De Clercq (2021)

The Blue and Silver Shark: A Biker's Story (Book 5 in the Series) by Edward Winterhalder & Marc Teatum (2015)

Biker Chicz: The Attraction of Women To Motorcycles And Outlaw Bikers by Edward Winterhalder & Wil De Clercq (2014)

The Ultimate Biker Anthology: An Introduction to Books About Motorcycle Clubs And Outlaw Bikers by Edward Winterhalder & Iain Parke (2013)

The Moon Upstairs: A Biker's Story (Book 4 in the Series) by Edward Winterhalder & Marc Teatum (2012). Based on an original concept by Wil De Clercq

One Light Coming: A Biker's Story (Book 3 in the Series) by Edward Winterhalder & Marc Teatum (2011)

Biker Chicz of North America by Edward Winterhalder & Wil De Clercq (2010)

The Mirror: A Biker's Story (Book 2 in the Series) by Edward Winterhalder & James Richard Larson (2010)

Die Ubernahme: Von Der Rock Machine Zu Den Bandidos – Der Bikerkrieg In Kanada by Edward Winterhalder & Wil De Clercq (2010)

L'Assimilation: Rock Machine & Bandidos Contre Hells Angels by Edward Winterhalder & Wil De Clercq (2009)

Biker Chicks: The Magnetic Attraction of Women to Bad Boys and Motorbikes by Edward Winterhalder, Wil De Clercq & Arthur Veno (2009)

All Roads Lead to Sturgis: A Biker's Story (Book 1 in the Series) by Edward Winterhalder & James Richard Larson (2009)

The Assimilation: Rock Machine Become Bandidos – Bikers United Against the Hells Angels by Edward Winterhalder & Wil De Clercq (2008)

Out in Bad Standings: Inside the Bandidos Motorcycle Club – The Making of a Worldwide Dynasty by Edward Winterhalder (2005)

Winterhalder Site Web Et Médias Sociaux

Website: http://www.blockheadcity.com

Wikipedia: http://en.wikipedia.org/wiki/Edward_Winterhalder

IMDB: http://www.imdb.com/name/nm3034980

YouTube: http://www.youtube.com/c/BlockheadCity

LinkedIn: http://www.linkedin.com/in/edwardwinterhalder

Instagram: https://www.instagram.com/blockheadcity

Twitter: https://twitter.com/BlockheadCity

Winterhalder Musique:

AT LONG LAST
Warren Winters Band
Vinyl LP Record (1980)

AS I WAS
Warren Winters Band
Vinyl LP Record (1984)

CROSSBAR HOTEL
Warren Winters Band
Vinyl LP Record/Cassette (1988)

THE BEST OF WARREN WINTERS
Warren Winters Band
CD (1995)

THEN & NOW
Warren Winters Band
Digital Album (2020)

THE NAME OF THE GAME
Warren Winters Band
Music Video/Digital Song (2020)

Recherche De Mon Identité: L'évolution Chronologique D'un Motard Hors-la-loi Sur La Route De La Rédemption

Table Des Matières

Recherche De Mon Identité: L'évolution Chronologique D'un
Motard Hors-la-loi Sur La Route De La Rédemption

Recherche De Mon Identité: L'évolution Chronologique D'un Motard Hors-la-loi Sur La Route De La Rédemption

Introduction

En regardant ma vie maintenant que j'ai la soixantaine, il est facile de voir le bon, le mauvais et le laid. Certains des choix que j'ai faits étaient bons, d'autres mauvais et d'autres carrément imprudents. Certaines de mes décisions ont eu des conséquences, d'autres non. Une partie de mon comportement a été héritée et une partie de mon comportement a été apprise. Je réalise et j'accepte que je suis psychologiquement biaisé, et la raison principale est profondément enracinée dans mon enfance dysfonctionnelle.

Élevé par ma mère et mon père adoptifs—un alcoolique qui n'avait pas la capacité d'aimer ou de prendre soin d'un enfant— dans un environnement dépourvu d'éducation, les situations que j'ai vécues au cours de mes années de développement m'ont marqué tout au long de ma vie et m'ont laissé constamment recherche de mon identité.

Le manque d'affection que j'ai ressenti pendant l'enfance a été aggravé par les disputes constantes qui se produisaient quoti- diennement entre mes parents adoptifs, ainsi que par le manque d'intérêt croissant de mon père adoptif à mesure que je vieillissais.

Le lourd fardeau de l'enfance que j'ai porté a été caché pendant des décennies et n'a jamais été discuté avec ma famille ou mes amis proches. Au cours de mon parcours d'adolescent troublé à motard hors-la-loi, les signes de dysfonctionnement étaient évidents alors que je parcourais le chemin de la vie, mais j'étais délibérément inconscient.

Après avoir rencontré mon père biologique en 1994 et appris à bien le connaître, j'ai réalisé qu'il était aussi psychologiquement faussé par une enfance dysfonctionnelle. Ses capacités émotionnelles ont également été compromises, le laissant égocentrique et incapable d'aimer ou de prendre soin d'un autre être humain.

Au fil des années, je me suis souvent interrogée sur les origines de mon dysfonctionnement. La cause principale de mon esprit psychologiquement biaisé est-elle le résultat d'un comportement héréditaire, d'un comportement appris ou d'une combinaison des deux?

Un autre aspect inhabituel de ma vie—jusqu'à l'âge de 44 ans—était le type de femmes qui m'attiraient et avec qui j'aimais être, car presque toutes avaient un trait commun. Ils ont subi un certain type d'abus pendant leur enfance et/ou avaient une faible estime d'eux-mêmes. Parce que je côtoyais quotidiennement des clubs de strip-tease, ainsi que dans la gestion et la propriété des salles de danse, beaucoup de ces femmes étaient des strip-teaseuses.

Je n'ai jamais réalisé cette caractéristique jusqu'à ce que le thérapeute de ma fille me le signale un jour en 1998. Elle a dit, "*Il est évident que vous êtes sorti avec le même type de femme encore et encore toute votre vie. Vous devez changer le bassin de sélection*

Recherche De Mon Identité: L'évolution Chronologique D'un
Motard Hors-la-loi Sur La Route De La Rédemption

dans lequel vous choisissez vos femmes, sinon vous n'aurez jamais une relation saine."

Bien qu'il ait fallu quelques jours pour que cette conversation s'installe, je me suis vite rendu compte qu'elle avait raison. Ce fut une révélation qui m'a amené à reconsidérer les attributs attrayants des femmes que je fréquentais à l'avenir.

Ai-je fréquenté des strip-teaseuses, des femmes qui avaient subi des abus dans leur enfance et des femmes qui avaient une faible estime de soi à cause de mon esprit psychologiquement faussé? Et si oui, était-ce le résultat d'un comportement hérité, d'un comportement appris ou d'une combinaison des deux?

La principale raison pour laquelle j'ai recherché l'acceptation toute ma vie m'a échappé. Ai-je recherché l'acceptation parce que je n'ai jamais eu de modèle masculin positif pendant mon enfance et que mon père adoptif m'a dit à plusieurs reprises que je ne représenterais jamais rien, ou peut-être était-ce le résultat d'avoir été abandonné par ma mère biologique le jour de ma naissance et de passer les six premiers mois de ma vie dans un orphelinat?

Vous êtes sur le point de vous lancer dans un voyage étrange dans un monde que vous ne pouvez pas imaginer, mais avant de vous plonger dans mes chroniques, sachez que j'ai l'intention de vous fournir une représentation plus précise d'un membre typique d'un club de motards que ce que vous êtes habitué. J'espère que mes expériences de vie vous apporteront une

perception beaucoup plus claire de ce qu'est vraiment un motard
hors-la-loi et pourquoi il—ou elle—est un motard hors-la-loi.

La majorité des membres des clubs de motards du monde
sont des hommes légitimes qui travaillent dur et qui causent
rarement des problèmes à qui que ce soit. Contrairement à l'image
sujette à la violence dépendante de la méthamphétamine
régulièrement véhiculée par les médias, la plupart des motards
hors-la-loi d'aujourd'hui sont des membres productifs de la société
qui aiment les motos et le style de vie, et la seule chose dont ils
sont coupables est de s'amuser trop le week-end.

En explorant mon monde tumultueux, vous ferez un
voyage extraordinaire dans l'environnement hostile où j'ai vécu
pendant près de trente ans en tant que member—ou étroitement
associé à—de grands clubs de motards hors-la-loi dans le monde.
La plupart du temps, j'occupais un emploi rémunéré, mais je vivais
simultanément presque tous les jours comme si chaque jour était
un jour férié—vivre de cette façon était obligatoire dans le style de
vie traditionnel des motards que je maintenais.

En tant que membre à part entière et officier national
d'abord avec le club de motards Rogues puis avec le club de
motards Bandidos, j'ai régulièrement parcouru le monde. En cours
de route, j'ai écrit des livres sur le style de vie des motards hors-la-
loi; produit des émissions de télévision qui ont été vues partout
dans le monde; passé du temps en prison; et acheté, vendu,
construit et réparé des centaines de Harleys.

Recherche De Mon Identité: L'évolution Chronologique D'un Motard Hors-la-loi Sur La Route De La Rédemption

Au cours de ma vie, j'ai également dirigé un groupe de rock; possédait une société de gestion de la construction; produit, enregistré et fabriqué quatre albums de disques de chansons que j'ai écrites; acheté, vendu et retourné des biens immobiliers résidentiels; élevé une belle fille; et j'ai épousé la plus belle femme que j'aie jamais connue, ma Conquistadora.

Ceci est mon histoire, écrite avec mes propres mots au cours des dix-huit dernières années. Je m'excuse d'avance si vous trouvez le style d'écriture grossier ou immature, mais s'il vous plaît, comprenez que je suis un motard hors-la-loi, pas un maître littéraire qui a bénéficié de cours d'écriture créative ou de journalisme à l'université.

J'espère vraiment que vous apprécierez le voyage pendant que vous lirez les deux volumes de *Recherche De Mon Identité*. Le volume 1 de mes mémoires—des années soixante à Janvier 2001—est *L'évolution Chronologique D'un Adolescent Troublé Au Motard Hors-la-loi*. Le volume 2—de Janvier 2001 à Décembre 2020—est *L'évolution Chronologique D'un Motard Hors-la-loi Sur La Route De La Rédemption*.

N'oubliez jamais que vous êtes le maître de votre destin, croyez toujours en vous et roulez en toute sécurité!

Edward "Connecticut Ed" Winterhalder
Janvier 2022

Recherche De Mon Identité: L'évolution Chronologique D'un
Motard Hors-la-loi Sur La Route De La Rédemption

Chapitre 25

Bandidos Motorcycle Club Oklahoma

Janvier 2001 À Octobre 2001

Quand je suis retourné à Tulsa à la fin du mois de Janvier, tout le monde dans le chapitre de l'Oklahoma a été immédiatement convoqué à une réunion attendue depuis longtemps qui s'est tenue le 25 Janvier au domicile de Harry "Skip" Hansen à Muskogee. Je connaissais Skip depuis mon adolescence et il avait été un membre original du chapitre de l'Oklahoma lors de sa création, mais a démissionné six mois plus tard à cause de son mépris pour Turtle et Joseph "Joe" Kincaid, et d'un conflit mineur avec Bandido Earthquake.

Nous étions à peu près certains que Joe, le sergent d'armes du chapitre, avait collaboré avec le chapitre Oklahoma des Outlaws et ses activités subreptices ne pouvaient plus être tolérées. Nous avions également entendu des rumeurs selon lesquelles il fabriquait de la méthamphétamine avec l'ancien Bandido Buddy et était dans le commerce de la drogue illicite avec certains des Outlaws.

Maintenant que John "Turtle" Fisher appartenait à l'histoire et que Joe était sur le point de partir, Skip était prêt à rejoindre le chapitre et le président du chapitre Lee "Lee" McArdle avait décidé pendant que j'étais au Canada qu'il deviendrait membre probatoire à la prochaine réunion. . Dès que cela a commencé,

1

avant que Lee ne dise un mot, Joe a quitté le club. Satisfaits que son départ soit justifié mais n'ayant pas les papiers pour prouver nos soupçons concernant ses activités parascolaires, nous avons voté pour le laisser quitter le club en règle. Joe nous a donné toute sa propriété Bandido, y compris son patch, et nous avons dit au revoir. Quarante-cinq minutes plus tard, Skip était à nouveau un Bandido en probation et le sergent d'armes du chapitre, qui était le même poste qu'il avait occupé en Mai 1997 lorsque le chapitre a été fondé.

Notre attention s'est ensuite tournée vers OK Rider George "George" Schuppan. Le 4 Janvier, l'ATF (alcool, tabac et armes à feu) avait signifié un mandat de perquisition au domicile de George où ils ont découvert une mitrailleuse et une petite quantité de méthamphétamine. Après une courte discussion concernant les circonstances entourant son arrestation dans le comté de Caddo en Septembre 2000 et le mandat de perquisition fédéral du 4 Janvier, il a été décidé que George serait expulsé des OK Riders. Bandido Charles "Snake" Rush a reçu l'ordre de localiser immédiatement George, de récupérer son écusson et sa propriété OK Rider, et de lui dire de ne plus jamais s'associer avec quelqu'un du monde rouge et or. Il a évité Snake et le reste d'entre nous comme la peste pendant les trente-trois jours suivants, et personne n'a pu mettre la main sur George.

Quelques jours plus tard, la boutique de OK Rider James "Cub" Oleson à Jones a brûlé en pleine journée alors que personne n'était à la maison. Dans le garage se trouvaient une douzaine de motos à divers stades de réparation. L'une des motos était une Harley Softail assez récente qui appartenait à l'ancien OK Rider Edwin "Sixpack" Collins qui résidait dans le système pénitentiaire de l'Oklahoma. La majorité des vélos et le bâtiment n'étaient pas assurés, donc l'incendie a eu un impact financier dévastateur. Cub était catégorique sur le fait que l'incendie était un incendie criminel et que les Outlaws étaient responsables parce qu'on lui avait dit que le Outlaw Michael "Michael" Roberts avait été vu dans une station locale remplissant des bidons de cinq gallons d'essence peu de temps avant le début de l'incendie.

Cub avait un fort désir de riposter et de se venger de Michael et des Outlaws de toutes les manières possibles dès que possible, mais il avait besoin de notre permission pour le faire. Notre relation avec les Outlaws de l'Oklahoma à ce stade était pour le moins tendue, mais personne ne voulait déclencher une guerre majeure avec eux à moins que nous ne puissions prouver que les Outlaws étaient derrière, et une guerre avec les Outlaws ne pouvait pas commencer si Michael avait incendié le garage pour des raisons personnelles. Notre enquête a finalement déterminé que le chapitre Outlaws n'avait rien à voir avec l'incendie, mais n'a jamais réfuté la théorie selon laquelle Michael avait intentionnellement mis le feu à la suite d'une dispute personnelle.

En Février, nous espérions que 2001 serait une meilleure année, et maintenant que Joe, OK Rider George et Earl "Buddy"

Kirkwood étaient partis, nous pensions qu'il n'y aurait plus de problèmes avec les conneries de meth. Une fois de plus, nous avons grossièrement sous-estimé le pouvoir de la méthamphétamine, car nous avons vite appris que George et sa petite amie Jean avaient reçu un autre mandat de perquisition, cette fois par un groupe de travail sur la drogue du comté d'Oklahoma. Le 27 Février à 5 heures du matin, George avait été pris en flagrant délit de fabrication de méthamphétamine lorsque le groupe de travail sur la drogue a découvert un laboratoire entièrement fonctionnel dans l'une des chambres. Pendant le raid, son écusson OK Rider a été saisi comme preuve que le club était impliqué dans l'achat, la vente et la fabrication de méthamphétamine - nous étions furieux.

L'aspect le plus intéressant de l'incident était que les officiers ont appelé Delbert Knopp, qui était un agent de l'ATF, au lieu de l'emmener en prison. George a déclaré au groupe de travail qu'il était un informateur confidentiel travaillant pour l'ATF et qu'il fabriquait de la méthamphétamine dans le cadre d'une enquête criminelle fédérale. L'agent Knopp est arrivé sur les lieux peu après la lumière du jour, a pris la garde de George, et plus tard dans la journée, les charges qui étaient en instance contre sa petite amie pendant qu'elle était incarcérée dans la prison du comté d'Oklahoma ont été abandonnées. Il nous a fallu des mois pour déterminer que George Schuppan était un gros rat et pour rassembler les documents nécessaires pour prouver qu'il coopérait avec le gouvernement fédéral, qui à l'époque était en train de monter une affaire criminelle massive contre le chapitre d'Oklahoma City des Outlaws.

Confrontés aux preuves de plus en plus nombreuses que l'ancien OK Rider coopérait avec les forces de l'ordre à l'été 2001, les Outlaws Michael Roberts, Thomas "Chameleon" Cain et Virgil "Arlo" Nelson m'ont assuré qu'il était impossible que George soit un rat. À la simple suggestion que George coopérait, Michael voulait se battre pour protéger l'honneur de George - ce n'était pas une surprise car Michael était fortement impliqué dans le commerce de la méthamphétamine avec l'ancien OK Rider. Peu de temps après la réunion, Chameleon, le président des Outlaws de l'Oklahoma, a invité la petite amie de George à partager sa maison pendant qu'elle coopérait avec les autorités fédérales.

Début Mars, tout le chapitre d'Oklahoma Bandidos a fait une pause et a fait un voyage rapide à Mobile, en Alabama, où nous avons passé un long week-end au Birthday Run, célébrant la naissance du club en Mars 1966. J'ai pu passer du temps avec Diesel, Les et Armin du chapitre national en Allemagne, qui étaient au milieu d'une tournée éclair des chapitres de Bandido dans la moitié sud du pays. Diesel m'a dit que dans quelques jours, il allait visiter une ferme d'alligators en Louisiane avec quelques-uns des frères Cajun. J'ai patiemment expliqué que pendant la tournée, il aurait l'occasion de nourrir les guimauves alligators, mais de se méfier si les frères remplissaient ses poches de sacs de

5

guimauves avant l'excursion. Si ses poches étaient remplies de guimauves, cela signifiait qu'il allait être emmené dans les marais au lieu de la ferme d'alligators, et qu'il allait être jeté hors du bateau comme nourriture pour alligators. J'ai fait de mon mieux pour ne pas rire, mais malgré la barrière de la langue, le Bandido Allemand s'est rendu compte que l'histoire était un canular et nous avons bien ri.

Caroline et moi avons quitté la fête tôt dimanche matin et nous sommes dirigés vers la Nouvelle-Orléans pour une journée. Elle voulait explorer le Quartier Français, mais c'était le week-end du Mardi Gras et c'était de la pure folie d'aller dans le centre-ville. Au lieu de cela, nous avons choisi de rendre visite à Bandido Bradley et à sa femme chez eux, juste au sud de la Nouvelle-Orléans. Il avait eu un grave accident de moto quelques mois plus tôt et ne pouvait pas voyager, alors Bradley était resté à la maison pendant la course d'anniversaire. Il possédait un magasin de tatouage au centre-ville de la Nouvelle-Orléans et je le connaissais depuis de nombreuses années. Je me sentais mal que le Louisiana Bandido ait raté la fête à Mobile, alors je lui ai apporté un morceau de la course d'anniversaire pour les quelques heures que nous avons passées ensemble ce jour-là.

Trois semaines après notre retour de la côte du golfe, l'ATF et la DEA (Drug Enforcement Administration) ont signifié simultanément des mandats de perquisition aux domiciles de Outlaw Arlo, Outlaw Chameleon et OK Rider Cub le 30 Mars.

Recherche De Mon Identité: L'évolution Chronologique D'un Motard Hors-la-loi Sur La Route De La Rédemption

Nous savions maintenant avec certitude que l'ancien OK Rider George coopérait avec les autorités fédérales, car l'emplacement d'une arme à feu qui figurait sur le mandat de perquisition signifié à la maison de Cub n'était connu que de Cub et George. Le mandat de perquisition a également révélé que Cub était soupçonné d'être en possession d'explosifs, et bien que rien n'ait jamais été trouvé, la simple suggestion a attiré notre attention. Ce n'était pas longtemps après le bombardement du Murrah Federal Building à Oklahoma City, qui était à moins de vingt miles de la maison de Cub.

Nous craignions également qu'un fusil de chasse et une petite quantité de méthamphétamine aient été découverts dans la chambre principale parce que Cub et sa femme étaient en probation. La possession d'une arme à feu pendant la probation était un crime dans l'Oklahoma, et la possession d'une arme à feu lors de l'utilisation de méthamphétamine était un crime fédéral. Nous avons supposé que Cub allait être arrêté dans un avenir très proche et envoyé en prison, et nous savions maintenant qu'il y avait un lien entre Cub, l'ancien OK Rider George, et le chapitre des Outlaws à Oklahoma City, mais nous ne savions pas exactement comment les morceaux de le puzzle s'emboîte.

À la fin du printemps, alors que sous un nuage de controverse au Canada, je suis parti avec Caroline sur la Harley pour un week-end à Eureka Springs, Arkansas. Je voulais assister à un salon du vélo organisé par le club de motards 13 Rebels et

Recherche De Mon Identité: L'évolution Chronologique D'un Motard Hors-la-loi Sur La Route De La Rédemption

j'avais prévu de rencontrer des OK Riders et un ancien membre des Tennessee Outlaws qui vivaient à Harrison, à proximité. Gary "Andy" McWilliams et moi nous étions rencontrés au Pawhuska Bike Rally de 1999 lorsqu'il était membre du chapitre de Memphis. Alors qu'Andy et moi visitions le parking de la rencontre d'échange, j'ai rencontré Randy Campbell pour la première fois. Randy, qui vivait à Eureka Springs, portait une chemise *Support Your Local Bandidos* et nous avons immédiatement été attirés l'un par l'autre pour des raisons évidentes. J'ai été surpris d'apprendre que Randy connaissait beaucoup de mes frères en Louisiane - sa famille vivait à Lafayette depuis de nombreuses années.

Randy, Andy et moi avons passé toute la journée et la soirée ensemble, puis nous avons rencontré les OK Riders de Tulsa pour un petit-déjeuner de groupe au Granny's Café le lendemain matin. La nuit précédente, j'avais expliqué à Randy que j'étais intéressé à créer un club de soutien Bandidos dans les collines du nord-ouest de l'Arkansas, et je lui avais demandé s'il serait prêt à m'aider à le faire. Je savais qu'il était peu probable que le chapitre Arkansas Bandidos de Little Rock s'agrandisse à moins que j'empile le pont – à l'époque, ils n'avaient que trois membres actifs dans tout l'État. J'ai pensé que je pourrais facilement obtenir la permission d'El Presidente George pour lancer le club de soutien, et j'ai pensé que le président de l'Arkansas, Leo "Murray" Murray, pourrait être persuadé de me permettre de créer un club de soutien dans sa région, car Eureka Springs était plus proche de Tulsa que

8

Little Rock. Mais avant de faire quoi que ce soit ou de demander la permission à qui que ce soit, j'avais besoin de localiser des membres potentiels intéressés par la création d'un club de soutien. J'avais toujours adoré la région d'Eureka Springs-Siloam Springs-Fayetteville au nord-ouest de l'Arkansas, et j'y passais des vacances depuis plus de vingt ans. Aussi loin que je me souvienne, la région était un paradis pour les amateurs de motos - un motard indépendant avait même été maire d'Eureka Springs pendant de nombreuses années. Les belles collines vallonnées n'étaient qu'à deux heures de Tulsa, et avant que je ne retourne à Tulsa, Randy et Andy ont tous deux accepté d'y réfléchir.

Quand je suis retourné à Tulsa, j'ai appris que Bandido CC s'était finalement lassé de toutes les conneries que Bandido Steve lui avait données à Lawton. CC avait récemment été impliqué dans un grave accident de moto qui avait gravement blessé sa petite amie et faisait face à une accusation de conduite avec facultés affaiblies qui avait déjà entraîné la perte de son permis de conduire. Il était difficile de fonctionner dans notre monde sans permis de conduire, mais pour compliquer les choses, Steve détestait CC. Parce que CC était toujours un membre en probation et que Steve était un patch complet, Steve a exécuté CC en lambeaux vingt-quatre heures par jour avec des commandes stupides et des demandes que le patch complet Bandido a passé tout son temps à imaginer. Steve avait un petit complexe de gars et porter un patch

9

Bandido lui faisait penser qu'il était un homme. En réalité, Steve était un sac de merde menteur et CC le savait.

En Août 2000, le probatoire Bandido avait acheté un 92 Harley Heritage à Steve, et le vélo était un désastre qui attendait de se produire. Steve m'a menti, ainsi qu'à CC, sur l'horrible état mécanique de la moto, et CC a finalement payé le prix de l'énorme quantité de réparations nécessaires mais jamais divulguées. J'avais financé la transaction pour CC et organisé l'achat du nouveau Road King de Steve chez un concessionnaire Tulsa Harley. Bien qu'il y ait une raison valable pour que CC déteste Steve, dans l'esprit pervers de Steve, le probatoire Bandido était le délinquant qui devait être puni.

Sachant très bien que Steve était la cause, nous avons laissé CC quitter le club pour s'occuper de sa vie personnelle et avons conclu un accord avec lui pour régler toutes ses dettes simultanément le 6 Mai. Pour faire face, il a donné au chapitre la vieille moto de Steve, et en retour j'ai utilisé l'équité pour payer tout ce qu'il devait au chapitre, les amendes qu'il devait à l'État suite à l'accident de moto, et pour lui trouver un nouvel endroit où vivre. Bandido CC n'était plus que CC et hors du club en bonne position, mais Steve se cachait toujours dans l'ombre. Après quatre ans, le chapitre de l'Oklahoma était redescendu à six membres - cinq dans la rue et un en prison.

George Schuppan a été inculpé le 1er Mai par un grand jury fédéral pour fabrication de méthamphétamine, possession d'armes à feu et possession d'une mitrailleuse, mais nous ne l'avons découvert que deux semaines plus tard. À ce moment-là, Randy avait décidé de rejoindre le club de soutien si je pouvais obtenir la permission de le lancer - il a également indiqué qu'il avait une poignée d'amis qui étaient intéressés à faire partie de la nouvelle organisation.

J'ai appelé El Presidente George pour obtenir la permission d'ouvrir le club de soutien du nord-ouest de l'Arkansas, et il m'a dit que ça lui convenait tant que ça convenait au président des Arkansas Bandidos. Lorsque j'ai appelé Murray et lui ai expliqué ce que j'avais en tête, il m'a donné sa bénédiction et m'a souhaité bonne chance. Si tout fonctionnait, Murray pourrait dire que c'était son idée, mais si quelque chose n'allait pas, il pourrait tout me reprocher. J'ai décidé d'appeler ma nouvelle création les Ozark Riders.

Au Pawhuska Biker Rally à la mi-Mai, nous avons lancé le nouveau club de motards. Randy et son équipage sont venus du nord-ouest de l'Arkansas pour assister à l'événement, et pour marquer l'occasion, j'ai invité les Bandidos de Louisiane à voir leur vieil ami Randy devenir le président d'un nouveau club de soutien Bandidos. Sargento-de-Armas Jack "Jack-E" Tate, Bandido Peck et quelques autres Bandidos de Louisiane ont fait le voyage de six cents milles du sud de la Louisiane à Pawhuska, le justifiant comme une halte sur leur chemin vers le Nouveau-Mexique pour Memorial Day . Chez Pawhuska, nous avons donné des patchs ronds rouges et dorés d'environ trois pouces de diamètre qui disaient *I Support Bandidos Worldwide* à six membres potentiels du nouveau chapitre Ozark Rider, ce qui signifiait qu'ils faisaient désormais officiellement partie de notre monde.

À peine avions-nous fini avec Pawhuska que tout le chapitre de l'Oklahoma a décollé dans une course folle pour les montagnes du Nouveau-Mexique et le rallye annuel de la rivière Rouge au Nouveau-Mexique. Au cours de l'événement, El Presidente m'a demandé de rejoindre officiellement le chapitre national pour la troisième fois et j'ai en fait assisté à la réunion du chapitre national qui s'est tenue ce week-end. Une fois de plus, j'ai loué une paire de magnifiques maisons de ville juste à côté de Main Street pour le chapitre de l'Oklahoma. Cette fois, Caroline et moi n'avions heureusement pas autant de chemises à vendre sur la terrasse du bar *Bull of the Woods*, et le ceux que nous avions vendus rapidement. Cela avait été un excellent week-end du Memorial Day avec toute la nation Bandido, mais sur le chemin du retour, mon attitude a changé lorsque j'ai été arrêté pour excès de vitesse dans le comté de Beaver, Oklahoma, ce qui m'a coûté cent dollars que je ne pouvais pas me permettre.

Début Juin, j'ai emmené un prototype de rockers avec moi à Eureka Springs, et Randy Campbell est devenu Randy probatoire Ozark Rider. Je lui ai vendu ce qui restait de l'ancien Softail 92 Heritage de Bandido CC, et pour l'aider, j'ai financé l'affaire personnellement en portant la note. Andy n'avait pas pris la décision de devenir un Ozark Rider - il pensait toujours qu'un club de soutien était un pas en avant par rapport au 1%er - mais a accepté de passer du temps avec Randy et les autres membres potentiels sur une base régulière pour tout leur apprendre. il pourrait environ 1%er interdire les clubs de motards.

J'avais déjà décidé que le processus pour devenir Ozark Rider serait un processus en quatre étapes. Un membre potentiel traînerait d'abord pendant un certain temps, puis deviendrait un prospect lorsque les membres du chapitre l'auraient élu. Un prospect recevrait un top rocker et un patch MC. Après un minimum de trente jours, la perspective pourrait devenir un probatoire, ce qui lui donnerait son culbuteur. Après un minimum de trente jours, un probatoire peut devenir membre à part entière et recevoir son patch central. J'ai demandé à Randy de rassembler une équipe de membres potentiels et de s'assurer que chacun avait des moyens de soutien visibles. Il était évident que la consommation ou le trafic de meth ne seraient pas tolérés.

À la mi-Juin, j'avais terminé un prototype pour le patch central Ozark Riders qui consistait en un homme conduisant une moto portant un sombrero. Lors d'une discussion après Pawhuska lorsque nous avons parlé de différentes idées pour le patch central, Bandido Peck de Louisiane a suggéré que nous utilisions la moitié supérieure d'un patch de membre fondateur de cinq ans et la moitié inférieure d'un des dessins de Randy. De la pléthore de concepts présentés ce jour-là, nous avons finalement décidé que le concept de Peck était le meilleur.

Fin Juin, après avoir concédé que je n'allais pas me faire virer cette fois, j'ai craqué à contrecœur et j'ai cousu la nouvelle bascule du bas sur mon gilet qui annonçait au monde que j'étais un officier national du club de motards Bandidos. Au dos de mon gilet, la bascule El Secretario a remplacé ma bascule Oklahoma, et sur le devant, un ruban des États-Unis a remplacé le ruban Tulsa. Pour mon premier voyage en tant que membre reconnu du chapitre national, je me suis rendu à Fort Worth pour assister à une fête organisée par le nouveau chapitre de Fort Worth Bandidos, et pendant que là-bas, je me suis retrouvé à nouveau impliqué dans la controverse.

Le El Presidente m'avait demandé d'assister à la fête, et pendant que j'étais à Dallas, il voulait que j'explore les possibilités de créer un club de soutien là-bas. George savait que j'avais beaucoup de contacts dans la région de Dallas-Fort Worth, et en raison du succès de mon entreprise dans le nord-ouest de l'Arkansas, il pensait qu'il était probable que je puisse reproduire mon succès dans le nord du Texas.

À peine arrivé, je suis tombé sur Bandido Cotton à l'intérieur d'une vieille maison délabrée sur la propriété où se déroulait la fête. Membre de longue date du chapitre des nomades, Cotton et moi ne nous étions jamais entendus, et depuis une altercation mineure chez moi à l'été 1997, nous ne nous aimions

14

plus. Maintenant que j'étais officier national et que Cotton ne l'était plus, son mépris pour moi ne connaissait plus de limites.

En présence d'El Vice-Presidente Jeff, Cotton a exposé avec vengeance sa philosophie de croissance anti-Bandido. Cotton était récalcitrant - il m'a dit que si je créais un club de soutien dans la région de Dallas, il retirerait personnellement tous les patchs et agresserait violemment chaque membre dans le processus.

Lors de mon premier aperçu de la politique interne conflictuelle du club, j'ai été choqué lorsque Jeff a soutenu Cotton et m'a dit d'oublier la région de Dallas-Fort Worth, ce qui était tout le contraire de ce que George m'avait demandé de faire. J'ai réalisé que j'étais un pion sacrifiable dans un jeu d'échecs interne géant et je savais que mon temps en tant que membre de la section nationale était limité. Moins d'une semaine plus tard, j'ai été renvoyé de la section nationale pour la troisième fois, cette fois pour avoir fait exactement ce qu'on m'avait demandé de faire. Il semblait que plus j'en faisais pour le club, plus ça énervait les dinosaures de l'organisation, parce que ça les faisait mal paraître, comme s'ils ne faisaient rien pour le club. Je commençais aussi à me demander qui dirigeait vraiment les Bandidos.

À la mi-Juillet, mon père biologique vivait heureux de l'autre côté de la ville avec sa jeune épouse roumaine dans la ville de Sand Springs, où elle semblait faire carrière en allant à l'université. Forrest travaillait d'arrache-pied, construisant un immense entrepôt Mathis Brothers, un bureau et une salle d'exposition de meubles à Tulsa, juste à l'ouest de l'autoroute 169 et au nord de la 71e rue derrière Best Buy. C'était un projet énorme et j'étais extrêmement fier de lui pour avoir mené la mission du berceau à la tombe. Bien que nous n'ayons pas eu beaucoup de contacts depuis qu'il a quitté la maison à l'été 1999, je me suis fait un devoir de lui rendre visite sur le chantier Mathis Frères quand j'en avais le temps.

Le 22 Juillet, j'ai organisé une grande fête chez moi à Owasso pour le nouveau chapitre Ozark Riders en Arkansas. C'était un accord de tout l'après-midi au cours duquel cinq hangarounds sont devenus des membres à l'essai et ont reçu leurs rockers. Au même moment, Randy a reçu son écusson central. Officiellement, il y avait maintenant une présence de Bandidos dans les collines du nord-ouest de l'Arkansas et notre territoire s'étendait maintenant de Lawton, Oklahoma, jusqu'à Eureka Springs, Arkansas. Avec trois chapitres d'OK Riders à Chandler, Claremore et Comanche, et un chapitre d'Ozark Riders en Arkansas sous notre supervision, Bandidos Oklahoma avait l'air beaucoup plus grand qu'il ne l'était. Nous avons également dévoilé une grande bannière Bandidos Oklahoma que j'ai demandé au chapitre luxembourgeois en Europe de réaliser pour nous.

Lors de la création des Ozark Riders, j'ai rencontré un problème unique. J'avais rencontré un autre club de motards dans le nord-ouest de l'Arkansas appelé les Flaming Knights qui avait un nouveau chapitre basé à Rogers. Ce club de motards était

16

principalement destiné aux motards noirs hors-la-loi, mais les couleurs de leurs patchs étaient les mêmes que celles des Bandidos. En enquêtant sur leur histoire, j'ai découvert que nous avions une trêve en place avec l'organisation qui nous empêchait de les fermer. Étant donné que les Bandidos étaient désormais présents là-bas, je devais trouver un moyen de retirer le club des collines du nord-ouest de l'Arkansas sans recourir à la violence.

Pour mettre mon plan en marche, j'ai invité les Flaming Knights à la fête du patch Ozark Riders. Je savais que leur chef Lobo était un homme noir intelligent, mais la plupart de leurs autres membres étaient blancs. J'ai aussi correctement calculé que les gars blancs avaient rejoint le club sans savoir que l'organisation était principalement noire. Au cours des mois suivants, j'ai réussi à convaincre deux des Flaming Knights de devenir membres d'un nouveau chapitre des Ozark Riders à Rogers, et j'ai convaincu Lobo de rejoindre un club national de 1% appelé les Hells Lovers - la plupart de leurs membres étaient le noir. Les autres membres des Flaming Knights ont démissionné en même temps que Lobo a rejoint les Hells Lovers et est devenu des cavaliers indépendants, et le problème a été résolu.

Mon principal objectif commercial à la fin du mois de Juillet était de vendre la maison de maître que j'avais construite et qui était maintenant coincée dans mon cul. Le projet de rénovation massif de la maison de cinq mille pieds carrés au centre-ville de Tulsa s'était transformé en cauchemar lorsque j'ai découvert qu'une

17

maison de trois cent mille dollars à vendre dans cette partie de la ville était impossible à vendre.

J'ai essayé tout ce que je pouvais penser pour vendre l'endroit mais rien n'a fonctionné. À un moment donné, j'ai même engagé une entreprise pour remplir la maison de meubles anciens et organiser une vente de trois jours, la vente aux enchères de la maison à la fin, mais cela n'a pas fonctionné. J'ai finalement touché la terre quand je regardais les informations un soir de fin Juillet et que j'ai vu une histoire sur un nouveau centre de suivi de la toxicomanie et de l'alcoolisme.

L'Oxford House était une chaîne nationale de plus de neuf cents maisons de réadaptation pour la récupération des hommes toxicomanes et alcooliques, où ils résident après avoir terminé un programme de traitement de la toxicomanie. Les maisons d'Oxford sont gérées indépendamment les unes des autres, chaque maison étant régie par un conseil élu de résidents qui résident réellement dans la maison. Tous les résidents sont tenus de conserver un emploi et de s'abstenir d'utiliser des substances psychotropes ou ils sont expulsés de la maison pour non-respect des règles. Chaque résident contribue soixante-quinze dollars par semaine à un fonds général de la maison qui est utilisé pour payer le loyer, les services publics et les articles ménagers tels que le papier hygiénique et les serviettes en papier.

Le reportage télévisé mettait en vedette Gregg Van Wyck, qui était le porte-parole de la maison locale d'Oxford, qui à l'époque n'avait qu'une seule maison dans la région de Tulsa. Les voisins se plaignaient de la légalité de la maison par rapport aux lois de zonage de Tulsa, et Gregg vantait l'impact positif que l'installation allait avoir sur la communauté et expliquait que le concept était protégé par le Fair Housing Act. Ce qui a attiré mon attention, c'est un résident d'Oxford House qui avait une place de quinze secondes dans le segment des nouvelles du nom de Richard Gainer.

Richard était un motard indépendant que je connaissais depuis plus de quinze ans. Aux dernières nouvelles, il avait eu des démêlés avec la justice à la suite d'une altercation conjugale. Apparemment, l'origine de l'incident était sa dépendance à la drogue et à l'alcool, et après avoir terminé avec succès un programme de traitement de la toxicomanie, mon vieil ami a fini par vivre dans la toute première maison d'Oxford. Pensant que je pouvais aider Richard dans le processus, j'ai cherché Gregg Van Wyck dans l'annuaire et j'ai laissé un message – une heure plus tard, il m'a rappelé. Je lui ai tout raconté sur la grande maison de maître que j'avais près du centre-ville de Tulsa, sa récente rénovation totale et mes réflexions sur l'établissement d'une deuxième Oxford House là-bas qui serait une vitrine pour l'organisation.

Le lendemain, j'ai fait visiter à Gregg la maison de quatre étages et il est tombé amoureux de l'endroit. Les six chambres et les six salles de bains pouvaient loger treize hommes, et la cuisine supplémentaire au deuxième étage était idéale pour ce type d'occupation. Notre seul problème était la voisine d'à côté, Maria Barnes, qui passait ses journées à se plaindre de tout à qui voulait l'entendre. Elle était bien connue de la plupart des fonctionnaires de la ville pour d'innombrables plaintes auprès de la division de l'application du code et avait déposé de nombreuses plaintes contre moi pendant le processus de rénovation de la propriété résidentielle.

La cerise sur le gâteau pour nous était une affaire de la Cour suprême des États-Unis de 1995 - la ville d'Edmonds contre Oxford House INC (514 US 725), dans laquelle la ville d'Edmonds, Washington, avait tenté de forcer une litanie de codes de zonage sur une maison d'Oxford locale en vain. La Cour Suprême a statué que toutes les maisons d'Oxford étaient protégées par la loi fédérale sur le logement équitable et exemptées de toutes les réglementations de zonage locales, municipales et étatiques qui pourraient être utilisées pour restreindre ce type d'occupation dans une maison unifamiliale. Armés de la certitude que la décision de la Cour suprême nous protégerait, Gregg et moi avons établi ce qui allait devenir la fierté et la joie du système d'Oxford House à l'échelle nationale.

Nous avons demandé l'aide de mon avocat, Jonathan Sutton, qui a fait don de cinq mille dollars qui ont été utilisés pour financer l'opération. Gregg a utilisé l'argent pour acheter treize lits simples, treize ensembles de draps, treize couvertures, treize oreillers, deux ensembles de meubles de salon, deux ensembles d'ustensiles de cuisine et d'appareils électroménagers, et pour payer des dépôts de garantie et un loyer partiel pour les trois premiers mois de opération. Richard Gainer s'est porté volontaire pour être le premier résident, et une semaine plus tard, mon ami est devenu le président de l'établissement Terrace Drive Oxford House. Il était heureux comme un porc dans la merde de vivre dans son nouvel environnement élaboré, j'étais reconnaissant de rendre quelque chose à la communauté à laquelle j'avais tant pris dans ma jeunesse, et nous étions tous les deux convaincus que c'était une autre étape vers le haut. sur l'échelle de rétablissement personnel de Richard.

À peine avions-nous ouvert que Maria Barnes a lancé une campagne pour nous fermer pour avoir enfreint de nombreux codes de zonage. La ville de Tulsa a même déposé une poursuite fédérale frivole pour empêcher le fonctionnement de l'installation de récupération résidentielle, mais après un mois de négociations avec le bureau national de l'Oxford House, ce litige a été rejeté sur la base de la décision de la Cour suprême rendue dans l'affaire Edmonds contre Oxford. Cas de la maison. Maria Barnes, malgré tous ses gémissements, pleurs, râles et gémissements, n'avait pas de jambe sur laquelle se tenir, et la publicité entourant le fiasco nous a en fait aidés à remplir les treize lits plus rapidement que prévu.

Recherche De Mon Identité: L'évolution Chronologique D'un Motard Hors-la-loi Sur La Route De La Rédemption

J'étais ravi d'avoir un locataire permanent pour la propriété, et Gregg était ravi d'avoir un manoir de trois cent mille dollars pour lancer sa chaîne d'Oxford Houses dans la région de Tulsa. En un an, il y avait six maisons d'Oxford à Tulsa, et celle du 1309 Terrace Drive a fonctionné comme un centre de soins résidentiels pour toxicomanes et alcooliques pendant près de dix ans avant d'être vendue.

Le 30 Juillet, Caroline et moi avons fait une pause de quelques jours et nous nous sommes dirigés vers le nord-est dans la région de Branson, Missouri, pour de courtes vacances. C'était le huitième anniversaire de ma fille, alors avec l'une de ses amies Alyssa qui nous a rejoints pour l'aventure, nous avons loué une chambre d'hôtel à l'endroit préféré de Taylor. Cet hôtel particulier avait une piscine extérieure avec un immense toboggan - les deux filles se sont assises sur des tapis en caoutchouc et ont glissé sur le toboggan plus de fois que je ne pouvais compter, hurlant de joie à chaque trajet. Pendant la journée, j'ai emmené tout le monde à Silver Dollar City, qui était désormais devenue une attraction préférée - nous avons tous les quatre apprécié le parc et la magie qu'il contenait.

Lors du Pawhuska Biker Rally annuel à la mi-Septembre, nous avons célébré la scission du Ozark Riders Motorcycle Club en deux chapitres, Rogers et Eureka Springs. Ozark Rider J-Bird avait déménagé d'Eureka Springs vers la ville de Rogers, dans l'ouest de l'Arkansas, permettant la scission. Avec l'ajout des deux anciens Flaming Knights, l'ancien Outlaw Andy, deux hommes d'affaires et quelques autres, le monde rouge et or avait désormais une forte présence dans le coin nord-ouest de l'Arkansas. De plus, les Ozark Riders avaient recruté deux motards indépendants qui vivaient en fait dans le sud du Missouri - Steven "Batman" Batson et Mike "Mike" Miller. Tous deux résidaient à ou près de Springfield, et pour nous, ce serait la première fois que les clubs de motards Galloping Goose et El Forastero devenaient une source de préoccupation.

A cette époque, j'avais rencontré un jeune mécanicien d'hélicoptère de Corpus Christi. Donald "P-Rick" McCaulley était membre d'un club de soutien Corpus Christi Bandidos et avait été temporairement transféré à Tulsa pour un programme de révision d'hélicoptères militaires. Pendant son séjour à Tulsa, P-Rick vivait chez moi, aidait aux tâches ménagères et contribuait au budget alimentaire désormais limité de Caroline. Il traînait régulièrement avec les Bandidos et les OK Riders et commençait à penser à déménager dans le sud-ouest du Missouri pour se rapprocher de ses parents qui vivaient près de Carthage.

J'ai été surpris quand Taylor est rentrée à la maison un jour après l'école et a annoncé qu'elle voulait être pom-pom girl. C'était un concept nouveau pour moi, car je n'avais aucune idée que les garçons jouaient au football organisé en troisième année, et encore moins que les filles les encourageaient. Il ne m'est jamais venu à l'esprit que je serais obligée de participer à des activités sportives

23

organisées jusqu'à ce que ma fille soit au collège. Avant longtemps, je me suis retrouvé à aller à des matchs de football et à regarder Taylor pendant qu'elle encourageait l'équipe de football de troisième année. Bien que j'ai ressenti un sentiment de fierté pendant que je regardais, vous pouvez imaginer à quel point je ne me sentais pas à ma place parmi tous les autres parents, espérant secrètement que ce n'était qu'un arrêt temporaire du train de vie de Taylor.

Chapitre 26

Bandidos Motorcycle Club Canada & Immigration
Janvier 2001 À Juillet 2001

Le carnage a repris la veille de mon départ de l'Ontario lorsque le premier Bandido Canadien a été assassiné le 18 Janvier au Québec, mais je n'en ai entendu parler qu'après mon arrivée en Oklahoma presque deux jours plus tard. Real "Tin Tin" Dupont, qui était un membre à part entière du chapitre de Montréal, avait été assassiné à l'extérieur d'une arène au nord de l'aéroport de Dorval alors qu'il était assis dans sa voiture, et essayait de garder un profil bas en raison des stipulations de libération conditionnelle qui l'obligeaient à éviter tout contact avec les frères. Nous avions prévu que notre arrivée au Canada maintiendrait la paix - ne provoquerait pas plus de violence - et jusqu'à sa mort, tous les défunts avaient été membres ou associés de la Rock Machine, donc le meurtre de Tin Tin a créé une implication très dangereuse pour les Bandidos à considérer dans le monde entier.

Avant de surmonter la mort de Tin Tin, il y avait d'autres mauvaises nouvelles, mais cette fois ce n'était pas une surprise. Comme Alain et moi l'avions si profondément prédit quelques semaines plus tôt, le chapitre de Toronto s'est effondré lorsque près d'une douzaine de Bandidos ont fait défection vers un nouveau chapitre des Hells Angels à Ottawa. Il s'agissait du deuxième groupe d'anciens motards de Rock Machine à le faire depuis que les Hells Angels ont établi une présence dans la province le 29 Décembre 2000, lorsqu'ils ont assimilé plus de cent soixante-cinq membres de six clubs de motards - Satan's Choice, Vagabonds, Para-Dice Riders, Lobos, Last Chance et Loners.

La désertion massive faisait suite à la précédente défection de Paul "Sasquatch" Porter et de quatre autres anciens membres de la Rock Machine à la mi-Décembre 2000, peu de temps après l'annonce de la décision d'assimiler la Rock Machine le 1er Décembre. Sasquatch, le président de six pieds sept pouces de la charte d'Ottawa, pesait près de quatre cents livres et avait été un membre influent de la Rock Machine à Montréal pendant des années.

Pour survivre à long terme au Canada en tant que membre d'un club de motards hors-la-loi 1%er, il était nécessaire d'avoir des moyens de soutien visuels - emploi, invalidité, pension ou emploi d'une petite amie - et un membre ne pouvait pas vendre de la drogue pour une source de revenu. Essentiellement, si un Bandido aspirait à être un gros trafiquant de drogue, il devait quitter le club.

Bien que la politique ne soit pas obligatoire, le président Jean "Charley" Duquaire, le vice-président Alain "Alain" Brunette et le secrétaire Robert "Tout" Leger ont d'abord eu les mains pleines pour convaincre les frères que la politique serait dans le meilleur intérêt de tous. La majorité des Bandidos Canadiens ont compris la raison d'être et ont accepté la suggestion, mais il était évident que les anciens membres de Toronto ne pouvaient pas vivre avec la philosophie.

Les balles ont touché près de chez lui quand Alain a failli être assassiné le 13 Février alors qu'il conduisait sa Pontiac Grand Am blanche sur l'autoroute 15 près de Mirabel dans les Laurentides. Un coup de chance a permis à mon frère de survivre à l'assaut, car ses agresseurs avaient utilisé des mitrailleuses pour tenter de l'assassiner ainsi que William "Bill" Ferguson, un prospect de Bandido. Il était probable que mon meurtre avait été sanctionné par les Hells Angels et que j'avais également été pris pour cible par les assassins, car la Grand Am était la même voiture qu'Alain et moi avions utilisée tout le temps que nous étions ensemble.

Bien qu'il ait reçu une balle dans l'abdomen, le vice-président était de bonne humeur quand je lui ai parlé ce soir-là alors qu'il se remettait dans son lit d'hôpital. Alain conduisait quand ils ont remarqué une voiture qui semblait les suivre. Au début, ils pensaient que c'était peut-être la police, mais au moment où les Bandidos ont réalisé que les occupants de la voiture n'étaient pas des forces de l'ordre, le véhicule était à côté d'eux et la fusillade avait commencé. Pour leur sauver la vie, Alain a fait une embardée avec la voiture dans les voies opposées, se dirigeant dans le mauvais sens en roulant à contre-courant jusqu'à ce qu'ils soient arrêtés par la police.

Quelques heures plus tard, une arme de poing et des balles ont été retrouvées à l'intérieur d'une voiture incendiée dans le Piémont à dix-huit miles (trente kilomètres) du lieu de la fusillade. Le véhicule incendié - une marque commune d'un coup de gang de motards - correspondait à la description de la voiture du tireur. Personne n'avait à nous dire que les Hells Angels avaient envoyé les assassins, nous le savions avec certitude. La trêve entre les Bandidos et les Hells Angels avait été rompue, et il était temps pour tous les Bandidos Canadiens de se défendre.

Le jour même de la fusillade d'Alain, le président des Bandidos à Québec, qui avait déjà été arrêté en Décembre 2000 et était détenu en prison pour de multiples accusations de drogue, a de nouveau été arrêté pour de nouvelles accusations de tentative d'assassinat des Hells Angels. Frédéric "Fred" Faucher avait été à l'avant-garde de la réparation de la Rock Machine à Bandidos, était devenu un Bandido pendant son incarcération et avait joué un rôle déterminant dans l'acceptation de la trêve par les Hells Angels en Septembre 2000. Fred était maintenant accusé de vingt -six crimes, dont sept concernaient la fabrication d'engins explosifs.

Un associé des Bandidos de Montréal a été assassiné dans les Laurentides à 8 h le lendemain matin. Michel Gauthier avait été impliqué dans le meurtre de l'influent Hells Angel Normand "Biff" Hamel - le bras droit du président des nomades du Québec Maurice "Mom" Boucher - et avait été abattu en représailles alors qu'il conduisait sa voiture. Le ciel pleuvait littéralement des bombes sur

28

les Bandidos Canadiens et il ne semblait pas que cela allait jamais s'arrêter.

Quelques jours plus tard, notre chance a tourné lorsque huit membres des Hells Angels ont été arrêtés dans un Holiday Inn près de Montréal alors qu'ils prévoyaient de tuer Bandidos. Sept des motards arrêtés étaient des membres ou des prospects de la charte des nomades du Québec - on a trouvé en leur possession une liste de résultats et des photos des victimes visées, et l'une des images récupérées était la vice-présidente Alain. Comme maman était déjà en prison pour des accusations de meurtre sans rapport, nous espérions que cela marquerait la fin des combats. Les arrestations très médiatisées dans les hôtels étaient également une indication probable que les forces de l'ordre avaient infiltré les Hells Angels, et les spéculations selon lesquelles l'organisation était probablement dans une merde profonde ont apporté une satisfaction bien nécessaire à tout le monde du côté Bandidos de la clôture.

Nous n'avons pas eu longtemps à attendre - la réponse est venue le 28 Mars lorsque plus de cent vingt-cinq Hells Angels et associés ont été arrêtés, et beaucoup ont été inculpés en vertu d'une nouvelle loi fédérale anti-gang. Plus de soixante-cinq membres du full patch au Québec avaient été arrêtés, ou allaient être détenus dès qu'ils seraient localisés. Chaque Hells Angel dans la charte des nomades avait de sérieux ennuis, car tous avaient été accusés de meurtres multiples. Les nomades qui n'avaient pas été retrouvés avaient un mandat d'arrêt contre eux, et ceux qui étaient déjà en prison avaient été accusés d'une myriade de nouveaux crimes. Tous les membres des Rockers et des Evil Ones, qui étaient des clubs de soutien aux Hells Angels, avaient également été arrêtés. Bandidos Canada avait eu une bouffée d'air frais et tout le monde était certain que le massacre allait maintenant s'arrêter.

À la mi-Mars, lors de la course d'anniversaire annuelle El Presidente, George "George" Wegers m'a confié la tâche de superviser Bandidos Canada jusqu'à la fin de leur période d'essai en Décembre 2001. Il m'a demandé de gérer toutes les affaires légitimes du club avec le Canada, ce qui comprendrait les communications et l'embauche et le licenciement de leurs officiers nationaux. Début Avril, j'ai congédié le président Jean "Charley" Duquaire et j'ai nommé Alain comme nouveau président du club au Canada. Alain voyageait déjà dans tout le pays pour faire le travail de toute façon, car Charley avait déménagé en France et n'était plus en mesure de communiquer au quotidien.

Mon premier ordre du jour pour Alain était d'exiger que chaque Bandido au Canada ait des moyens de soutien visuels et de mandater l'expulsion de l'organisation pour toute personne qui vendait de la drogue pour gagner sa vie. J'ai également demandé à la présidente d'obtenir une directive selon laquelle les membres devaient exposer le principe qu'on ne pouvait jamais se faire respecter, ou le garder, par peur—comme l'ont fait la majorité des

Hells Angels au Québec—au contraire pour se faire respecter, il fallait rendre hommage.

À la fin du mois d'Avril, tout fonctionnait comme une horloge Suisse et il était temps de se préparer pour mon audience d'expulsion, mais Immigration Canada nous a surpris lorsqu'ils ont demandé un report deux semaines avant le début de l'audience. Bien que les autorités de l'immigration aient voulu six mois supplémentaires pour enquêter sur l'affaire, l'arbitre s'est prononcé contre elles et a fixé une nouvelle date d'audience au 5 Octobre 2001.

En Mai, Bandido Fred a plaidé coupable à Québec et a été condamné à douze ans de prison pour les accusations de Décembre 2000 et Février 2001. Au même moment, un autre éminent Bandido de Québec a plaidé coupable et a été condamné à neuf ans de prison. Marcel "LeMaire" Demers avait été arrêté avec Fred en Décembre 2000 et a également été accusé de nombreux crimes de trafic de drogue.

Depuis qu'Alain et moi les avions rencontrés à la mi-Janvier, la Présidente était restée en contact étroit avec le club de motards Loners de Toronto. Les Loners étaient bien connus à travers le Canada pour avoir un lion comme animal de compagnie, qu'ils gardaient sur le terrain de leur club-house. Après la désintégration du chapitre Bandidos à Toronto, nous avions eu l'intention d'ouvrir éventuellement un autre chapitre là-bas - nous avions juste besoin du bon groupe de motards pour le faire. Les

Loners avaient une philosophie similaire et avaient un chapitre en Italie aligné sur les Bandidos Européens.

Le 22 Mai, douze membres des Loners se sont joints à Bandidos et ont formé un nouveau chapitre dont le siège social était situé dans une banlieue juste à l'extérieur de Toronto. Peu de temps après, Alain a nommé Pietro "Peter" Barilla au poste de vice-président pour superviser la province de l'Ontario. Peter était membre des Loners depuis le début des années 90 et connaissait tout le monde dans le monde des clubs de motards hors-la-loi de Toronto. Il avait même des relations difficiles avec certains des Hells Angels de l'Ontario, car Peter avait régulièrement socialisé avec eux lorsqu'ils étaient Satan's Choice, Vagabonds, Para-Dice Riders, Lobos et Last Chance avant de devenir Hells Angels. J'avais rencontré le nouveau vice-président lors de la réunion de la mi-Janvier alors que j'attendais mon audience sur l'immigration, et j'avais beaucoup de respect pour lui et je pensais qu'il était un excellent choix.

Début Juillet tout allait bien sauf que nous avions une multitude de problèmes pour passer la frontière. Malgré les nombreux frères qui se sont retournés en tentant de traverser la frontière, à la fois par les autorités Américaines et Canadiennes, la vie était bonne pour la plupart des Bandidos au Canada. La moitié des membres du Québec avaient un emploi rémunéré, comme presque tous les frères de l'Ontario. Ceux qui n'avaient pas d'emploi, avaient des femmes ou des petites amies qui travaillaient et étaient classés comme maris au foyer. Puisque nous croyions vraiment que les combats étaient terminés pour de bon et que l'été était arrivé dans le grand nord blanc, de nombreux Bandidos Canadiens ont commencé à conduire régulièrement leur Harley - pour la plupart d'entre eux, c'était la première fois qu'ils pouvaient porter leur couleurs en conduisant une moto.

En même temps, les choses n'allaient pas bien pour les Hells Angels à Montréal et à Québec. Les Angels qui n'avaient pas été arrêtés plus tôt dans l'année ne portaient plus leurs couleurs, et certains d'entre eux avaient été vus couvrant leurs tatouages de club. Les Bandidos au Canada ne pouvaient pas imaginer être dans un club de motards et ne pas pouvoir porter leurs couleurs - c'était ce pour quoi ils vivaient.

Plus tard ce mois-là, Gary Dimmock du Ottawa Citizen a écrit un long article sur ma situation qui n'était pas très favorable à Immigration Canada.

Le Canada Se Bat Pour Interdire Biker Kingpin

Un Membre Senior D'un Gang Américain Insiste Sur Le Droit De Fréquenter Ses Frères Canadiens

Par Gary Dimmock

21 Juillet 2001

Edward Winterhalder, réputé pour être l'un des membres les plus puissants des Bandidos basés aux États-Unis, un gang de motards impitoyable et mondial, tente de se positionner plus près de nouveaux chapitres Canadiens, principalement d'anciens

*motards de Rock Machine, au milieu des craintes de la police
d'une intensification guerre de rue contre le rival du gang, les
Hells Angels.*

*Bien que M. Winterhalder, 46 ans, insiste sur le fait que la
présence du gang "a mis fin à la prétendue guerre (des
motards)", le gouvernement fédéral tente de l'empêcher d'entrer
dans le pays en raison de son casier judiciaire et de ses liens
présumés avec le crime organisé. Ils disent qu'il est un danger
pour le public.*

*Le motard haut placé a déclaré au Citizen qu'il était déterminé à
lutter contre la Commission de l'immigration et du statut de
réfugié pour obtenir le droit de traverser librement la frontière.*
*"Je le combats absolument. C'est une affaire de liberté
personnelle et je veux voyager", a déclaré M. Winterhalder.
C'est aussi une question de business.*

*"Je ne suis pas un indésirable. Je suis un homme d'affaires
légitime", a déclaré M. Winterhalder, père célibataire d'une
jeune fille qui se décrit comme un membre respecté de la société.
Les dossiers d'entreprise déposés dans l'Oklahoma répertorient
M. Winterhalder comme propriétaire d'une entreprise de
construction qui a remporté des contrats d'une valeur de 20
millions de dollars Américains au cours des deux dernières
années, y compris la construction d'un palais de justice de comté.
Et son entreprise le maintient en mouvement, selon des
déclarations enregistrées lors d'une audience d'immigration.*

Recherche De Mon Identité: L'évolution Chronologique D'un Motard Hors-la-loi Sur La Route De La Rédemption

"Dans le processus de diriger mon entreprise de construction, j'ai voyagé fréquemment partout dans le monde", a-t-il déclaré.

Les Bandidos basés au Texas, formés en 1966 par des vétérans du Vietnam désabusés, sont organisés un peu comme une société, avec environ 5,000 membres et plus de 100 chapitres dans 10 pays, dont la Suède, qui a récemment vu le gang s'engager dans une guerre meurtrière contre les Hells Angels. Ils ont bouleversé la campagne, utilisant des missiles antichars tirés à l'épaule pour attaquer les complexes rivaux.

L'expansion du gang au Canada en Janvier a amené environ 60 anciens membres de Rock Machine à devenir membres à l'essai. Les sections probatoires comprennent l'Est de l'Ontario, Montréal et Québec.

Les agents de renseignement disent que les membres en probation essaient de faire leurs preuves en faisant de l'argent pour l'empire des hors-la-loi de toutes les manières possibles, y compris le blanchiment d'argent, la distribution de drogue, le prêt usuraire et la prostitution.

Les prospects de Bandido ont mené la guerre pour le marché de la drogue au Québec depuis 1994. Jusqu'à présent, la bataille a coûté la vie à plus de 150 personnes, dont un garçon de 11 ans tué en 1995 lorsqu'il a été touché par des éclats d'obus.

Outre le nombre de morts, la guerre des motards a vu 124 tentatives de meurtre, neuf personnes disparues, 84 attentats à la bombe et 130 rapports d'incendie criminel.

Recherche De Mon Identité: L'évolution Chronologique D'un Motard Hors-la-loi Sur La Route De La Rédemption

Les agents du renseignement craignent que si M. Winterhalder obtient le droit d'entrer au Canada, cela lui accordera une licence pour s'occuper de ses affaires.

La police a déclaré que la société criminelle prospérerait avec beaucoup d'effusion de sang dans ce qu'ils appellent une tentative intense d'arracher le contrôle du marché de la drogue aux Hells Angels, qui ont actuellement une emprise étroite sur 75% du commerce.

M. Winterhalder a déclaré aux autorités de l'immigration qu'il n'y avait pas lieu de s'inquiéter.

"Je ne suis certainement pas un danger pour la société. Mes condamnations pénales au début des années 1980 étaient pour une activité non violente. Je suis membre du club de motards Bandidos, mais notre présence (au Canada) a mis fin à la prétendue guerre . Depuis Novembre, il n'y a plus de guerre et maintenant que nous sommes ici, il n'y aura plus de guerre", a déclaré M. Winterhalder.

Les agents du renseignement rejettent sa déclaration de paix, affirmant que la guerre est vouée à s'intensifier maintenant que les anciens membres de Rock Machine sont liés aux Bandidos, le deuxième gang de motards le plus puissant au monde.

Et toute suggestion selon laquelle la guerre contre la drogue est terminée depuis Novembre est complètement fausse, selon la police.

Recherche De Mon Identité: L'évolution Chronologique D'un Motard Hors-la-loi Sur La Route De La Rédemption

Jusqu'à présent cette année, il y a eu plusieurs bagarres entre gangs de motards, un attentat à la bombe et une poignée de fusillades.

En Février, quatre membres armés des Nomads, une équipe d'élite des Hells Angels, se sont réunis autour d'une table dans une suite du Holiday Inn Crown Plaza de Montréal tandis qu'un agent de sécurité surveillait le hall de l'hôtel.

Il s'agissait d'une étude de l'ennemi, chaque membre d'élite feuilletant à tour de rôle des photographies de Bandidos en probation, selon la police.

Ils comprenaient des clichés de Denis Boucher, un motard rival qui a failli être tué en Septembre dernier, et d'Alain Brunette, président réputé du chapitre Bandidos à Kingston.

Plus tôt dans la semaine, M. Brunette avait été la cible d'une fusillade en voiture alors qu'il descendait l'autoroute 15 à l'extérieur de Mirabel.

Cette même semaine, Michel Gauthier, un associé de Bandidos, est retrouvé mort dans sa voiture sur une route déserte des Laurentides. À une vingtaine de kilomètres de là, la police a découvert une voiture incendiée - la marque de fabrique d'un tueur à gages de motards.

La fusillade a clairement montré que la guerre des motards est loin d'être terminée, les Hells Angels étant incapables d'accepter un marché de la drogue partagé.

Recherche De Mon Identité: L'évolution Chronologique D'un Motard Hors-la-loi Sur La Route De La Rédemption

Mais la police pourrait se tromper sur une escalade, à en juger par la façon dont les Bandidos font des affaires au sud de la frontière.

Dans l'Oklahoma, où M. Winterhalder était le chef réputé d'un chapitre à Tulsa, les agences juridiques du comté, de l'État et fédérales ne signalent aucun problème avec les Bandidos.

La plupart des membres de gangs, selon un agent du renseignement Américain qui surveille les motards dans l'Oklahoma, gagnent leur vie honnêtement. Sur les 10 gangs de motards opérant dans l'Oklahoma, les Bandidos ont été les plus silencieux. Et il n'y a pas de guerre des motards.

"Cela semble être plus sanglant là-haut au Canada. Ici, ils semblent tous s'entendre plutôt bien", a déclaré le lieutenant.

Alan Lansdown, un officier du renseignement du bureau du shérif du comté d'Osage.

La dernière fois connue que M. Winterhalder a traversé la frontière remonte au 5 Janvier à Fort Erie, en Ontario.

Assis sur le siège passager d'une fourgonnette, M. Winterhalder avait son passeport prêt à la main. Il avait été refoulé en 1995 à cause de son casier judiciaire et il ne savait pas s'il serait autorisé à traverser la frontière.

Le garde-frontière s'est brièvement entretenu avec le chauffeur et lui a fait signe de passer.

Recherche De Mon Identité: L'évolution Chronologique D'un Motard Hors-la-loi Sur La Route De La Rédemption

Ils se sont ensuite rendus à Kingston pour superviser l'intronisation d'environ 60 membres en probation, pour la plupart d'anciens motards de Rock Machine.

Mais la visite n'a pas duré longtemps pour M. Winterhalder. Peu de temps après s'être enregistré dans un Travelodge, l'agent d'immigration P. Cooper, accompagné d'une équipe de police spéciale, est arrivé à sa porte.

Lors d'une entrevue avec l'agent d'immigration, M. Winterhalder a semblé coopératif. Il n'avait que $217 US dans ses poches.

La police l'a ensuite arrêté, affirmant qu'il était entré illégalement dans le pays. Ils ont dit qu'il représentait un danger pour le public en raison de ses liens présumés avec le crime organisé.

Ils ont également déclaré qu'il avait menti aux agents de l'immigration, affirmant qu'il aurait dû s'identifier comme membre d'un gang auprès des gardes-frontières.

Mais c'est le chauffeur qui a fait toute la conversation à la frontière, et si le garde-frontière s'était renseigné sur son appartenance, M. Winterhalder aurait probablement dit la vérité.

Il dit que c'est contre la loi des clubs de mentir.

Et ils ont dit qu'il avait le devoir de leur parler de ses antécédents criminels, un dossier qui a amené M. Cooper à croire que le visiteur Américain ferait quelque chose contre la loi.

Recherche De Mon Identité: L'évolution Chronologique D'un Motard Hors-la-loi Sur La Route De La Rédemption

M. Winterhalder dit qu'il a payé sa dette à la société il y a des années. Sa dernière condamnation remonte à 1983. Ses crimes comprennent le port d'une arme à feu prohibée (une arme de poing de calibre .45), la possession d'un véhicule volé et la contrefaçon d'un chèque de $5,000 US.

En vertu de la loi sur l'immigration, une exception peut être faite pour les visiteurs ayant un casier judiciaire, à condition qu'ils soient réformés et qu'au moins cinq ans se soient écoulés depuis la fin de la dernière peine de la personne.

M. Winterhalder a fini de purger sa peine il y a environ 14 ans. Quoi qu'il en soit, la police l'a jeté en prison pendant trois nuits jusqu'à ce qu'il comparaisse à une audience de contrôle de détention. L'agente d'immigration Lynn Leblanc a dépeint M. Winterhalder comme un criminel dangereux qui devrait rester enfermé.

M. Winterhalder a alors fait valoir ses arguments, affirmant qu'il n'était pas un risque de fuite, ni un danger pour la société, et qu'il était réformé.

L'arbitre du conseil, Rolland Ladouceur, a libéré M. Winterhalder sous caution de $20,000 à la condition qu'il comparaisse à une prochaine audience, ce qu'il a fait.

Les agents d'immigration ont alors demandé que M. Winterhalder soit détenu au Canada jusqu'à six mois afin qu'ils aient le temps d'examiner certaines allégations criminelles contre le motard.

Recherche De Mon Identité: L'évolution Chronologique D'un Motard Hors-la-loi Sur La Route De La Rédemption

L'arbitre a conclu que la requête du gouvernement était déraisonnable parce que le visiteur serait séparé de sa fille et de son entreprise aux États-Unis.

M. Winterhalder a engagé un avocat respecté pour l'aider à se battre pour le droit absolu de mettre les pieds au Canada lors d'une prochaine audience.

Bien que la plupart des détails de l'article soient exacts, j'ai été surpris lorsque j'ai lu la partie qui disait, "*J'étais l'un des membres les plus puissants des Bandidos*". Je me suis demandé ce que l'El Presidente pensait de la déclaration, mais je n'ai pas eu le temps de m'y attarder longtemps, car Alain et moi avions prévu d'assister au Sturgis Bike Rally dans le Dakota du Sud et le voyage était juste au coin de la rue.

Chapitre 27

Bandidos Motorcycle Club Canada & Le Voyage À Sturgis

Août 2001 À Septembre 2001

Le Sturgis Bike Rally est le plus grand événement de motards aux États-Unis, sinon au monde, et le rallye doit toujours avoir lieu la première semaine complète d'Août. L'événement annuel dans l'ouest du Dakota du Sud commence le vendredi avant le début de la semaine et se termine le dimanche neuf jours plus tard. Il n'est pas rare que plus de trois cent mille motos et cinq cent mille motards soient là.

Le club de motards Bandidos a un chapitre et un club-house près de Sturgis à Rapid City, et chaque année, le rallye est généralement une course obligatoire pour toute l'organisation. Cette année allait être exceptionnelle, car j'avais convaincu Alain de venir d'abord à Tulsa puis de rouler avec moi jusqu'à Sturgis et retour.

Le président Canadien est arrivé à Tulsa en bus quelques jours avant notre départ. Il avait emmené un Greyhound de Toronto à Tulsa exprès pour confondre quiconque au passage frontalier qui était impliqué dans l'application de la loi sur l'immigration. Le plan a bien fonctionné, le seul problème étant le temps qu'il a fallu pour faire le voyage. Nous sommes restés chez moi à Owasso pendant quelques jours pendant qu'Alain se remettait du trajet en bus, et il a finalement pu rencontrer et passer du temps avec Caroline et ma fille Taylor. J'ai emprunté une Harley FXDX Superglide 1999 pour Alain à mon avocat Jonathan Sutton avant de quitter Tulsa le 4 Août tôt le matin pour éviter le soleil étouffant de l'après-midi.

Avec Caroline derrière moi, Alain et moi avons roulé côte à côte pour la première fois, voyageant vers le nord-est sur l'Interstate 44 via Joplin jusqu'à Springfield, Missouri. J'étais fier de ce que j'avais fait pour Bandidos Canada, et encore plus fier du fait que je roulais à côté de mon frère Canadien. C'était la première fois depuis de nombreuses années qu'Alain pouvait rouler sans avoir à se soucier de qui allait lui tirer dessus. À Springfield, nous nous sommes arrêtés et avons déjeuné avec un ami d'enfance, Kurt Newman, avant de rencontrer deux membres des Ozark Riders de l'Arkansas.

Alain, Gary "Andy" McWilliams, Nick et moi avons quitté Springfield en milieu d'après-midi et avons parcouru soixante miles au nord-est jusqu'au lac Ozark, où nous avions prévu de rendre visite à un groupe de motards indépendants qui pensaient vouloir rejoindre les Ozark Riders. C'est un beau pays dans le sud-ouest du Missouri au début du mois d'Août, et les arbres et les collines que nous avons traversés ont fourni pas mal d'ombre et des poches d'air plus frais pour lesquelles nous étions extrêmement reconnaissants. Nous sommes arrivés à destination en début de soirée et, après le dîner et une courte réunion, nous y avons passé la nuit. Tôt le lendemain, nous sommes partis pour Kansas City et une réunion avec le chapitre local du club de motards Boozefighters. Nous avions l'intention d'y arriver avant qu'il ne fasse trop chaud, mais ce n'était pas le cas.

Au moment où nous sommes arrivés au nord de Kansas City, il faisait près de cent degrés. La plupart d'entre nous pouvaient tolérer la chaleur, mais le Bandido du Canada traversait une période difficile. Alain commençait à ressembler à une tomate, donc s'arrêter pour l'après-midi était un soulagement bienvenu. Nous avons passé quelques heures à Kansas City, avons bien mangé, et sommes partis vers 18h en espérant faire Omaha, Nebraska, juste après la tombée de la nuit. Nous sommes arrivés à Omaha comme prévu, avons pris une chambre de motel et avons passé la nuit. Cela avait été une bonne journée sans pannes majeures – juste beaucoup de pauses eau, de ravitaillement et d'arrêts d'essence. À ce stade, nous étions loin des arbres ombragés et des collines du Missouri, et le trajet devant nous allait être difficile. Après un trajet de trois heures vers le nord jusqu'à Sioux Falls, nous nous sommes dirigés vers l'ouest à travers l'Interstate 90 dans les plaines brûlantes du Dakota du Sud.

Nous avons quitté le Nebraska tôt le lendemain matin et nous nous sommes dirigés vers le nord pour le voyage de cent quatre-vingts milles jusqu'à Sioux Falls, dans le coin sud-est du Dakota du Sud. Nous devions être là avant midi si nous voulions éviter la chaleur - il allait faire plus de cent degrés à midi et il faisait trop chaud pour nous et les Harley. J'étais inquiet pour Bandido

Alain, parce que la chaleur lui donnait littéralement des coups de pied dans le cul - son visage et son cou étaient rouge vif à cause du soleil malgré la crème solaire que nous utilisions tous. Heureusement le trajet s'est bien passé et nous sommes arrivés à Sioux Falls vers midi. Nous avions prévu d'y rencontrer un porte-écusson qui avait accepté de nous rejoindre pour le voyage vers l'ouest, mais plus important encore, nous avions prévu de rester à l'abri du soleil tout l'après-midi. Michael "Mike" Davis était membre du club de motards Sons of Silence dans le Minnesota, et nous avions précédemment convenu de nous rencontrer dans un magasin de tatouage.

Nous avons passé la majeure partie du début de l'après-midi à traîner et à nous rattraper. Mike et moi connaissions tous les deux la perceuse qui travaillait dans le magasin de tatouage, qui était la veuve d'un Bandido de Louisiane. Tout en profitant de notre répit bienvenu dans la climatisation de la température brûlante à l'extérieur, nous avons regardé la télévision, socialisé, fait la sieste et détendu. Tard dans l'après-midi du lundi 6 Août, une fois la chaleur de la journée passée, Bandido Alain, Ozark Rider Andy, Ozark Rider Nick, Sons of Silence Mike, Caroline, la petite amie de Nick et moi avons roulé vers l'ouest sur la I-90 en direction de Chamberlain. , Dakota du Sud. Nos plans étaient de rencontrer plus de cinquante membres des Sons of Silence à Chamberlain juste avant la tombée de la nuit. Il y avait quelques petits motels là-bas, et plus tôt dans la journée, en attendant au magasin de tatouage, nous avions fait des réservations pour la nuit. À présent, l'Interstate 90 regorgeait de Harley, des centaines et des centaines d'entre elles, toutes se dirigeant vers l'ouest en direction de Sturgis - c'était un spectacle à voir.

Nous avions tous parcouru cette route à plusieurs reprises et savions qu'il était facile de se retrouver bloqués sans essence, sans eau, sans nourriture ni logement - tout le monde sauf Bandido Alain. Il ressemblait toujours à un enfant dans un magasin de bonbons, même s'il avait la tête et le cou rouge vif. J'ai demandé au Canadien de me dire les mots français pour tête humaine et tomate et il a été assez stupide pour me le dire - Tete Tomat, qui se prononce en anglais comme 'tapis d'orteil serré'. À partir de ce moment-là, nous appelons affectueusement le Presidente Tete Tomat.

À Chamberlain, nous avons trouvé nos chambres de motel petites et pittoresques, mais nous nous en fichions après avoir parcouru plus de trois cents kilomètres. J'ai été surpris de voir à quel point la chaleur nous avait affectés malgré l'escale à Sioux Falls pendant la chaleur de la journée. J'ai pris une douche rapide, puis je me suis dirigé vers le bar pour rendre visite aux Sons of Silence, mais comme j'étais fatigué du trajet, je n'ai pas duré longtemps. Je voulais passer une bonne nuit de sommeil, car encore une fois nous allions essayer de partir tôt pour combattre la chaleur. Nous n'avions que deux cents milles à parcourir et nous pensions que si tout se passait bien, nous arriverions à Rapid City

46

vers midi. Nous l'aurions probablement fait, si ce n'était du bas à bascule probatoire qu'Alain portait.

Si un motard a été membre d'un autre club de motards avant de devenir un Bandido, il est généralement désigné comme probatoire pendant au moins un an. Ceci est basé sur l'hypothèse que le motard a une expérience antérieure en club de motards, et les connaissances lui donneront une bonne base sur laquelle s'appuyer tout en apprenant ce que c'est que d'être un Bandido. Pendant ce temps, le frère porte une bascule inférieure qui dit probatoire.

Une fois que le membre a traversé sa période d'essai et a été élu au club en tant que membre à part entière, il obtient un diamant 1%er pour le devant de son gilet et un rocker bas d'état ou de pays pour le dos. La nouvelle bascule inférieure remplace la bascule inférieure probatoire et désigne généralement la zone géographique dans laquelle vit le Bandido - la bascule inférieure d'Alain serait éventuellement le Canada, et dans mon cas, c'était l'Oklahoma.

Le lendemain matin, nous avons pris le petit-déjeuner et repris la route tôt, ce qui était une bonne chose, car la chaleur n'a pas tardé à revenir. Nous nous occupions de nos propres affaires, roulant dans un petit peloton à la limite de vitesse avec nous tous sur des motos relativement neuves. Deux heures après le début du trajet, sans aucun avertissement, une voiture de la police de l'État du Dakota du Sud a foncé droit au milieu du peloton, nous coupant ainsi en deux groupes. Nous avons eu beaucoup de chance que l'officier n'ait pas causé d'accident, car il était évident qu'il l'avait fait exprès. À l'époque, je ne savais pas pourquoi, mais j'ai appris plus tard qu'il voulait savoir qui était le membre en probation sur la moto avec une plaque d'immatriculation de l'Oklahoma. Il n'était pas rare de se faire arrêter par un policier du Dakota du Sud qui voulait savoir qui nous étions - ce n'était pas une surprise - mais celui-ci voulait savoir qui nous étions si mauvais qu'il ne semblait pas s'en soucier si certains d'entre eux nous avons été tués dans le processus.

Andy roulait à côté du Canadien à ce moment-là, alors il s'est arrêté lorsque l'officier a fait signe à Alain de s'arrêter. Dès qu'ils se sont arrêtés, le policier d'État a dit à Andy de se perdre. Le reste d'entre nous avait parcouru encore quatre milles et s'était arrêté à la sortie suivante, ce qui était la procédure d'exploitation standard dans des situations comme celle-ci. Nous nous sommes garés sous le pont pour rester à l'abri du soleil, et bientôt l'Ozark Rider nous a rejoints.

À ce moment-là, je savais que l'officier se concentrait uniquement sur Bandido Alain et craignait qu'il ne soit arrêté pour une violation de l'immigration. Je ne peux qu'imaginer le regard sur le visage du flic lorsqu'il a entendu le fort accent français venant d'un Bandido Canadien conduisant une moto qu'il avait empruntée dans l'Oklahoma, puis a découvert que le motard avait un permis de conduire du Québec.

Recherche De Mon Identité: L'évolution Chronologique D'un Motard Hors-la-loi Sur La Route De La Rédemption

Après qu'Alain ait remis au patrouilleur une lettre rédigée par mon avocat qui autorisait le Bandido à utiliser la Harley, il a fallu un certain temps à l'officier pour vérifier les dossiers, mais il n'a jamais compris qu'Alain était président - s'il l'avait fait, je suis sûr que les choses auraient fonctionné différemment. Le policier a récompensé mon frère avec une contravention routière de cent dollars pour son système d'échappement trop bruyant, même s'il ne l'a pas testé avec un décibelmètre, et malgré le fait que la moto était toute neuve et avait encore un système d'échappement d'origine.

Après une attente de vingt minutes, nous étions heureux de voir Alain venir vers nous au loin, et quand il s'est approché, j'ai ordonné à mon frère de sortir de la sortie et de nous rejoindre sous le pont pour une pause bien méritée et un répit de la soleil. Au total, nous avons perdu près d'une heure à cause de l'incident, et encore une fois, il faisait chaud.

La dernière partie du voyage s'est déroulée sans incident, à l'exception de devoir s'arrêter quelques fois de plus pour prendre de l'eau. Nous sommes finalement arrivés à Rapid City vers 13 heures et nous nous sommes dirigés directement vers la propriété du clubhouse à l'est de la ville. Tout le monde était ravi de nous voir et extrêmement surpris de voir un Bandido Canadien. Alain était juste content d'être là, car il venait de faire la plus longue balade en Harley de toute sa vie.

Alain et moi avons passé quatre jours complets à Sturgis et Rapid City - nous sommes arrivés le mardi 7 et sommes partis le

samedi 11. Je me suis assuré qu'il a pu voir certains des sites
touristiques, y compris les quatre visages des présidents sculptés
dans la pierre de la montagne au mont Rushmore, et a pris une
superbe photo du président Canadien devant les parois rocheuses
avec les deux Ozark Riders à son côté.

Nos nuits ont été passées dans une maison que nous avons
louée à Rapid City pendant une semaine. Tout le chapitre de
l'Oklahoma y est resté, ainsi que tous les Bandidos Canadiens qui
ont traversé la frontière avec succès, et Andy et Nick des Ozark
Riders. La maison meublée de quatre chambres était située dans
un quartier calme et moderne et avait une grande pièce ouverte au
sous-sol et une cuisine assez grande pour nous supporter tous.
Nous avons acheté un tas de matelas gonflables chez Walmart pour
la zone de couchage du sous-sol, puis les avons renvoyés à Owasso
depuis le bureau de poste le jour de notre départ. Les filles
cuisinaient tous les jours et nous veillons à ce qu'il y ait toujours
de la nourriture dans le réfrigérateur. À la fin de la semaine, la
maison avait été un hôtel pour plus de vingt motards hors-la-loi, et
nous l'avons laissée telle que nous l'avons trouvée - impeccable.

Vers la fin de la semaine, deux frères de Toronto se sont
présentés. Le vice-président Peter et le Bandido Luis "Pork Chop"
Raposo ont parcouru sans escale les mille quatre cent cinquante
milles de Toronto à Rapid City, ont passé deux jours à rendre visite
à tout le monde, puis ont ramené mille quatre cent cinquante milles
à Toronto. sans arrêt. Je me sentais mal parce que tout ce que mes

frères ont jamais vu pendant qu'ils étaient dans le Dakota du Sud, c'était le club-house et la maison que nous louions - ils n'ont jamais eu la chance de voir les sites touristiques comme Alain l'a fait.

J'avais espéré que El Secretario ferait le voyage avec eux, mais il ne l'a pas fait. J'avais parlé à Tout presque tous les jours depuis que j'avais quitté le Canada, et Alain et moi avions parlé à notre frère autant que nous pouvions depuis l'arrivée de la Présidente. Lors de chaque appel téléphonique, nous avons tous les deux essayé en vain de le convaincre de nous rencontrer à Sturgis. Une fois, nous avons en fait pensé que nous l'avions convaincu de venir, mais El Secretario ne voulait pas risquer de se faire prendre - ses stipulations de caution l'empêchaient de quitter la région métropolitaine de Montréal - et à la fin a décidé qu'il était tout simplement trop risqué de partir Québec. J'ai parlé à Tout deux ou trois fois de plus pendant que j'étais à Sturgis, et il m'a assuré qu'il avait pris la bonne décision. Au lieu de rencontrer Alain et moi dans le Dakota du Sud, il a choisi de passer un week-end tranquille avec sa famille dans leur maison au bord du lac à l'extérieur de la ville, une décision qui lui a finalement coûté la vie.

Après quatre jours de plaisir au soleil et de visites de Bandidos du monde entier, Alain et moi avons repris la route pour le long trajet de retour vers l'Oklahoma. Nous sommes partis tard samedi après-midi à 16 heures et avons roulé jusqu'à North Platte, Nebraska, avant d'avoir une chambre pour la nuit. Nous avions prévu de faire le voyage en seulement deux jours - le Presidente devait rentrer au Canada mardi matin - et il voulait une journée pour se détendre avant le vol. Le lendemain matin, nous pouvions voir la pluie à l'horizon devant nous alors que nous roulions vers l'est sur l'Interstate 80 à travers le Nebraska. Chaque fois que nous rencontrions la pluie, Alain et moi tournions vers le sud et l'est pour la contourner. Cela nous a fait sortir des sentiers battus, parcourant un tas de routes de comté peu utilisées à travers une partie du Nebraska qu'aucun touriste ne voit jamais - de petites villes de campagne et des kilomètres de champs de maïs. Il y a une certaine odeur sucrée dans ces champs de maïs qui cuisent au soleil, et des choses comme ça sont l'une des joies de la vie que seul un motard connaît.

À un moment donné, j'ai pensé que j'allais manquer d'essence. Je conduisais une Harley FXDL Superglide 99 très similaire à la moto qu'Alain conduisait, mais j'avais Caroline derrière moi, donc je brûlais plus d'essence par mile que mon frère Canadien. J'ai découvert ce jour-là que mon vélo parcourrait près de vingt-cinq milles sur réserve, et j'ai dû entrer en roue libre dans la station-service avec des vapeurs.

Alain et moi avons traversé le Kansas en direction du sud sur l'autoroute 81 en traversant les champs de blé en direction de Salina, et de Salina, nous nous sommes dirigés vers le sud sur l'Interstate 35 via Wichita. Après avoir traversé la frontière de l'Oklahoma, nous nous sommes arrêtés à une station-service Conoco juste au nord de Blackwell sur l'Interstate 35 vers 18

52

heures. J'ai vérifié mon téléphone portable pour les messages et il y en avait pas mal pour Alain. Tous les messages disaient essentiellement d'appeler à la maison immédiatement, et chaque voix que nous entendions ne semblait pas heureuse. Nous avions vérifié les messages à l'arrêt d'essence précédent et il n'y en avait pas eu, nous savions donc tous les deux que cela n'allait pas être une bonne nouvelle.

J'ai su que c'était vraiment mauvais quand j'ai vu une larme couler sur le visage d'Alain avant qu'il ne raccroche, mais je n'avais aucune idée de ce qui se passait parce qu'il parlait en français - le seul mot que j'ai reconnu était Tout. Lorsqu'il a raccroché, le président m'a tristement expliqué que le Bandido El Secretario Robert "Tout" Leger avait été assassiné par les Hells Angels.

Tout avait été assassiné devant sa femme et ses enfants devant son chalet au bord du lac à Sainte-Catherine-de-Hatley plus tôt dans l'après-midi. Il avait vu venir les assassins et s'était interposé entre eux et sa famille. Un assassin a tiré une mitrailleuse et l'autre un pistolet - les meurtriers ont effectivement trouvé leur cible plusieurs fois avant de disparaître. Mon frère Tout est mort comme il a vécu, un homme de courage et d'action pensant toujours aux autres avant lui-même. L'El Secretario était un héros à mes yeux pour avoir sauvé la vie de sa famille. Alain et moi sommes restés assis en silence à la station-service, stupéfaits pendant ce qui nous a semblé une éternité – nous avions tous les deux perdu un frère. Ce fut un triste jour pour les Bandidos du monde entier car Tout a été le premier officier national à être assassiné par un autre club de motards dans l'histoire des Bandidos.

J'ai pensé aux leçons d'histoire que Tout m'avait données pendant les huit mois où je l'avais connu. Au milieu des années 90, il avait été le premier membre de la Rock Machine à venir aux États-Unis. Ses patrons l'avaient envoyé rencontrer les Bandidos à Houston parce qu'il parlait un anglais excellent, était un vrai mécanicien Harley et conduisait une moto. À l'époque, la majorité des membres de Rock Machine ne conduisaient pas du tout de motos, car le club était à l'origine une organisation de petits trafiquants de drogue qui se sont réunis pour se protéger des Hells Angels. Tout s'était rendu au Texas sans connaître personne et avait en quelque sorte localisé un groupe de Bandidos dans un bar. Quand il leur a dit qu'il était membre de la Rock Machine du Canada et qu'il avait été envoyé pour prendre contact parce qu'ils voulaient être alignés avec les Bandidos, les motards hors-la-loi de Houston lui ont dit de se perdre. Avec un sourire sur son visage, Tout m'a dit qu'il avait eu de la chance ce jour-là, il ne s'est pas fait botter le cul pendant tout le chemin du retour au Canada.

Il était également au Mexique lorsque le premier membre de la Rock Machine a été tué par un prospect des Hells Angels du Canada. Tout et Normand Baker avaient emmené leurs femmes en vacances à Acapulco en Janvier 1995, et alors qu'ils marchaient dans l'allée vers leurs sièges dans l'avion à Montréal, ils ont remarqué quelques Hells Angels, mais n'y ont pas beaucoup réfléchi. Quelques nuits plus tard, Normand et sa femme sont sortis dîner au Hard Rock Café, tandis que Tout et sa femme sont restés à l'hôtel pour profiter des commodités.

Lorsque François Hinse a tiré sur Normand à l'arrière de la tête pendant le dîner, du sang et des fragments de crâne ont inondé sa femme. Le membre de Rock Machine est mort sur le coup, et ainsi a commencé la guerre entre les Hells Angels et la Rock Machine qui a finalement coûté la vie à Bandido Tout six ans et demi plus tard. Hinse a été arrêté mais n'a passé qu'un an en prison. Les Hells Angels Canadiens sont venus à son secours, payant le système judiciaire mexicain corrompu pour faire libérer le prospect et rejeter les accusations.

Bien que la perte de notre frère ait été catastrophique, je ne pouvais pas faire grand-chose. Alain et moi devions rentrer chez nous et il nous restait encore un peu plus de cent milles à parcourir. Nous sommes revenus sur nos Harleys et avons parcouru environ la moitié du chemin avant de nous arrêter juste au sud de Pawhuska. J'avais précédemment promis au président que nous nous arrêterions là et que nous prendrions sa photo sur le site de la fête annuelle des motards, car il avait toujours voulu assister à l'événement mais ne pouvait pas - comme promis, Caroline a pris la photo.

Bien que nous ayons essayé de sourire, la tâche était impossible, car cela avait été une fin horrible pour une semaine merveilleuse. Parfois, il faut prendre le bon avec le mauvais et porter une lourde charge, alors nous avons repris nos vélos pour la dernière étape de notre voyage et sommes revenus à Owasso juste après la tombée de la nuit le dimanche 12 Août. Nous sommes allés directement au lit en redoutant le lendemain - il allait être difficile de faire les arrangements funéraires et d'expliquer ce qui s'était passé aux Bandidos dans le monde entier.

Lundi, nous avons beaucoup parlé de notre frère décédé. Alain connaissait Tout depuis des années et ils étaient des amis extrêmement proches. J'ai appris que Tout était un prospect de Rock Machine depuis près de sept ans, non pas parce qu'il était un raté, mais simplement parce qu'il se fichait de recevoir son patch complet. Après qu'Alain soit rentré chez lui mardi, ma vie est lentement revenue à la normale, mais au Canada, rien n'était ordinaire pour aucun des Bandidos Canadiens. Le vendredi 17 Août, alors qu'il se rendait aux funérailles de Tout, William Ferguson, un Bandido de Kingston, a été arrêté par la police de Québec pour possession d'une arme à feu. Les choses ont continué à empirer avant de s'améliorer.

Moins de deux semaines plus tard, un autre officier national au Canada était assassiné, cette fois au centre-ville de Montréal. Sargento-de-Armas Sylvain "Sly" Gregoire possédait un lot de voitures d'occasion et refusait de le cacher au monde. Alors qu'il vendait un véhicule à une paire d'acheteurs potentiels le vendredi 24 Août, le Sargento-de-Armas a reçu une balle dans la tête par l'un des faux clients et est mort sur le coup. Sly n'avait que trente-trois ans et laissait derrière lui une famille.

Une fois de plus, Bandidos Canada a été pris au milieu d'une zone de guerre, et il semblait que la seule option qui restait était de s'adresser aux médias. Le 2 Septembre, Alain et moi avons rédigé ce qui allait devenir la première déclaration publique de l'organisation au Canada:

"Le club de motards Bandidos consiste à conduire des motos Harley-Davidson, à s'amuser et à fraterniser. Nous sommes juste un groupe de gars qui aiment faire de la moto quand nous ne travaillons pas. Ce n'est pas parce que nous nous présentons dans une ville ou un bar quelque part que nous n'avons pas été avant, ne signifie pas que nous sommes là pour 'prendre le contrôle du territoire.' Plus que probablement, nous sommes juste là pour rendre visite à des amis locaux qui nous ont invités là-bas, puis conduisons nos motos sur l'autoroute vers une autre ville ou un autre endroit. Il n'y a aucune raison pour que le public soit alarmé ou effrayé par un membre de le club de motards Bandidos."

Le communiqué de presse n'a rien fait pour désamorcer le sentiment public contre les Bandidos Canadiens, et la seule alternative était que les Bandidos commencent à riposter comme ils l'avaient fait des années auparavant. Bandidos Canada était désormais entouré de quatre ennemis - les Hells Angels, les forces de l'ordre, l'opinion publique et les médias. Beaucoup de frères étaient fatigués de prendre de la merde et de voir leurs frères se faire assassiner, à juste titre. Le club avait toujours épousé le raisonnement selon lequel aucun Bandido n'était censé être dans le business de la merde - nous n'avons jamais donné de merde à personne - mais nous n'avons pas non plus pris de merde, il était donc temps de riposter. Il ne fallut pas longtemps avant que certains membres du club, par l'intermédiaire de leurs associés, flâneurs et amis, commencent à se défendre en tant qu'individus, chacun à sa manière et selon ses propres conditions.

En Septembre 2001, de nombreux bars qui faisaient affaire avec les Hells Angels ont été incendiés. Certains propriétaires de bars ont menti sur le fait qu'ils faisaient des affaires illégales avec les Hells Angels, et certains ne savaient probablement pas que leurs employés vendaient de la drogue pour eux. D'autres propriétaires de bars et propriétaires d'immeubles ont pris le train en marche et ont brûlé leurs propres lieux juste pour percevoir l'assurance.

Les incendies criminels du bar se sont poursuivis jusqu'en Octobre et seize personnes ont finalement été arrêtées pour enquête sur les incendies. Bien que les journaux aient émis l'hypothèse que les incendies criminels faisaient partie d'une lutte pour le contrôle du commerce illicite de la drogue, ce n'était même pas proche de la vérité - tout ce que nous voulions, c'était la paix, mais pour que les Hells Angels acceptent leurs entreprises commerciales criminelles, il fallait impacté.

Chapitre 28

Bandidos Motorcycle Club Canada & Immigration
Octobre 2001 À Décembre 2001

À la mi-Octobre, j'ai décidé que je n'avais plus aucune envie de revenir au Canada pour ma prochaine audience sur l'immigration prévue le 22 Octobre. Cette décision a été prise en conséquence directe de deux événements majeurs récents - l'horrible destruction du World Trade Center le 11 Septembre et la contamination biologique de l'immeuble de bureaux du Sénat Américain par l'Anthrax.

De plus, l'avion n'était toujours pas considéré comme un moyen de transport sûr, les déplacements étaient difficiles en raison d'un état général de sécurité renforcée, et un nuage de peur imprégnait toute la population - jour et nuit, les médias exposaient constamment le public Américain aux prémisse que d'autres attaques étaient imminentes. Ma fille de huit ans, c'est compréhensible, ne voulait pas que je parte. Taylor avait peur que si j'y allais, le Canada ne me laisserait pas revenir. C'était une décision facile à prendre en tant que père. Je n'allais pas la quitter coûte que coûte.

Le 18 Octobre, mon avocat Canadien Josh Zambrowsky a écrit une lettre à l'arbitre assigné à mon dossier, Rolland Ladouceur, et l'a informé que je ne serais pas présent à la prochaine audience prévue et lui a expliqué les motifs de la décision. Il avait toujours été un juge extrêmement juste et impartial, était très respecté par les avocats des deux côtés et était le même arbitre qui m'avait permis de retourner en Oklahoma le 17 Janvier. Le juge Ladouceur était aussi le seul juge que j'aie jamais vu rire aux éclats d'un procureur. Cela s'est produit lorsqu'une procureure d'Immigration Canada a fait valoir que je devais rester au Canada pendant six mois de plus pour qu'ils puissent m'expulser, alors que tout ce que je voulais, c'était retourner aux États-Unis le plus tôt possible. Ce n'était pas comme si je voulais rester au Canada, et je ne combattais pas l'expulsion pour y rester. J'ai pensé que toute cette affaire était ridicule, un gaspillage total de ressources gouvernementales et un énorme gaspillage de l'argent des contribuables Canadiens. Je croyais aussi que le juge Ladouceur pensait la même chose, donc ce n'était pas une surprise lorsque l'arbitre a rejeté l'affaire le 19 Octobre.

Bien que mon avocat ait d'abord été surpris que le juge ait eu les couilles de tenir tête aux connards d'Immigration Canada, Josh a admis que la manière logique de gérer la situation était profonde, brillante et un acte de bon sens. Le juge avait rejeté l'affaire uniquement sur la base du fait que j'étais déjà aux États-Unis, et continuer la mascarade en me ramenant au Canada pour que les autorités puissent me renvoyer aux États-Unis était un exercice totalement futile qui ne un idiot pourrait comprendre.

Les procureurs de l'immigration sont devenus balistiques et ont envoyé une lettre à l'arbitre demandant des éclaircissements.

Recherche De Mon Identité: L'évolution Chronologique D'un Motard Hors-la-loi Sur La Route De La Rédemption

Les abrutis ont demandé, *"Que voulez-vous dire par conclu?"* et *"L'enquête est-elle toujours ajournée?"* Il a dû être difficile pour le juge Ladouceur de répondre de la manière polie qu'il a faite et de garder son sang-froid dans le processus.

J'étais ravi et les gens d'Immigration Canada étaient énervés, mais j'avais encore besoin qu'ils me rendent la caution en espèces de vingt mille dollars Canadiens que j'avais déposée et la propriété de Bandidos qui avait été saisie lors de mon arrestation. Après que Josh ait écrit à Immigration Canada une lettre exigeant le retour de l'argent de la caution, ils m'ont essentiellement dit de me faire baiser lorsqu'un responsable du nom de David Olsen nous a informés le 29 Novembre que ma caution avait été confisquée conformément à l'article 94 (1) (e) et (f) de la Loi sur l'immigration. La cheville à laquelle ils accrochaient leur chapeau était que je ne me présentais pas à l'audience - le seul problème avec cette justification était que l'affaire d'immigration avait été rejetée pour être sans objet, puisque j'étais déjà à l'extérieur du pays.

J'ai essayé pendant longtemps de récupérer l'argent de ma caution et j'ai embauché trois avocats Canadiens différents pour contester énergiquement la confiscation. Trois ans après avoir déposé la caution et plus de deux ans après le rejet de l'affaire, la position officielle d'Immigration Canada était que je n'avais jamais déposé de caution — Jean "Charley" Duquaire l'avait fait. C'était comme se disputer avec un ivrogne et je savais que je ne gagnerais jamais alors j'ai pris la décision de mettre fin à la procédure judiciaire. De plus, plaider l'affaire devant la Cour d'appel du Canada coûterait une fortune, ce qui serait un gaspillage de ressources financières supplémentaires.

Quant aux Bandidos au Canada, les choses n'étaient toujours pas revenues à la normale, et peut-être que la violence était la norme malgré nos intentions de faire prévaloir la paix. Le 12 Novembre, dans un parc juste à l'extérieur de Montréal, un groupe de frères Canadiens s'est impliqué dans une vive dispute entre eux, et le Bandido Stéphane Lalonde a été tué par balle. C'était un signe des temps car le stress était insupportable. Deux semaines plus tard, un associé du club a été accusé de meurtre - il a été allégué qu'il avait abattu un ami ami des Hells Angels lors d'une dispute le 11 Août juste pour impressionner ses amis des Bandidos.

Pendant un bref instant, le 1er Décembre a été un rayon de soleil bienvenu dans une mer profonde de désespoir lorsque les frères qui étaient dans le club depuis un an ont reçu leurs bascules du bas du Canada et leur diamant 1% - ils étaient maintenant membres à part entière et l'occasion a marqué la fin de mon implication officielle avec les Bandidos Canadiens.

La fête de célébration qui a eu lieu dans un hôtel de Kingston a été largement rapportée dans les médias. Les plus de cent frères et associés présents ont parlé de famille et d'affaires lors d'un dîner de steak, ont porté un toast à la naissance d'une nouvelle nation Bandidos au Canada et ont parlé de leur désir d'étendre pacifiquement les chapitres à Kingston, Montréal, Québec et Toronto. Interrogé par un journaliste de l' Ottawa Citizen sur les futurs plans d'expansion, un Bandido a répondu, *"Nous ne recherchons pas seulement n'importe qui, nous recherchons des hommes de famille avec de bons antécédents."* La déclaration impromptue était un euphémisme en ce qui me concernait.

Après qu'un autre Bandido ait patiemment expliqué au journaliste que le club souhaitait toujours la paix malgré tout le carnage qui s'était produit, il a ajouté, *"Nous n'avons pas à faire la fête avec les Hells Angels ensemble, mais il n'y a aucune raison pour que nous ne puissions pas tous nous comporter."* Cette justification reflétait fidèlement le sentiment mondial du club et était à la base de la trêve qui a finalement mis fin à la guerre des motards scandinaves en Septembre 1997 - si seulement les Hells Angels avaient estimé que la même paix entre les deux clubs aurait été possible et le dilemme aurait pu ont été définitivement rectifiés.

Tôt le matin du mercredi 5 Décembre Sargento-de-Armas Eric "Eric le Rouge" McMillan s'est fait trancher l'abdomen lorsqu'il a été poignardé lors d'une bagarre avec trois hommes au centre-ville d'Oshawa. Eric quittait une boîte de nuit vers 2 heures du matin lorsqu'il a été pris en embuscade, et trois Hells Angels ont été arrêtés à la suite de l'altercation.

Le 12 Décembre, le président Alain a de nouveau approché les médias - à ce moment-là, la guerre des motards québécois faisait rage depuis près de sept ans - dans une vaine tentative de clarifier les intentions du club. Bien que l'interview dans le journal ait été publiée, c'était un exercice futile parce que le journaliste ne pouvait pas comprendre la vérité ou a choisi de l'ignorer. Le titre criait, *"La Cupidité, Pas La Paix, Est Derrière La Candidature De Biker Pour La Paix Avec Les Hells Angels du Québec."* Pour ajouter de l'huile sur le feu, le journaliste a ajouté à tort, *"une quête d'argent et de bonne publicité, pas la paix, est à l'origine de la tentative du motard Bandidos de se lier d'amitié avec les Hells Angels."* Après l'avoir lu, j'ai été extrêmement déçu que la vérité ait été une fois de plus faussée et sensationnalisée pour vendre des journaux.

Malgré les conneries rapportées dans l'article, le président a été cité correctement lorsqu'il a dit, *"Nous tendons la main. Nous voulons juste vivre en paix et pouvoir travailler et nous amuser. Nous voulons que la situation reste calme pendant longtemps."* La déclaration d'Alain faisait écho à ce que souhaitaient les dirigeants de Bandido et des Hells Angels du monde entier - les seuls motards hors-la-loi qui refusaient d'écouter étaient les Hells Angels. Les Bandidos Canadiens tenaient sérieusement à mettre fin à la violence et toutes les personnes impliquées étaient prêtes à tout pour mettre fin au conflit.

Quelques jours plus tard, Tom Mann de CBC Radio au Canada m'a convaincu de faire une entrevue radiophonique en direct qui a été diffusée partout au Canada. C'était une journée inhabituellement froide à Tulsa lorsque j'ai traversé la ville pour me rendre à la station de radio de l'Université de Tulsa. Alors que je me tenais à l'extérieur du bâtiment dans une légère tempête de neige rassemblant mon calme, je me demandais si la guerre au Canada serait un jour terminée et s'il y avait quelque chose de plus que je pouvais faire pour l'arrêter.

Pendant plus de trente minutes, Tom m'a posé toutes sortes de questions sur mon dossier d'immigration, ainsi que des questions attendues sur les Bandidos et notre quête de paix. Bien que j'étais un peu nerveux, l'entretien s'est déroulé sans accroc et j'ai été satisfait du produit final.

Chapitre 29

Bandidos Motorcycle Club Oklahoma

Octobre 2001 À Mai 2002

Fin Octobre, le club de motards Galloping Goose et le club de motards El Forastero ont contacté la section nationale de Bandidos pour se plaindre de la présence rouge et or dans le Missouri. Lorsqu'il s'agissait d'El Forastero ou de Galloping Goose, il s'agissait à toutes fins pratiques de la même organisation, même si les clubs portaient des écussons complètement différents.

Leur position était qu'ils possédaient l'État du Missouri et qu'aucun autre club de motards hors-la-loi n'allait jamais porter les couleurs du club dans le Missouri, pas même les Bandidos. Apparemment, le chapitre local de Goose avait repéré l'un des Ozark Riders à Springfield et cela les avait énervés. Pour désamorcer la situation, El Presidente George a envoyé Sargento-de-Armas Danny "DJ" Johnson pour rejoindre le chapitre de l'Oklahoma pour une rencontre avec les deux clubs à Springfield. Bandido Chester du Texas a rejoint le DJ pour le voyage depuis Tulsa, qui était un Bandido récemment patché.

DJ, qui avait presque soixante ans, a été choisi pour cette tâche parce qu'il avait connu El Forastero et Galloping Goose dans le Missouri au milieu des années 70, lorsque les Bandidos avaient en fait un chapitre à Springfield. Étant donné que DJ était l'un des membres les plus âgés de l'organisation, il conduisait

66

naturellement sa Harley un peu plus lentement que le reste d'entre nous, ce qui faisait que le trajet habituel de trois heures dans chaque sens devenait un exercice majeur de patience. Après avoir fait de nombreux arrêts pour permettre à l'ancien Bandido de se reposer en cours de route, nous sommes finalement arrivés au bar Goose au nord-ouest de Springfield vers 14 heures. Lorsque nous sommes descendus de nos motos, nous avons été accueillis par un groupe hostile de membres et d'associés de Galloping Goose et d'El Forastero qui étaient trois fois plus nombreux que nous. DJ et président de la section de Tulsa, Lee McArdle, étaient les seuls Bandidos autorisés à assister à la réunion avec près d'une douzaine de membres d'El Forastero et de Galloping Goose.

Malgré l'horrible atmosphère, la réunion a étonnamment produit une trêve - les Bandidos étaient autorisés à avoir des membres vivant dans le Missouri, mais ne seraient plus jamais autorisés à avoir officiellement un chapitre du Missouri. Les Ozark Riders étaient également autorisés à avoir des membres vivant dans le Missouri, mais ne pouvaient jamais y avoir de chapitre. Dans ce que tous les Bandidos considéraient comme un manque de respect impitoyable, El Forastero et Galloping Goose ont par la suite exigé que tout membre du club de soutien de Bandidos portant son écusson pendant qu'il roulait dans le Missouri devait être avec un Bandido, sinon ce membre serait battu et leurs couleurs de club saisi. J'ai été choqué d'apprendre que DJ avait facilement accepté cette réflexion après coup, mais ce n'était pas à moi de discuter de la décision qu'il a prise.

Sur le chemin du retour vers Tulsa, alors que le froid automnal se rapprochait et que la lumière du jour déclinait rapidement, Lee a divisé le peloton à Joplin pour l'explosion de cent milles sur l'autoroute à péage de l'Oklahoma. Tout le monde était fatigué de devoir s'arrêter fréquemment pour l'ancien Bandido, mais personne ne voulait l'admettre, alors le président du chapitre a utilisé l'hélicoptère de police qui nous suivait depuis Springfield comme excuse pour laisser DJ derrière. À dix minutes d'intervalle, par groupes de deux ou trois, nous sommes tous rentrés chez nous à Tulsa. J'étais assez heureux d'être à la maison à neuf heures ce soir-là et encore plus heureux quand j'ai appris que DJ et Chester n'étaient pas arrivés à Tulsa avant 6 heures du matin le lendemain matin.

Avec la trêve du Missouri en tête, je suis parti pour Austin pour assister à la célébration annuelle de Thanksgiving de Bandidos en Novembre. Le chapitre de l'Oklahoma, dans un geste inhabituel quelques nuits auparavant, avait voté pour Ozark Rider Steven "Batman" Batson et Richard "P-Rick" McCaulley en tant que membres probatoires sans qu'aucun d'eux ne le sache. Leur adhésion potentielle reposait sur la question de savoir si Lee et moi pouvions convaincre El Presidente George de nous permettre d'avoir des membres dans notre chapitre qui vivaient en dehors de l'Oklahoma. Le DJ de Sargento-de-Armas avait proposé de parler à El Presidente en notre nom, et j'ai même pris la liberté de demander à El Secretario Danney "Augie" Holley d'apporter un nouvel ensemble de couleurs pour les deux.

Bien que nous ne connaissions Batman que depuis quelques mois depuis qu'il était devenu Ozark Rider, tout le monde dans le chapitre l'aimait beaucoup. Batman avait récemment vécu à San Antonio, au Texas, pendant quelques années alors qu'il était instructeur de forage dans l'US Air Force. Avant de prendre sa retraite du service militaire, il fréquentait régulièrement les Bandidos - ces membres avaient témoigné de son caractère et de son intégrité lorsque nous les avons contactés. DJ s'était également porté garant de P-Rick, qui était bien connu de DJ lorsque l'ancien Bandido vivait à Corpus Christi. Les frères du club de soutien de P-Rick à Corpus nous ont également dit qu'il ferait un grand Bandido et ont promis de garder le silence sur la situation jusqu'à ce qu'ils le voient porter un patch Bandido.

Il s'est avéré que George était de bonne humeur ce week-end et le 24 Novembre, nous avons accueilli Batman et P-Rick dans les Bandidos à bras ouverts sachant qu'ils vivaient tous les deux dans le Missouri. Bien que cela devienne une pomme de discorde dans les années suivantes, toutes les personnes impliquées à l'époque étaient bien conscientes du fait que les deux hommes ne résidaient pas dans l'Oklahoma. Le chapitre de Bandidos Oklahoma comptait désormais huit membres et un prospect - un frère était en prison, un à Lawton, un à Oklahoma

City, deux dans le sud-ouest du Missouri, un à Muskogee, deux à Tulsa et un prospect à Tulsa - en plus il y avait quinze Ozark Riders et vingt OK Riders.

Dans l'ensemble, le monde rouge et or de l'Oklahoma s'étendait sur quatre cents milles d'est en ouest et sur deux cents milles du nord au sud. Avec nos repaires reconnus, nous étions maintenant près de cinquante hommes et une force avec laquelle il fallait compter dans l'état de l'Oklahoma. Nous attirions également l'attention et la jalousie majeures au sein de la nation Bandidos parce que le chapitre de l'Oklahoma était bien connu pour faire avancer les choses et ne pas rester assis à ramasser la poussière sur le canapé devant la télévision.

Début Décembre, certains d'entre nous ont rompu avec la tradition et ont accepté de participer à la course annuelle de jouets de Noël Tulsa ABATE. Avec Oklahoma Bandidos en tête de peloton, sept mille motos et dix mille motards ont traversé la ville pour livrer des milliers de jouets aux enfants nécessiteux juste à temps pour Noël.

Caroline, Taylor et moi nous sommes envolés pour Las Vegas où nous avons accueilli la nouvelle année. Nous avons séjourné à l'hôtel Excalibur, où nous avons pu regarder les chevaliers jouter et manger de la nourriture avec nos mains lors d'un spectacle en soirée sous l'établissement. Laissant Caroline et Taylor passer du temps entre filles, j'ai traversé la ville pour visiter le chapitre de Bandidos à Las Vegas que j'ai aidé à démarrer en

Recherche De Mon Identité: L'évolution Chronologique D'un
Motard Hors-la-loi Sur La Route De La Rédemption

Mai 2001 lors d'un voyage d'affaires au Nevada. L'un des frères était en liberté conditionnelle après avoir été condamné à une peine de prison dans le Montana et l'autre était étudiant en première année de droit - cela n'a jamais cessé de m'étonner de la diversité du club et des différences inhérentes que je trouvais constamment chez ses membres.

Au cours de l'hiver, Lee et moi nous sommes assis et avons eu plusieurs conversations sérieuses sur la promotion d'une nouvelle course de dragsters de motos au Tulsa International Raceway sur une base annuelle. Lorsque nous nous sommes finalement engagés tous les deux dans le concept, j'ai décidé que *Living On The Edge* était un nom approprié pour le lieu. Après que le président de la section ait parlé au propriétaire de la piste de course, ils ont programmé le 12 Mai comme date du tout premier événement *Living On The Edge*. Bien que nous ayons essayé d'obtenir le chapitre derrière l'idée et de la transformer en une fonction Bandidos pour collecter des fonds, personne à part Skip n'a pu voir la forêt à travers les arbres. Au contraire, le faible d'esprit Steven "Steve" Buitron de Lawton a trouvé le concept ridicule et nous a conseillé de laisser le chapitre en dehors - le paresseux Bandido pensait que l'événement serait trop de travail.

Nous avons décidé d'essayer une course de dragsters entièrement Harley, où quiconque possédait une moto Harley-Davidson pouvait sortir et faire la course avec la moto sans supports ni prix. Pour un droit d'entrée de dix dollars, vous pouvez soit regarder les motos courir depuis les tribunes, soit piloter votre propre moto autant de fois que vous le souhaitez. Si vous couriez, ce serait contre quelqu'un que vous connaissiez ou un vélo très similaire au vôtre, et à la fin de la course, vous receviez un ticket horaire qui prouvait la vitesse atteinte par votre vélo et le temps exact qu'il fallait pour naviguer sur la piste goudronnée.

À titre d'expérience, j'ai engagé trois groupes locaux pour fournir simultanément de la musique live lors de l'événement et j'ai engagé une entreprise pour fournir une scène sonore professionnelle. Lee et moi espérions attirer un public plus jeune à l'événement en organisant de la musique live tout en les initiant simultanément au concept de course de dragsters à moto. Jusque-là, le seul type de course de dragsters de motos à Tulsa consistait à regarder des pilotes professionnels faire des courses d'élimination de style support pour des prix. Bien que quelqu'un puisse sortir sur la piste le samedi soir de minuit à 6 heures du matin et faire la course avec son vélo, vous deviez supporter toutes sortes de connards ivres faisant la course avec leurs voitures.

Alors que Bandido Lee et moi nous concentrions sur la promotion de notre événement du 23 Février, plus de soixante-dix membres du club de motards Pagans ont attaqué un équipage de Hells Angels lors d'une rencontre d'échange de pièces de moto à Long Island, New York. Un païen a été tué par un Hells Angel, de nombreux païens et Hells Angels ont été grièvement blessés et des dizaines de membres des deux organisations ont été arrêtés sur les lieux. Après tout ce qui avait été fait par les Bandidos ces dernières années pour empêcher cela, j'étais déçu car l'incident signifiait que nos efforts pour la paix nationale entre les clubs de motards hors-la-loi avaient échoué.

Le 1er Mars, j'étais impliqué dans un autre grand projet de construction, mais cette fois c'était à Tulsa. J'avais pris la décision de ne pas travailler hors de la ville pendant plus de quelques jours à la fois parce que je voulais passer tout le temps que je pouvais avec ma famille. Ce travail était extrêmement inhabituel et nouveau pour moi - il s'agissait d'un projet d'atténuation du bruit financé par la Federal Aviation Administration (FAA). J'étais le chef de projet sur place et le surintendant pour l'apaisement de vingt-six maisons situées sur la trajectoire de vol de l'aéroport international de Tulsa. L'entrepreneur général qui m'avait embauché était de la région de Boston et était l'une des principales forces dans le domaine de l'atténuation du bruit à l'échelle nationale. Mes deux patrons étaient formidables et m'ont donné toute autorité pour gérer le projet comme je le voulais.

Le principal défi était que toute la construction devait être achevée en moins cent jours ouvrables. Dans chaque maison, nous devions remplacer les portes et les fenêtres, mettre à niveau le système électrique, installer un nouveau système chauffage, une isolation et des cloisons sèches, et peindre l'intérieur de la résidence. Tous les travaux devaient être effectués pendant que la maison était occupée et la rénovation de chaque résidence devait être achevée en vingt jours ouvrables au maximum. C'était un défi auquel je n'ai pas pu résister, alors j'ai obtenu la permission de Lee de m'absenter du club pendant que je m'attaquais au projet.

Pour faciliter le processus, j'avais besoin d'un gestionnaire d'entrepôt qui pourrait gérer un inventaire de plus de trois cents fenêtres et cent portes, et aussi être mon commandant en second. Bandido Louis "Bill Wolf" Rackley, qui était toujours sous la garde et la garde du Département des services correctionnels de l'Oklahoma, mais qui avait récemment été transféré dans un programme de placement à l'extérieur à Tulsa, était un match parfait - il avait besoin d'un emploi et j'avais besoin d'un droitier. homme en qui je pouvais avoir confiance.

J'ai loué un bureau-entrepôt à quelques kilomètres du chantier près de l'intersection de l'autoroute 169 et de Pine Street dans le nord-est de Tulsa, et j'ai pris possession de l'espace à la mi-Mars. Bill Wolf quittait la maison de transition tôt chaque matin et m'ouvrait l'établissement à 7 heures du matin. Après presque deux ans de prison, il avait l'esprit dégagé de toute la méthamphétamine qu'il avait ingérée avant son incarcération et était assez satisfait de la mission - j'étais ravi de voir mon vieil ami de vingt-cinq ans avec ses pieds fermement ancrés sur le sol .

Le 3 Mars, le coureur OK Rickey "Grizz" Case et sa femme Linda ont renouvelé leurs vœux de mariage lors d'une cérémonie dominicale tranquille dans l'arrière-cour de ma maison à Owasso. Tous les membres du chapitre Bandidos Oklahoma, à l'exception de Bill Wolf, étaient présents, ainsi que presque tous les membres des trois chapitres des OK Riders. Après le mariage, nous avons eu une réunion du chapitre Bandidos, où nous avons voté pour le premier membre qui ait jamais prospecté pour le chapitre, Michael "Mick" Barnett, qui avait commencé à prospecter peu de temps après la Fête du Travail en 2001.

Bien que personne ne le connaisse lorsque nous avons rencontré Mick au cours de l'été 2001, il avait récemment déménagé du Texas à Tulsa et son père était bien connu de certains des Bandidos d'Austin et de San Antonio. Il a été décidé lors de la réunion qu'il ne recevrait pas son patch complet avant le Birthday Run à Houston le week-end suivant. Avec le recul, voter pour Mick était une grave erreur, et cela s'est avéré être une décision qui nous a hantés plus tard.

Le Birthday Run s'est avérée extrêmement intéressante, même si je l'ai manquée pour rester à la maison et me concentrer sur le projet d'atténuation du bruit. Pour la première fois dans l'histoire, il y avait deux sites de fête différents pour les membres du club. Un camp était pour les membres qui soutenaient El Presidente et l'autre était pour les membres qui étaient énervés contre lui. Le club dans son ensemble était dans une agitation massive car il y avait un grand groupe de Bandidos qui ne se souciaient pas des nouvelles politiques du club de George. À l'époque, je pensais que le raisonnement de ce dernier équipage

était erroné, mais moins de dix-huit mois plus tard, j'ai changé
d'avis.

À la mi-Mars, pendant les vacances de printemps de
Taylor, Caroline et Taylor se sont envolés pour Miami pour
rejoindre la mère de Caroline sur un bateau de croisière à
destination des Bahamas et de la Jamaïque. Ils ont pu nager avec
les dauphins et un dauphin a même embrassé ma fille sur la joue.
Comme j'avais généralement très facilement le mal de mer, je me
contentais de rester à la maison et de m'occuper de mon projet de
construction, et de travailler sur la publicité pour les courses de
dragsters à venir.

Comme je le faisais tous les matins avant de prendre mon
petit-déjeuner, je me suis réveillé le 28 Mars et j'ai allumé les
informations télévisées tôt le matin. J'ai failli tomber de ma chaise
quand j'ai appris qu'il y avait eu un double homicide à Lake
Sahoma Estates près de Sapulpa. J'ai immédiatement pensé à
l'ancien Bandido Earl "Buddy" Kirkwood, car je savais que c'était
le quartier où il habitait. J'avais également entendu des rumeurs
selon lesquelles il était de retour dans le secteur de la fabrication
de méthamphétamine, malgré le fait qu'il purgeait une peine de dix
ans de prison avec sursis qu'il avait récemment reçue à la suite de
son arrestation de fabricant de méthamphétamine à l'été 2000.

Une rumeur que nous avions entendue à plusieurs reprises
à propos de Buddy ne m'a pas du tout surpris - il fabriquait de la
méthamphétamine avec la permission du gouvernement des États-

Unis. La plupart des commérages que nous avons entendus à ce sujet racontaient la même histoire de base. La DEA ou l'ATF avaient câblé son domicile pour le son et la vidéo, et que Buddy et sa femme Karen Strange avaient accepté de coopérer plutôt que d'aller en prison pour les crimes de trafic de drogue qu'ils avaient commis - ce fait expliquait certainement les dix ans de prison avec sursis qu'ils avaient commis. avaient tous les deux reçus.

Nous avons été choqués lorsque Buddy et Karen ne sont pas allés en prison, car une peine de prison était obligatoire dans l'État de l'Oklahoma pour une condamnation pour fabrication de méthamphétamine. Nous savions tous qu'ils devaient coopérer s'ils n'allaient pas en prison. De plus, Buddy avait été un Bandido lors de son arrestation initiale, et cela comptait certainement beaucoup aux yeux d'un juge lors de la détermination de la peine.

Il y avait aussi le fait intéressant que sa femme avait été récemment arrêtée deux fois pour avoir vendu de la méthamphétamine et les deux fois rien ne s'était passé - elle n'avait jamais été emprisonnée et aucune accusation n'avait été portée. La première chose à laquelle j'ai pensé lorsque les noms des défunts ont été divulgués, c'est que quelqu'un les avait tués parce qu'ils étaient des rats. Quand j'ai appris que les autorités chargées de l'application des lois recherchaient un membre du chapitre d'Oklahoma City des Outlaws nommé Michael J. Roberts, j'ai éclaté de rire.

Recherche De Mon Identité: L'évolution Chronologique D'un Motard Hors-la-loi Sur La Route De La Rédemption

Le journal local a rapporté que les meurtres étaient le résultat d'une querelle liée à la drogue entre Buddy et Michael. Ce n'était pas surprenant car il était de notoriété publique qu'ils faisaient régulièrement du commerce de drogues illicites ensemble, et Michael avait un tempérament violent. Les autorités locales chargées de l'application de la loi auraient déclaré, *"Quiconque a tué Buddy et Karen, il y avait de la rage."*

La police a déclaré que Karen avait reçu une balle dans la tête avec une arme de grande puissance trouvée à l'intérieur du mobile home et qu'elle était nue. Le corps de Buddy a été découvert à l'extérieur de la maison et il a été battu à mort. Je n'ai pas été surpris d'apprendre qu'un laboratoire de méthamphétamine a été découvert sur leur propriété, ainsi que des caméras de surveillance et un moniteur vidéo.

J'ai été soulagé d'apprendre que leur fils de cinq ans avait passé la nuit avec des amis et n'avait pas été présent lors des meurtres. En regardant les informations à la télévision, j'ai vu des agents fédéraux de la DEA, des agents de l'OSBI (Oklahoma State Bureau of Investigation) et l'unité des gangs du département de police de Tulsa enquêter sur la scène.

Deux témoins avaient vu le Outlaw d'Oklahoma City se disputer avec Buddy au sujet du commerce de la drogue la veille du meurtre. Ce n'était pas une surprise puisque tout le monde savait que Buddy vendait la méthamphétamine qu'il fabriquait aux Outlaws. Michael était bien connu pour ses tendances violentes, et c'était un individu odieux et arrogant qui était capable de commettre ce type de crime.

Lorsque les autorités chargées de l'application de la loi ont annoncé quelques jours plus tard qu'elles avaient éliminé le Outlaw en tant que suspect, je me suis demandé qui avait tué Buddy et pourquoi. Cette question a reçu une réponse le 20 Avril lorsque Mitchell Coleman, Leslie Dobbs et Eddie Simmons ont été arrêtés et inculpés de deux chefs de meurtre au premier degré.

Il s'est avéré que Buddy et Karen avaient été tués dans une rage de jalousie - la femme de Coleman avait eu une relation intime avec Buddy, échangeant du sexe contre de la méthamphétamine. Buddy et Karen avaient tous deux été battus et matraqués lors de l'attaque, et Buddy avait également été poignardé à la hanche et à la cage thoracique. Le médecin légiste de l'État a jugé qu'ils étaient tous les deux morts d'un traumatisme contondant à la tête.

Les trois tueurs s'étaient vantés du meurtre auprès de leurs proches et amis dans les jours qui ont suivi les meurtres. L'un des proches a appelé la police et a rapporté ce qu'il avait entendu, résolvant ainsi le crime.

Lorsque les tueurs sont arrivés chez Buddy vers minuit, il les a accueillis dehors avec un fusil de chasse et l'a pointé sur Dobbs. Simmons a alors tendu la main autour de Dobbs et a coincé Buddy avec un couteau, lui faisant lâcher le fusil de chasse. Dobbs a ramassé le fusil de chasse et a frappé Buddy à la tête à plusieurs reprises. Coleman est ensuite entré dans la résidence et a tenté de violer Karen avant d'être arraché d'elle par Dobbs et Simmons, qui ont ensuite frappé la femme à la tête à plusieurs reprises.

Interviewé par le sergent du shérif du comté de Creek. Jolen Boyd quelques jours avant les passages à tabac mortels, Coleman a révélé qu'il était en colère contre Buddy parce que le cuisinier de méthamphétamine baisait sa femme. À l'époque, l'homme jaloux a supplié les autorités locales chargées de l'application des lois d'arrêter Buddy pour fabrication de méthamphétamine, une entreprise à laquelle Coleman avait participé dans le passé. Au cours de la même interview, Mitchell avait également impliqué Buddy dans le tatouage d'enfants mineurs.

Après avoir appris que les autorités locales n'étaient pas en mesure d'arrêter Buddy parce qu'il était protégé par les autorités fédérales chargées de l'application des lois, Coleman a décidé de résoudre lui-même la situation. Mitchell Coleman, Leslie Dobbs et Eddie Simmons ont finalement plaidé coupables des meurtres et tous les trois ont été condamnés à perpétuité.

Début Avril, à peu près au même moment, nous nous demandions qui avait tué Buddy, un Bandido de l'État de Washington du comté de Skagit transféré au chapitre de l'Oklahoma. Il a affirmé que tout le monde dans son chapitre du comté de Skagit était une merde, et nous avons acheté ses mensonges sur la base du fait qu'il était un frère, et qu'un Bandido n'a pas menti aux autres Bandidos. James "Smurf" Ragan avait

80

vécu dans la région de Tahlequah, Oklahoma, pendant des années
quand il était plus jeune. Il connaissait certains des Mongols de
Tahlequah, car ils se connaissaient tous lorsque Smurf vivait dans
la région.

Smurf avait également des liens avec le sud-ouest du
Missouri, ce qui était important pour nous au lieu de nos futurs
plans d'expansion là-bas, nous l'avons donc accueilli dans le
chapitre, mais tout comme Bandidos Steve et Mick, nous ne
pouvions pas voir à travers la façade. En réalité, Steve, Mick et
Smurf étaient des motards répugnants qui avaient besoin d'être
dans un club de motards hors-la-loi parce que porter le patch était
la seule façon pour eux de devenir un homme.

Psychologiquement, tous les trois étaient exactement le
type de personnalité que nous ne voulions pas dans le chapitre -
des morceaux de merde se cachant derrière un patch Bandidos.
Nous savions déjà que Steve était ainsi et nous commencions à
penser la même chose de Mick. Bien que nous ne nous en soyons
pas rendu compte à l'époque, Smurf était la troisième mauvaise
erreur commise par le chapitre et un autre clou dans notre cercueil.

La semaine avant que nous apprenions qui a assassiné
Buddy et Karen, le Bandido de Houston David "Smitty" Smith a
été condamné à trente-sept ans de prison pour avoir vendu de la
méthamphétamine au Texas. Par rapport au cas de Buddy, il n'a
pas fallu un spécialiste des fusées pour déterminer que Smitty
n'était pas un témoin coopérant et valider l'idée que Buddy l'était.

Recherche De Mon Identité: L'évolution Chronologique D'un Motard Hors-la-loi Sur La Route De La Rédemption

Je commençais à me demander si tout cela en valait la peine - avec le recul, je pense que ce fut le début de la fin pour moi. Je me lassais rapidement de toutes ces conneries de meth et je n'étais plus capable de tolérer les toxicomanes qui semblaient sortir du bois comme des fourmis. J'ai également réalisé que si nous ne maîtrisions pas le problème, le chapitre ne serait jamais la fraternité forte que j'avais toujours imaginée.

Fin Avril, lors d'un grand rassemblement annuel au Nevada, une autre salve a été tirée lors de la série de guerres de motards aux États-Unis. Un grand groupe de Hells Angels a fait irruption dans un casino de Laughlin et a commencé à se battre avec des membres des Mongols. Lorsque la poussière est retombée, trois Hells Angels et deux Mongols sont morts, et de nombreux membres des deux organisations ont été grièvement blessés. Les deux parties ont utilisé des marteaux, des battes, des couteaux et des fusils pendant la bagarre de cinq minutes. J'ai été étonné que cela se produise au milieu d'une arène très publique où il y avait littéralement des dizaines de caméras pour enregistrer les actions des combattants.

Le 12 Mai n'était pas le genre de journée que l'on pourrait imaginer pour une course de motos. J'avais investi des milliers de dollars dans l'événement inaugural et je me suis levé en me demandant combien d'argent j'allais perdre à cause de la météo. J'ai prié pour que la pluie retienne jusqu'à 14 heures, mais je me suis résigné au fait que j'étais foutu, peu importe le temps qu'il faisait.

Heureusement, il a commencé à pleuvoir juste avant que le premier groupe ne se produise cet après-midi-là, donc au final je n'ai pas eu à payer les groupes car ils ne jouaient pas. J'ai également eu de la chance que la pluie ait résisté assez longtemps pour qu'un nombre suffisant de participants se présentent, et à la fin de l'événement, je n'ai perdu que cinq mille dollars.

J'ai payé tous les OK Riders, Ozark Riders et Bandidos qui ont participé à l'événement, ainsi que leurs femmes et petites amies, même si je savais que j'allais perdre de l'argent. Bien que personne n'ait gagné beaucoup d'argent ce jour-là, tout le monde a apprécié le fait qu'ils ne le faisaient pas gratuitement. J'étais satisfait de la participation et du buzz que l'événement produirait probablement dans l'année à venir, car tout le monde était enthousiasmé par le concept. J'avais déjà décidé que pour la prochaine course, qui allait se tenir le 21 Juillet, nous allions permettre à tous les types de motos de participer.

J'ai pensé que les pilotes de motos de sport devaient savoir ce qu'étaient les pilotes de Harley, et les pilotes de Harley avaient besoin d'apprendre ce qu'étaient les pilotes de motos de sport. Cette décision finirait par être importante, car elle a pris une petite sélection de motards intéressés et l'a multipliée par cent.

Lors du Pawhuska Biker Rally annuel à la mi-Mai, OK Rider Ian "Ian" Wilhelm est intervenu et a décidé qu'il voulait devenir un Oklahoma Bandido. Ian était autour de moi depuis la construction du vélo d'exposition pour Wizard au printemps 1997 et je l'avais regardé avec fierté alors qu'il passait d'un motard indépendant à un membre très respecté des OK Riders. À vingt-huit ans, sa jeunesse était passionnante et nous espérions qu'elle pousserait d'autres de son âge à traîner avec le club.

À cette époque, nous étions conscients du fait que l'appartenance à un club de motards était un concept en voie de disparition, car presque toutes les personnes impliquées avaient la quarantaine ou la cinquantaine. Nous savions que nous devions attirer des membres plus jeunes, sinon le club finirait par mourir d'attrition. Ian était l'une des clés de notre avenir, et en le votant dans notre chapitre, nous avons commencé l'été au sommet du monde. Le chapitre de Bandidos Oklahoma comptait désormais onze membres, avec un membre presque sorti de prison et dix dans la rue:

Lee "Lee" McArdle	Tulsa, OK
Edward "CT Ed" Winterhalder	Tulsa, OK
Louis "Bill Wolf" Rackley	Tulsa, OK
Harry "Skip" Hansen	Muskogee, OK
Steven "Steve" Buitron	Lawton, OK
Charles "Snake" Rush	Oklahoma City, OK
Steven "Batman" Batson	Springfield, MO
Richard "P-Rick" McCaulley	Joplin, MO
Michael "Mick" Barnett	Tulsa, OK
James "Smurf" Ragan	Tahlequah, OK
Ian "Ian" Wilhelm	Tulsa, OK

Chapitre 30
Bandidos Motorcycle Club Canada
Janvier 2002 À Mars 2002

Le 7 Janvier, le nouveau projet de loi fédéral anti-gang C-24 est
entré en vigueur, ce qui a rendu illégal pour une organisation
criminelle de recruter de nouveaux membres. Cela a agi comme un
catalyseur pour renforcer la détermination des Bandidos
Canadiens à devenir légaux si vous ne l'aviez pas fait et à rester
légaux si vous l'étiez déjà.

Tous les membres savaient maintenant que c'était la seule
façon pour le club de survivre, mais l'avenir des frères au Québec
était incertain et l'adoption de C-24 a préparé le terrain pour ce qui
allait arriver, peu importe ce que les frères ont fait ou essayé. faire
leur monde était sur le point de s'effondrer. Le seul ennemi avec le
badge qu'ils pouvaient clairement voir était prêt à mettre fin à la
guerre des motards une fois pour toutes.

Bien que le début de la fin des Bandidos au Québec soit
imminent, le marteau est d'abord tombé sur les Outlaws.
L'arrestation massive de motards hors-la-loi à l'échelle nationale
qui a débuté en 2001 s'est poursuivie à London, en Ontario, le 8
Janvier avec l'arrestation de Thomas "Holmes" Hughes. Holmes
était le président du chapitre de Londres et un leader éminent dans
la hiérarchie des Outlaws.

Recherche De Mon Identité: L'évolution Chronologique D'un Motard Hors-la-loi Sur La Route De La Rédemption

Il a été accusé d'avoir tenté d'assassiner quatre membres d'un club de soutien des Hells Angels lors d'une altercation la nuit précédente - la fusillade étant le point culminant d'un hiver tumultueux au cours duquel presque tous les Outlaws de Londres avaient fait défection vers les Hells Angels. Holmes a finalement été accusé d'un total de vingt-trois crimes qui avaient résulté d'une perquisition après l'arrestation de son domicile et du club-house des Outlaws à côté.

En conséquence directe de la décimation du chapitre des Outlaws à Londres, les Bandidos et les Outlaws ont formé une alliance informelle fin Janvier. Le premier week-end de Février, un groupe de vingt Bandidos et trente Outlaws ont uni leurs forces dans une expression d'unité lorsqu'ils sont arrivés à l'improviste à un salon du vélo organisé par les Hells Angels à Londres. L'affichage de la fraternité a pris tout le monde par surprise - les médias, les motards indépendants, les forces de l'ordre et les Hells Angels.

Entourés par la police et les Hells Angels, les Bandidos et les Outlaws ont parcouru avec arrogance la rencontre d'échange en vérifiant les expositions. Lors d'un appel téléphonique ce soir-là, Alain m'a dit que la tension était si épaisse que vous auriez pu la couper avec un couteau, mais il a calculé que la démonstration de force en valait la peine. Après seulement vingt minutes, les forces de l'ordre ont escorté les Bandidos et les Outlaws hors du salon du vélo pour désamorcer la situation.

Trois semaines plus tard, un Hells Angel du nom de Brett "Lucky" Simmons a été arrêté à Oshawa pour avoir enfreint les conditions de sa libération conditionnelle. Bien que l'infraction ait été insignifiante, j'en ai pris note, car Lucky était un Bandido lorsque je lui ai rendu visite dans une prison de Kingston en attendant ma prochaine audience d'immigration en Janvier 2001.

À la mi-Mars, il y a eu une explosion devant un club social à Woodbridge, et l'établissement a été étroitement associé au nouveau chapitre de Bandidos à Toronto. Les rumeurs selon lesquelles la guerre des motards était arrivée en Ontario ont été principalement alimentées par des versions médiatiques de l'incident, mais heureusement, personne n'a été blessé dans l'explosion.

Tout pour les Bandidos au Québec était sur le point d'empirer et rien ne pouvait arrêter la violence - c'était comme un train en fuite sur une pente descendante sans ingénieur aux commandes. Malgré le fait que presque tous les Hells Angels du Québec étaient en prison, ainsi que la majorité des membres de leur club de soutien, il y avait encore plusieurs tueurs à gages à la recherche de Bandidos.

Le 11 Mars, la police a tué l'un d'eux lors d'une fusillade au milieu d'une autoroute Canadienne très fréquentée. Le mort s'est avéré être un assassin travaillant pour les Hells Angels voyageant de Montréal à Kingston. Daniel Lamer avait été payé pour assassiner Bandido Presidente Alain, mais la vie de mon frère a été épargnée car la police avait arrêté l'homme pour excès de vitesse sur l'autoroute 401.

Lamer était un associé des Rockers, un club de soutien des Hells Angels utilisé comme exécuteurs par la charte des nomades des Hells Angels du Québec. Le criminel de carrière, qui était armé d'un revolver et portait un gilet pare-balles, a d'abord déclaré qu'il ne pouvait pas parler anglais pour gagner du temps pendant que l'agent de l'OPP appelait du renfort. Après que trois autres agents soient arrivés sur les lieux, le tueur à gages a décidé de lui tirer dessus et a ouvert le feu.

Le meurtre s'est poursuivi le jeudi 14 Mars, mais cette fois, la victime était un homme innocent qui n'avait rien à voir avec les motards hors-la-loi et n'était pas motard lui-même. Yves Albert a été tué par balle dans une affaire d'identité erronée dans une station-service près de chez lui, et son seul crime était qu'il ressemblait à un Bandido qui était le président du chapitre de Montréal.

Le spectre de similitude entre les deux hommes était bizarre - Albert conduisait le même type de véhicule que Normand "Norm" Whissell conduisait, la plaque d'immatriculation - 404 HYM - sur la Dodge Intrepid de Norm était presque identique à la plaque d'immatriculation - XPM 404 - sur celle d'Albert. Intrepid, et les deux voitures étaient vertes et n'avaient pas d'enjoliveurs. Il était évident pour les autorités chargées de l'application de la loi et les frères que Norm était la cible visée. Albert était un père de famille travailleur qui a laissé derrière lui une femme et deux enfants, et tous les Bandidos au Canada ont été scandalisés par sa mort insensée.

Je me sentais mal à propos de la mort d'un homme innocent, mais je n'aurais certainement rien pu faire pour l'empêcher. Je me demandais encore si les tueries au Canada finiraient un jour, et j'étais étonnée qu'elles aient duré si longtemps. Pour une fois, j'étais heureux d'habiter là où les clubs de motards s'entendaient bien. Dans l'Oklahoma, il y avait des Bandidos, des Outlaws, des Mongols et des Rogues, et nous avons tous socialisé régulièrement.

La gravité de la situation au Canada était facile à voir si vous prêtiez attention aux détails. À ce jour, plus de cent cinquante personnes avaient été tuées depuis le début de la guerre des motards, dont six passants innocents. L'une des victimes involontaires était un garçon montréalais de onze ans qui a été tué en 1995 lorsqu'il a été touché par des éclats d'obus provenant d'une bombe qui a explosé. Outre le nombre de morts, il y avait eu cent vingt-quatre tentatives de meurtre, neuf personnes portées disparues, quatre-vingt-quatre attentats à la bombe et cent trente rapports d'incendie criminel. Tout le monde au Canada en avait marre du carnage, sauf les Hells Angels du Québec.

Bien qu'il ait été rapporté dans les médias que la guerre des motards avait commencé à cause d'une lutte de pouvoir sur la drogue, le prêt usuraire et la prostitution, cette théorie n'était pas vraie. La guerre était fondée sur une prémisse simple - un groupe de motards a refusé de se faire dire quoi faire par les Hells Angels. Bandidos Canada n'allait pas se faire dire quoi faire par les Hells Angels, ou qui que ce soit d'autre dans le monde des motards, et c'était tout ce qu'il y avait à faire. Pour continuer à obtenir des fonds et à vendre plus de journaux, la police et les médias ont dû suivre le mouvement de la drogue, du prêt usuraire et de la prostitution.

Le 19 Mars, un associé des nomades des Hells Angels Québec a été abattu alors qu'il dînait dans un bar à sushis à Montréal en pleine journée. Les journaux ont affirmé que le meurtre de Steven "Bull" Bertrand était une revanche pour l'assassinat bâclé de Bandido Norm, et d'une certaine manière, ils avaient raison. La vérité était qu'un Bandido Sargento-de-Armas et un associé nommé Patrick Hénault sont tombés sur Bertrand par hasard et ont pris la décision instantanée de faire quelque chose quand ils ont reconnu l'homme. Bertrand a survécu à la fusillade et Hénault a finalement été reconnu coupable de tentative de meurtre avant de devenir un informateur en échange d'une peine moindre.

À ce moment-là, le président et moi avions développé une relation décente avec Gary Dimmock du Ottawa Citizen. Certains des journalistes que j'ai rencontrés au fil des ans sont des gens sans scrupules qui ne font jamais ce qu'ils disent, et j'ai également vu des journalistes sournois de première main prendre constamment des commentaires hors de leur contexte et déformer ce qui a été dit lors d'une interview pour sensationnaliser l'histoire. Généralement, après avoir lu un article de journal sur les Bandidos au Canada, nous nous demandions souvent ce qu'il était advenu de la vérité, mais Alain et moi avions appris que le journaliste du Ottawa Citizen était un homme intègre et que la majorité des articles qu'il écrivait étaient exacts.

Le 27 Mars, tout le monde dans le club a été stupéfait lorsque Gary Dimmock a écrit un article qui a profondément secoué les membres originaux de la Rock Machine, en particulier ceux qui étaient venus de Montréal. Dimmock a rapporté que le chapitre nomade des Hells Angels en Ontario était à l'origine de la dernière série de violences et que le président de la charte avait envoyé les assassins qui chassaient les Bandidos.

Paul "Sasquatch" Porter a été un membre influent de la Rock Machine à Montréal pendant de nombreuses années, mais deux semaines avant que le club ne devienne officiellement Bandidos, il a fait défection pour les Hells Angels. Appelé Sasquatch en raison de sa taille, il s'était fait tirer dessus à deux reprises par des tueurs à gages envoyés par les Hells Angels quelques années plus tôt, mais une seule des balles l'avait atteint au bras.

J'avais rencontré le mastodonte lorsqu'il était membre de la Rock Machine alors qu'il était sur la route au Texas. Nous avons passé la majeure partie de la journée à voyager ensemble - il était dans un camion avec un autre membre et j'étais sur ma moto. À ce jour, je doute sérieusement que Sasquatch soit derrière les équipes d'assassinat, mais je suppose que tout est possible. Je suis beaucoup plus enclin à croire qu'ils étaient le résultat de contrats de meurtre restants émis par maman et la charte des nomades des Hells Angels au Québec. Je crois aussi que Sasquatch ne possédait pas la haine dans son cœur qui serait nécessaire pour tuer ses anciens frères, car il avait été un membre fondateur de la Rock Machine.

Chapitre 31
Bandidos Motorcycle Club Canada
Avril 2002 À Juin 2002

Le premier méga procès de dix-sept Hells Angels arrêtés au printemps 2001 a débuté à Montréal au début Avril. L'un des premiers éléments de preuve soumis était une liste de personnes que les Hells Angels étaient accusés d'avoir tenté d'assassiner. Il a fallu près de dix minutes au greffier pour lire les cent trente-deux noms, et certains des motards inclus n'ont pas survécu.

Bien que la liste ne soit pas exacte à cent pour cent, l'ampleur de la situation est clairement définie. Sur le côté droit, il y a des notes que j'ai prises sur le document original, et sur le côté gauche, les noms mis en évidence en gras font référence au fait que la personne était à un moment donné un membre, un prospect ou un hangaround de Rock Machine:

Pierre Bastien	Killed Oct 98
Yan Bastien	
Claude Beauchamp	
Pierre Beauchamp	Killed Dec 96
Robert Béland	
Jean Bélec	
Marc Belhumeur	Killed Jan 97
Michel Bertrand	
Mario Bérubé	

Recherche De Mon Identité: L'évolution Chronologique D'un Motard Hors-la-loi Sur La Route De La Rédemption

Yves Bisson

Serge Boisvert

Denis Boucher   Jail

Daniel Boulet   Killed Nov 98

Martin Bourget   "Frankie"   Killed Jul 00

Alain Brunette   "Alain"   Jail

Robert Caissy

Patrick Call   Prison

Stéphane Carriere

Rémi Cartier   Prison

Giovanni Cazzetta   Prison

Salvatore Cazzetta   Prison

Michel Chamberland

Leroy Clayborne

Stéphane Corbeil   "Bull"   HA member now

Stéphane Craig

Jean-Francois Cyr

Serge Cyr   "Merlin"   Jail

André Désormeaux   "Andre"   Jail

Serge Desjardins

Jean Duquaire   "Charley"   Prison

Nelson Fernandez

Mario Filion

Michel Fontaine

Recherche De Mon Identité: L'évolution Chronologique D'un Motard Hors-la-loi Sur La Route De La Rédemption

Francois Gagnon		Killed Jun 00
Marc Godin		
Sylvain Grégoire	"Sly"	Killed Aug 01
Yan Grenier		
Marc Guérin		
Patrick Héneault	"Boul"	Police Informant
Renaud Jomphe	"Renaud"	Killed Oct 96
Sylvain Jomphe		
Steve Kelly		
Sun Chin Kwon		
Gilles Lambert	"Gille"	Parole
Simon Lambert	"Chiki"	Prison
Guy Langlois	"Guy"	HA member now
Daniel Lareau		
Michel Lareau		
Raymond Lareau	"Mon Mon"	
Jimmy Larrivée		
Gilles Laurent		
Robert Lavigne		Suicide
Roger Lavigne		Prison
Éric Leblanc		
Daniel Leclerc	"Poutine"	HA member now
Éric Leclerc	"Beluga"	HA member now
Robert Léger	"Tout"	Killed Aug 01
Richard Léonard		

Recherche De Mon Identité: L'évolution Chronologique D'un Motard Hors-la-loi Sur La Route De La Rédemption

Luc Lepage		
Jacques Lizotte		
Sylvio Mannino		
Marcel Marcotte		
Jimmy Mavor		
Éric Morin		
Stéphane Morgan	"Ti-Cul"	Killed Nov 98
Yves Murray		Prison
Raymond Ouellette		
Peter Paradis		Police Informant
Robert Paradis	"Bob"	Prison
Richard Parent		Killed Aug 99
Martin Camielle Pellerin		
Stéphane Perron		
Johnny Plescio	"Johnny"	Killed Sep 98
Tony Plescio	"Tony"	Killed Oct 98
Jean-Sébastien Prince	"Jerry"	Parole
Paul Porter	"Sasquatch"	HA member now
Michael Potvin		
Gilles Rondeau	**"Bazou"**	Quit the club
Jean Rosa		Killed Sep 98
Denis Rousselle		
Sylvain Rousselle		
Yvon Roy		Killed Jul 98
Rock Sauvé		

André Sauvageau	"Curly"	HA member now
Daniel Sénésac	"Dada"	Killed Sep 94
Stéphane Servant		
Brett Simmons	"Lucky"	HA member now
Rolland Therrien		
Sean Traynor		
Stéphane Trudel	"T-Bone"	HA member now
Patrick Turcotte		Killed May 00
Patrick Verret		
Andréas Vroukakis		
Marc Yakimishan	"Garfield"	HA member now

Les personnes suivantes faisaient partie de l'Alliance, du Dark Circle ou des associés de la Rock Machine:

Jonathan Audet

Luc Beaupré

Daniel Brouillette

André Bruneau

Carol Daigle

Michel Duclos

Leslie Faustin

Paolo Gervasi

Jean-Francois Guérin

Jean Hyacinthe

Gilles Lalonde

Patrick Baptiste

Claude Bouchard

Serge Bruneau

André Cartier

Louis-Jacques Deschenes

Éric Edsell

Franco Fondacaro

Salvatore Gervasi

Reynald Huot

Claude Lafrance

Bruno Lévesque

Recherche De Mon Identité: L'évolution Chronologique D'un Motard Hors-la-loi Sur La Route De La Rédemption

Mario Lilley

Yvan Nadeau

Normand Paré

Michel Possa

Daniel Rivard

Jean-Jacques Roy

Richer St-Gelais

Jean Vernat

Maurice McIntyre

André Nault

Nelson Pelletier

Gordon Reynolds

Gilles Rondeau Sr.

Jean-René Roy

Denis Thiffault

Pierre Wilhem

Un associé des Hells Angels a témoigné au cours du procès que les frais standard payés par les Hells Angels pour un meurtre étaient de cent mille dollars Canadiens pour un membre à part entière de la Rock Machine, de cinquante mille dollars Canadiens pour un prospect et de vingt- cinq mille dollars Canadiens pour un hangaround.

Le dimanche 5 Mai, le moral de tous les Bandidos au Canada a été remonté avec la condamnation de Maurice "Mom" Boucher, qui était président de la charte des nomades Hells Angels au Québec et principalement responsable de la majorité des meurtres survenus pendant la guerre des motards. Maman avait été reconnue coupable d'avoir ordonné l'assassinat de deux gardiens de prison et a été condamnée le lendemain à la prison à vie sans possibilité de libération conditionnelle avant l'an 2027.

Début Mai, j'ai convaincu mon frère de me rendre visite à nouveau et de rejoindre le chapitre de l'Oklahoma pour les événements annuels de motards à Pawhuska et Red River. Cette fois, Alain a amené sa petite amie Dawn, et ils sont arrivés à Tulsa en avion quelques jours avant le début du Pawhuska Mayfit le mercredi 15 Mai. Le Mayfit était l'une des plus grandes fêtes de motards de l'État de l'Oklahoma et plus de sept mille personnes étaient attendues. J'ai prêté à Alain ma Harley FXDL rouge de 1999 pour la durée de son séjour et lui ai dit qu'il pouvait utiliser la moto quand et comme il le voulait. Le vendredi 17, Alain et Dawn ont parcouru les soixante miles de routes sinueuses bordées d'arbres à travers Skiatook et Barnsdall nord sur la State Highway 11 jusqu'à Pawhuska, alors que je suivais dans une camionnette chargée de t-shirts et de fournitures pour le site de la fête.

Après trois jours et nuits fantastiques au Mayfit, nous sommes retournés à Tulsa dimanche. Alain et Dawn ont traîné chez moi pendant quelques jours, se la coulant douce. Comme je supervisais encore le projet d'atténuation du bruit et que j'étais trop occupée à travailler, Caroline est partie tôt le jeudi 23 Mai et a conduit d'Owasso à Albuquerque où nous avions prévu de nous rencontrer le lendemain. Alain et Dawn sont partis peu de temps après qu'elle se soit dirigée vers la mendicité du Texas avec Bandido Lee et une grande meute de frères. Le lendemain matin, j'ai pris un vol au lever du soleil pour Albuquerque et j'ai rencontré ma petite amie à l'aéroport, et de là, nous avons voyagé vers le nord-est à travers les montagnes jusqu'à Red River.

Recherche De Mon Identité: L'évolution Chronologique D'un Motard Hors-la-loi Sur La Route De La Rédemption

Caroline et moi avons été les premiers membres de l'équipe d'Oklahoma à arriver, comme nous l'avions prévu. Encore une fois, je transportais toutes les fournitures pour les condos que nous avions loués, ainsi que les t-shirts que nous prévoyions de vendre au Red River Bike Rally. Presque chaque année, les Bandidos se rendaient à Red River le Memorial Day, qui était un bel endroit dans les montagnes Rocheuses stratégiquement situé au milieu de la nation Bandido. Les gens de la ville accueillaient toujours les motards à bras ouverts, et même les forces de l'ordre locales nous traitaient avec respect. C'était une occasion rare qu'un Bandido soit arrêté pendant le rassemblement.

Il n'y avait que trois choses que nous surveillions - la neige, l'air raréfié et le temps froid. La neige pendant le week-end du Memorial Day n'était pas inhabituelle, l'altitude de huit mille six cent soixante-dix pieds rendait l'air mince difficile à respirer, et les températures glaciales étaient caractéristiques lors de la traversée du Col Bobcat à dix mille pieds au-dessus du niveau de la mer.

À l'est de la rivière Rouge, de l'autre côté du Col Bobcat, les Bandidos abritaient un immense terrain de camping au milieu d'une ville appelée Eagle Pass. Au camping, qui s'étendait sur près de quatre-vingts hectares, n'importe qui du monde rouge et or pouvait manger ou boire vingt-quatre heures sur vingt-quatre. Le président Canadien et moi avions aussi de quoi manger, un endroit où dormir et quelque chose à boire dans les condos que nous avions loués pour toute la délégation de l'Oklahoma. Entre le camp des

100

Bandidos à Eagle's Nest et les condos du chapitre à Red River, un Bandido n'avait pas à dépenser un centime à moins qu'il ne le veuille, et Red River était un cadre idéal pour un week-end parfait. Alain et le chapitre de l'Oklahoma sont arrivés quelques heures plus tard, juste après la tombée de la nuit vendredi soir - à ce moment-là, la ville était en train de basculer.

Entre vendre des t-shirts, visiter des Bandidos du monde entier et traîner au condo avec les frères d'Oklahoma, Alain et moi étions extrêmement occupés. De plus, nous avions invité Gary Dimmock du Ottawa Citizen à se joindre à nous. Ce serait la première fois que Gary assistait à un grand rassemblement de motards et la première fois qu'il se rendait aux États-Unis Bandidos. Nous nous sommes retrouvés par téléphone samedi matin, tous les deux reconnaissants que les téléphones portables fonctionnent toujours si haut dans les montagnes. Alain, Gary et moi avons passé la majeure partie de la journée à traîner ensemble sur Main Street, qui avait été bloquée à chaque extrémité - seuls les motards et leurs motos étaient autorisés à accéder au centre-ville.

Samedi soir, j'ai emmené tout le monde au steakhouse local pour le dîner. Nous avons passé un bon moment au Timbers, puis avons passé le reste de la soirée à socialiser au bar *Bull of the Woods*. Le dimanche était le jour de réunion obligatoire pour tous les Bandidos du camp d'Eagles Nest, et le dimanche soir, nous étions assez fatigués. J'ai eu une bonne nuit de sommeil et je suis parti tôt pour le voyage de retour de dix heures à Tulsa, en rentrant chez moi dans le camion avec Caroline, Dawn et la petite amie de Ian, Shelly. Alain et toute l'équipe d'Oklahoma ont décollé sur leurs Harleys plus tard dans la matinée, et tout le monde est rentré chez lui en toute sécurité avant 23 heures.

Alain passa la journée suivante à se reposer - une fois de plus le président avait le visage rouge vif et tout le monde l'appelait Tete Tomat. C'était des vacances que je souhaitais ne jamais finir et que nous chéririons tous pour les années à venir. Je venais de passer deux semaines avec un homme qui avait eu sur moi un impact qui durerait toute une vie, et j'étais honoré d'avoir pu donner à Alain et Dawn un merveilleux souvenir qui durerait pour toujours.

Nous avons passé une heure ensemble à visiter mon projet de construction mardi matin avant que je ne les dépose à l'aéroport juste avant midi. *"Ce furent les meilleures vacances de ma vie,"* m'a dit Alain alors que nous nous disions au revoir. Après l'embarquement des Canadiens, je me suis attardé à la fenêtre géante et j'ai regardé l'avion accélérer sur la piste. Quelques secondes plus tard, ils retournaient à Montréal et le rendez-vous d'Alain avec le destin.

Un peu plus d'une semaine après leur arrivée à Montréal, les forces de l'ordre ont jeté le marteau sur les Bandidos à Québec tôt le matin du 5 Juin, et l'un des nombreux arrêtés ce jour-là était mon frère Alain. Ce qui s'est passé ce jour-là et pendant la rivière

Rouge a été rapporté avec précision dans un article de journal publié le lendemain.

Raids Crush Biker Gang

Les Plans D'expansion De Bandidos Sont Détruits Alors Que La Police Sévit

Par Gary Dimmock

06 Juin 2002

Il y a deux semaines, dans les montagnes Sangre de Cristo du Nouveau-Mexique, Alain Brunette a rencontré des frères de gangs internationaux qui ont parlé de plans ambitieux d'expansion à travers le Canada dans l'espoir de commander un jour un club entièrement honnête.

Le président de Bandidos Canada, âgé de 38 ans, a déclaré qu'il aspirait à la paix avec ses rivaux, les Hells Angels, et au jour où il pourrait s'occuper de ses affaires sans regarder par-dessus son épaule les tueurs à gages qui l'attendaient. Après tout, au cours des deux dernières années, M. Brunette, qui porte un gilet pare-balles, a survécu non pas à une, mais à deux tentatives d'assassinat.

L'avenir, a-t-il dit, serait différent et légitime, chaque membre devant occuper un emploi honnête. Le mois prochain, le leader basé à Kingston avait l'intention de transmettre son message pour un nouvel avenir "pacifique" aux dirigeants Européens des Bandidos, le deuxième gang de motards le plus puissant au monde.

Recherche De Mon Identité: L'évolution Chronologique D'un Motard Hors-la-loi Sur La Route De La Rédemption

Mais l'expansion du gang à travers le Canada a pratiquement pris fin hier, avec presque tous les membres de Bandidos au Québec – plus M. Brunette – emprisonnés pour des accusations allant du trafic de drogue au gangstérisme en passant par le complot visant à tuer des membres rivaux des Hells Angels.

L'opération Amigo, lancée l'an dernier, a culminé hier avec une soixantaine de mandats d'arrestation contre des membres du gang Bandidos vivant au Québec. Au-delà de l'arrestation de M. Brunette à Kingston, d'autres membres basés en Ontario ont été épargnés.

L'enquête, impliquant quelque 200 policiers du Québec et de l'Ontario, visait le gang de peur qu'il ne comble éventuellement le vide laissé par la répression des Hells Angels qui a laissé quelque 120 membres derrière les barreaux en Mars 2001.

Selon la police, les raids matinaux à Québec, Kingston et Toronto marquent le "début de la fin" de la guerre de territoire de huit ans avec les Hells Angels qui a coûté la vie à plus de 150 personnes, dont six passants innocents, dont un âgé de 11 ans. vieux garçon de Montréal tué en 1995 lorsqu'il a été touché par des éclats d'obus provenant d'une bombe qui explose.

Hier, dans des déclarations au Citizen, les membres de Bandidos ont reconnu que le ratissage de la police avait marqué la fin de la guerre de territoire, mais ont insisté sur le fait que ses chapitres Canadiens "survivraient" à la répression.

Recherche De Mon Identité: L'évolution Chronologique D'un Motard Hors-la-loi Sur La Route De La Rédemption

Le chef Canadien du gang a été arrêté à son appartement de Kingston peu après 6 heures du matin et escorté jusqu'à une cellule de la prison de Montréal par la GRC. M. Brunette, le Bandido le plus influent au Canada, fait partie des 10 membres de gangs accusés d'avoir comploté pour tuer des membres rivaux des Hells Angels au Québec au cours des quatre dernières années.

Le chef de gang a été arrêté pacifiquement, contrairement à l'un de ses sous-fifres. À Rouyn-Noranda, au Québec, à environ 420 kilomètres au nord-est de Montréal, un motard a refusé de se rendre, puis a brandi une arme de poing. La police a ouvert le feu, lui tirant une balle dans la tête et la poitrine. Il est répertorié dans un état grave et devrait survivre.

Au total, la police a fouillé les ordinateurs et saisi une poignée d'armes à feu, huit kilogrammes de cocaïne et 200 kilogrammes de haschisch. La moitié des 60 mandats d'arrêt concernaient des motards présumés déjà en détention, dont Salvatore Cazzetta, 47 ans, membre fondateur qui purge actuellement une peine de 12 ans pour complot en vue d'importer 10 000 kilogrammes de cocaïne aux États-Unis.

Pour la première fois depuis le début de la sanglante guerre de territoire en 1994, la police a retiré tout un gang des rues de Montréal, laissant presque tous les Bandidos, anciennement connus sous le nom de Rock Machine, derrière les barreaux ou devant un procès.

Recherche De Mon Identité: L'évolution Chronologique D'un Motard Hors-la-loi Sur La Route De La Rédemption

Les Bandidos, basés aux États-Unis, ont pris pied au Canada en Décembre 2001, accordant 45 adhésions à part entière aux membres en probation de l'ancienne Rock Machine.

Les agents de renseignement de la police craignaient que les chapitres d'expansion de Bandidos ne remettent en cause le contrôle estimé à 80% des Hells Angels sur le marché des drogues illégales. Mais à part les passages à tabac et les fusillades, les prédictions de la police d'une prise de contrôle sanglante du territoire des Hells Angels ne se sont pas concrétisées.

Bien que les Bandidos soient plus nombreux que deux contre un, ils constituent toujours une menace crédible pour le monopole de longue date des Hells Angels au Canada. Bandidos, basé au Texas, formé en 1966 par des vétérans du Vietnam désillusionnés, est organisé comme une société, avec plus de 100 chapitres ou franchises dans 10 pays.

L'expansion dans le nord est considérée comme une défaite parmi les forces de l'ordre qui avaient juré d'empêcher le gang d'étendre ses opérations au Canada.

La récente répression des gangs de motards a fait craindre à la police que la "guerre" ne se répande en Ontario, où les Hells Angels et les Bandidos s'occupent des affaires en portant toutes les couleurs – un acte de confiance que l'on ne voit plus au Québec.

Dans des déclarations séparées au Citizen, les Hells Angels et les Bandidos de l'Ontario ont appelé à la paix – pas au sang. Selon la

*police, il ne s'agit que d'une tentative d'apaiser les politiciens
déterminés à renforcer la législation anti-gang.*

Il était maintenant temps pour moi de faire ce que je
pouvais pour ce qui restait des Bandidos au Canada, et la première
chose à faire était de nommer un nouveau El Secretario. Eric
"Ratkiller" Nadeau avait été nommé El Secretario par Alain sur la
base de ses compétences en informatique peu de temps après que
les frères eurent reçu leur Canada bottom rockers en Décembre
2001, mais il s'est avéré qu'il était un informateur de la police et un
menteur pathologique, et bon nombre des accusations portées
contre lui fait atterrir les Bandidos de Québec en prison reposaient
entièrement sur sa parole.

Il est important de noter que lors de l'exécution des mandats
d'arrêt, la quantité de substances illégales saisies au domicile ou
sur la personne de tout membre réel des Bandidos était
insignifiante. La majorité des substances illégales saisies – huit
kilogrammes de cocaïne et deux cents kilogrammes de haschich –
avaient été trouvées dans une résidence qui appartenait à une
associée. Lorsque les Hells Angels de Québec ont été arrêtés
quinze mois plus tôt, la police a saisi vingt millions de dollars
Canadiens en espèces et en substances illégales. Lorsque les
Bandidos ont été arrêtés, après avoir déduit ce qui a été trouvé au
domicile de l'associée, la police a saisi moins de cent mille dollars
Canadiens en espèces et en contrebande illégale. Ce seul fait était

la preuve que les Bandidos au Canada n'étaient absolument pas de grands trafiquants de drogue.

Plus tôt au printemps, Alain avait nommé Bandido John "Boxer" Muscedore pour être le nouveau vice-président en Ontario parce que le vice-président Peter avait été arrêté et était en prison incapable de faire caution. Quand Alain et tous les autres Bandido au Québec ont été arrêtés, Boxer est automatiquement devenu président par défaut - il était le seul officier national de Bandido qui n'était pas en prison ou en difficulté. Une fois la poussière retombée, il y avait près de soixante-cinq Bandidos en prison, en prison ou en liberté sous caution en attente de procès, et la majorité d'entre eux se trouvaient au Québec. Une autre demi-douzaine de Bandidos étaient en fuite et faisaient de leur mieux pour éviter d'être arrêtés, et il restait moins de quinze Bandidos dans les rues qui n'avaient aucun problème - tous venaient de l'Ontario.

Boxer voulait nommer Jeff "Burrito" Murray, mais parce que Burrito était un nouveau Bandido, je l'ai finalement persuadé d'attribuer le poste à Glen "Wrongway" Atkinson. Wrongway était un homme d'affaires avisé et un père de famille dévoué qui connaissait parfaitement les ordinateurs. Il était également extrêmement intelligent, respecté de tous et était membre des Loners à Toronto depuis 1997 jusqu'à ce qu'il devienne Bandido en Mai 2001.

Le premier projet auquel Wrongway et moi avons dû faire face consistait à essayer de prendre soin de tous les Bandidos incarcérés. Cela s'est avéré être une mission monumentale car les autorités pénitentiaires ne nous ont pas permis de les contacter. Si une lettre envoyée à un frère emprisonné contenait une référence à Bandidos, la correspondance était saisie comme contrebande et non remise au destinataire prévu. Comme tous les records du club avaient été saisis à Ratkiller, nous n'avions aucune idée de qui était dans le club et qui n'y était pas. Il a fallu des mois au nouveau El Secretario et à moi pour configurer des listes précises d'adhésion, de téléphone et de prison. Le deuxième projet était de trouver comment préserver Bandidos Canada à long terme, mais c'était en réalité un projet pour Boxer et Wrongway, pas moi.

Chapitre 32

Bandidos Motorcycle Club Oklahoma

Mai 2002 À Décembre 2002

Alors que Caroline et moi conduisions à travers les montagnes du Nouveau-Mexique vendredi en direction de Red River, Bill Wolf a temporairement supervisé le projet d'atténuation du bruit jusqu'à ce que le week-end de vacances commence officieusement en fin d'après-midi. Étant donné que le Memorial Day était un lundi - le chantier de construction était fermé le samedi, le dimanche et le lundi - j'avais prévu de reprendre le travail sans manquer une miette le mardi matin. Bien que je devais emmener Alain et Dawn à l'aéroport plus tard dans la matinée, il serait facile de récupérer les Canadiens chez moi et de les déposer une fois que Bill Wolf et moi avons préparé les équipes de construction pour la journée.

Quand je suis arrivé au bureau à 7h15, j'ai été assez surpris de trouver une équipe de sous-traitants qui attendait et les portes toujours verrouillées. Il n'y avait aucun signe de Bill Wolf, mais à ce moment-là, j'ai pensé qu'il était probable que le bus ait connu une panne mécanique et qu'il n'y avait aucune raison de s'inquiéter. Quand je n'avais pas eu de nouvelles de mon frère à 9 heures du matin, je me suis inquiété et j'ai appelé la maison de transition où il résidait pour savoir s'ils savaient ce qui s'était passé. Le garde m'a dit que le Bandido était malade et se reposait dans son lit, incapable de se déplacer à volonté. J'ai demandé à un superviseur que Bill Wolf m'appelle, mais cela a pris plus de deux heures avant qu'il ne le fasse finalement. J'ai tout de suite su que quelque chose n'allait pas au son de sa voix - mon frère pouvait à peine bouger et souffrait d'énormes douleurs à l'estomac.

Au cours des jours suivants, j'ai surveillé son état de santé du mieux que j'ai pu de l'autre côté de la ville en appelant la maison de transition au moins deux fois par jour. Après une semaine, je suis devenu extrêmement inquiet parce qu'il n'allait pas mieux. Bien qu'il ait été vu par un professionnel de la santé du Département des services correctionnels, l'infirmière lui avait dit que la douleur était le fruit de son imagination, qu'il n'y avait pas de quoi s'inquiéter et lui avait prescrit de l'aspirine pour l'inconfort. À ce moment-là, Bill Wolf n'avait pas mangé depuis plus d'une semaine et je commençais à penser qu'il était possible qu'il meure, mais personne à la maison de transition ne semblait se soucier de savoir s'il vivait ou non.

Après avoir menacé l'établissement de poursuites judiciaires à moins que mon frère ne reçoive des soins de santé immédiats, il a été transféré dans un hôpital de Tulsa où les médecins ont diagnostiqué le problème comme une appendicite aiguë. J'ai été étonné que Bandido ne soit pas déjà mort de l'appendicite, mais maintenant la muqueuse qui entourait ses organes internes était infectée à cause de l'erreur de diagnostic du personnel médical de la maison de transition.

Recherche De Mon Identité: L'évolution Chronologique D'un Motard Hors-la-loi Sur La Route De La Rédemption

Bill Wolf a subi une intervention chirurgicale d'urgence pour retirer son appendice et son infection, mais n'a pas été recousu après l'opération. Au lieu de cela, son abdomen a été laissé ouvert pendant une semaine pour permettre à toute infection restante d'être traitée correctement. Quand j'ai finalement vu mon frère pour la première fois, j'étais en état de choc - il avait perdu trente livres et ressemblait à la mort réchauffée. J'ai supposé qu'il resterait à l'hôpital pendant un certain temps, mais quand j'ai appris que le Département des services correctionnels avait l'intention qu'il récupère dans son lit de dortoir à la maison de transition, j'ai fait sauter un joint.

J'ai demandé à mon avocat de déposer une requête d'urgence pour réparation après condamnation auprès du juge du comté de Tulsa qui avait initialement condamné le Bandido à la prison, et j'ai rédigé moi-même la majorité de la requête. Bill était terrifié à l'idée qu'il allait mourir sous la garde du département des services correctionnels de l'Oklahoma, mais je lui ai assuré que je faisais tout ce que je pouvais pour l'empêcher - la pétition a été déposée le jour où Bill Wolf a été libéré de l'hôpital.

Le 20 Juin, une audience a eu lieu pour plaider la requête d'urgence. Admettant qu'il n'avait jamais voulu que Bill Wolf meure en prison, le juge Gillert a ordonné l'annulation de la peine de prison. La justice l'a immédiatement condamné à la peine purgée, et deux heures plus tard, Bill Wolf a été libéré de la maison du couloir et j'ai pu l'amener chez moi pour une rééducation.

Recherche De Mon Identité: L'évolution Chronologique D'un Motard Hors-la-loi Sur La Route De La Rédemption

Il a fallu deux semaines de soins constants par Caroline, Taylor et moi avant que mon frère puisse se lever et se déplacer sans douleur. Nous étions convaincus que mes actions lui avaient sauvé la vie, mais pour moi, c'était exactement ce qu'était la fraternité - être là quand quelqu'un avait besoin de vous. Nous étions amis depuis près de trente ans, et il était hors de question que je ne fasse rien et laisse le système carcéral le tuer. Dès qu'il s'est senti mieux, Bill Wolf est retourné au travail pour superviser l'entrepôt pour mon projet de construction d'atténuation du bruit, et j'ai embauché un travailleur supplémentaire pour faire le gros du travail et le travail physique sérieux pour mon frère jusqu'à ce qu'il soit complètement rétabli.

En Juin, le président de mon chapitre, Lee, m'a accidentellement impliqué dans une dispute avec un membre du chapitre nomade de Bandidos. Franklin "Stubs" Schmick était énervé parce que j'avais vendu un tas de chemises au Red River Biker Rally que tout le monde supposait naturellement être des chemises de soutien Bandido. Les chemises étaient rouges avec une impression dorée, avaient deux épées croisées sur le devant et étaient des restes de l'événement de course de dragsters de moto *Living On The Edge* du 12 Mai. L'argument de Stubs au début était que les chemises étaient illégales parce qu'il ne les approuvait pas.

Selon Lee, tout ce que nous avions à faire était de lui soumettre la chemise et Stubs approuverait le design, mais sa perception de la situation était inexacte. Lorsque Stubs a examiné

113

le dessin, il l'a immédiatement rejeté à cause des deux épées croisées et des initiales SYLB dans les poignées. Stubs a perçu avec précision les initiales comme signifiant *Support Your Local Bandidos*, mais comme la politique du club stipulait qu'il ne pouvait pas y avoir d'épées dans la conception d'une chemise de soutien, il a exigé que toutes les chemises restantes soient détruites.

Mon opinion était tout le contraire car c'est moi qui allais subir la perte financière. J'ai soutenu qu'il ne s'agissait pas de chemises de soutien, mais de chemises d'événement de course de dragsters *Living On The Edge* qui contenaient un hommage subtil au club de motards Bandidos. Lee et moi avions inclus les lettres SYLB après coup en pensant que tout le monde croirait que la personne qui la portait était un supporter du club, alors qu'en fait la personne portait la chemise parce qu'elle avait assisté à l'événement.

Malgré toutes les disputes avec Stubs et El Presidente George, le raisonnement désuet de Stubs a gagné la bataille et le bon sens a perdu. Lee a correctement insinué que si je trouvais une bonne idée, la hiérarchie serait contre, peu importe le bien que cela ferait pour le club à cause de la jalousie.

Alors Lee et moi avons changé les initiales sur l'impression pour la prochaine série de chemises d'événement de course de dragsters, et au lieu de SYLB, nous avons utilisé SYLMC qui signifiait *Support Your Local Motorcycle Club*. C'était fou de penser que le club ne voulait pas en faire partie, mais pour m'assurer que l'argument était réglé une fois pour toutes, j'ai déposé une demande de marque fédérale en Juillet. Cela a pris un an, mais j'ai finalement obtenu une marque fédérale pour le design et le slogan qu'il arborait, "*Si vous ne vivez pas sur le bord, vous prenez trop de place.*"

Fin Juin, les Bandidos en Australie ont annoncé qu'ils avaient accepté d'agir en tant que consultants pour la production d'un film sur le massacre de Milperra en Septembre 1984. Le film était basé sur une fusillade d'une heure qui s'est produite entre le club de motards Comancheros et les Bandidos Australiens lors d'une rencontre d'échange - sept personnes sont mortes pendant la bataille. Les frères Australiens ont en outre béni le projet en acceptant d'autoriser l'utilisation du patch Bandidos dans le film en échange de redevances futures. J'ai été étonné de voir à quel point les frères Australiens étaient astucieux, contrairement à la stupidité régulièrement montrée par certains des Bandidos Américains.

Le 2 Juillet, Lee et moi avons organisé la deuxième course de dragsters de motos *Living On The Edge*, mais cette fois, c'était pour tous les types de motos, et tant que ce n'était pas une automobile ou un camion, nous la laissions courir. Nous avions des motos de toutes sortes et nous les fabriquions, même des véhicules tout-terrain à quatre roues. Les motards sportifs toléraient les motards Harley et les motards Harley toléraient les motards sportifs.

115

Recherche De Mon Identité: L'évolution Chronologique D'un Motard Hors-la-loi Sur La Route De La Rédemption

Cette fois, nous avons organisé un concours de bikini et divisé les courses avec des jeux typiques de Harley comme la course lente, qui a amusé les motards sportifs car ils n'avaient jamais rien vu de tel auparavant. Une fois de plus, j'ai embauché OK Riders, Ozark Riders et Bandidos locaux, ainsi que leurs épouses et petites amies, pour faire partie du personnel de l'événement et je les ai tous payés comme je l'avais fait la première fois. Il n'y a eu aucun problème et, outre le temps chaud, l'événement a été un succès. Financièrement, je n'ai perdu que deux mille cinq cents dollars et j'étais ravi.

Dans les délais et dans les limites du budget, le projet d'atténuation du bruit à l'aéroport international de Tulsa s'est terminé la dernière semaine d'Août. Bill Wolf a accepté une offre d'emploi pour aider l'entrepreneur général basé à Boston pour lequel nous avions travaillé sur un autre projet d'atténuation du bruit à Baton Rouge, en Louisiane. Même si on m'avait également proposé un emploi là-bas, je n'avais aucune envie de m'absenter pendant les quatre ou cinq mois qu'il faudrait pour faire le travail. Étant donné que Bill Wolf était célibataire, n'avait pas de famille et était récemment sorti de prison, le projet correspondait parfaitement à son expérience et lui a donné l'occasion de gagner de l'argent dans le processus. De plus, il y avait un chapitre de Bandidos à Baton Rouge et il était ami avec plusieurs de ses membres.

Recherche De Mon Identité: L'évolution Chronologique D'un Motard Hors-la-loi Sur La Route De La Rédemption

L'approche du week-end de la Fête du Travail a suscité une certaine inquiétude dans toute la nation Bandido puisqu'il y avait eu trois incidents violents récents entre les Bandidos et les Hells Angels dans la région d'Albuquerque. Bien que j'ai choisi de ne pas me rendre à l'événement de motards Four Corners à Durango, Colorado, ce week-end-là, je me suis demandé si les Hells Angels seraient assez fous pour mener une guerre sur trois fronts.

Ils combattaient déjà les Païens sur la côte est et les Mongols sur la côte ouest, et maintenant il semblait qu'ils flirtaient avec le désastre en encourageant un conflit avec les Bandidos. Les deux clubs avaient été impliqués dans une fusillade le 21 Août au cours de laquelle Bandido Teodoro "T-Bone" Garza, le président du chapitre de Santa Fe, a été écorché à la tête par une balle et frappé à coups de plomb par deux hommes associés à les Hells Angels.

Alors que Bill Wolf se rendait à Baton Rouge et que certains des frères de l'Oklahoma se dirigeaient vers Durango, j'ai décollé sur ma Harley en direction de Perry Lake au Kansas pour passer du temps avec une équipe de motards que nous avions récemment rencontrés d'Atkinson, Kansas et St. Joseph , Missouri. J'ai passé le week-end avec eux et j'ai participé à l'événement annuel de motards de Perry Lake aux côtés des Sons of Silence dans une manifestation de solidarité contre El Forastero et Galloping Goose. À présent, les choses commençaient à chauffer dans le Missouri pour les Sons qui vivaient près de Kansas City, car la majorité des membres de Forastero et de Goose étaient assommés par la méthamphétamine.

El Forastero et Galloping Goose étaient des dinosaures qui n'avaient aucune notion de la réalité et étaient catégoriques sur le fait qu'aucun club de motards hors-la-loi n'aurait jamais un chapitre dans le Missouri. Au cours du printemps et de l'été, il y avait eu de fréquentes altercations entre les deux clubs et les Sons of Silence, et de nombreuses menaces avaient été proférées par les membres de Forastero et Goose contre les Bandidos vivant dans le Missouri. C'était une période mouvementée, sachant qu'à tout moment il pouvait y avoir une confrontation violente. Les Sons du Kansas et les Bandidos de l'Oklahoma avaient commodément formé une alliance contre les deux clubs dont nous espérions qu'ils désamorceraient la situation.

J'ai invité un ancien membre du club de motards Loners du nord-est de l'Oklahoma à nous rejoindre à Perry Lake. J'avais examiné ses antécédents et parlé à des membres du club qui le connaissaient bien. James "Red Dog" Hanover et moi nous étions rencontrés lors d'un récent poker run organisé par les Loners et j'ai pensé qu'il pourrait faire un bon Bandido. Red Dog vivait à Miami, Oklahoma, à trente miles de Joplin, Missouri. Il n'aimait pas El Forastero et Galloping Goose, et il se trouvait qu'il vivait à une heure de Bandido Batman et à trente minutes de la nouvelle résidence de Bandido Smurf à Neosho, Missouri, ce qui était assez pratique si les ennuis montaient la tête laide.

Recherche De Mon Identité: L'évolution Chronologique D'un Motard Hors-la-loi Sur La Route De La Rédemption

Au moment où le Pawhuska Biker Rally annuel a eu lieu à la mi-Septembre, nous avions convaincu Red Dog de rejoindre le chapitre. Aucun de nous n'était sûr de la façon dont tout cela fonctionnerait, mais les avantages étaient bien plus nombreux que les inconvénients. Le 20 Septembre, Red Dog est devenu un Bandido probatoire et la vingt et unième personne à porter les couleurs des Bandidos de l'Oklahoma. Nous avions maintenant un total de douze membres:

Lee "Lee" McArdle	Tulsa, OK
Edward "CT Ed" Winterhalder	Tulsa, OK
Louis "Bill Wolf" Rackley	Tulsa, OK
Harry "Skip" Hansen	Muskogee, OK
Steven "Steve" Buitron	Lawton, OK
Charles "Snake" Rush	Oklahoma City, OK
Steven "Batman" Batson	Springfield, MO
Richard "P-Rick" McCaulley	Joplin, MO
Michael "Mick" Barnett	Tulsa, OK
James "Smurf" Ragan	Tahlequah, OK
Ian "Ian" Wilhelm	Tulsa, OK
James "Red Dog" Hanover	Miami, OK

Nous étions entourés de motards qui envisageaient sérieusement de faire partie du monde rouge et or de l'Oklahoma, si nous les laissions rejoindre - deux venaient de Wichita, Kansas, une demi-douzaine de Kansas City, trois du nord-ouest de l'Arkansas, un de Joplin, et plus d'une douzaine à Tulsa, Oklahoma City et Lawton. Les choses s'amélioraient et nous étions au top de notre forme - il semblait que rien ne pouvait nous arrêter sauf la méthamphétamine.

Le 27 Septembre, Lee et moi avons organisé la troisième course de dragsters moto *Living On The Edge*. Comme il s'agissait de la troisième épreuve, le public avait une bonne idée de ce à quoi s'attendre, et cette fois, le temps était parfait pour la course. Nous avons eu une foule exceptionnelle et de nombreuses entreprises locales ont fourni des commandites financières. Cette fois, les pilotes de motos sportives s'entendaient bien avec les pilotes Harley et les pilotes Harley s'entendaient bien avec les pilotes de motos sportives. À la fin de l'événement, j'ai réalisé un bénéfice de mille dollars, donc ma perte cumulée pour les trois courses la première année était de six mille dollars. Au cours de la première année, Lee et moi avons beaucoup appris et calculé que j'allais atteindre le seuil de rentabilité dans un proche avenir.

Au début d'Octobre, j'ai célébré la vente de soixante-dix acres de terrain que j'avais acheté en Mai, qui comprenait une maison de deux mille quatre cents pieds carrés et deux granges. La propriété était située à cinq kilomètres au nord-ouest du centre-ville de Tulsa, derrière le musée Gilcrease, et je l'avais achetée à mon ami Greg Johns à Dallas et à ses deux sœurs. Le domaine avait été la ferme familiale, et maintenant que leurs parents étaient décédés, Greg et ses sœurs avaient accepté de le vendre.

Recherche De Mon Identité: L'évolution Chronologique D'un Motard Hors-la-loi Sur La Route De La Rédemption

Au cours de l'été, j'ai divisé l'immobilier en parcelles plus petites et j'ai vendu un terrain de vingt acres à l'ancienne star du basket-ball de la NBA, Wayman Tisdale, pour y construire une maison d'un million de dollars. J'ai vendu un terrain de trente acres à un homme qui voulait établir un ranch de chevaux et dix acres à un jeune couple qui voulait construire une nouvelle maison à l'avenir. La maison et les dix acres restants que j'ai transformés en une autre installation d'Oxford House qui s'appelait à juste titre *Oxford Ranch*.

Aux alentours d'Halloween, la section nationale de Bandidos, la section nationale de Sons of Silence et des représentants d'El Forastero et de Galloping Goose ont convenu de se réunir et de discuter de ce qui se passait dans le Missouri. Étant donné que la réunion allait se tenir lors d'une rencontre d'échange à Sioux Falls, dans le Dakota du Sud, le chapitre de l'Oklahoma a loué une camionnette de quinze passagers pour faire le voyage vers le nord. La situation était tendue mais les têtes froides prévalaient et il n'y avait pas de violence.

El Secretario Christopher "Chris" Horlock a représenté les Bandidos lors de la réunion, et il s'est assuré que les Forastero et Goose connaissaient nos associés dans la région de Kansas City et le fait qu'il y avait maintenant trois Bandidos vivant dans le coin sud-ouest du Missouri. On pensait que la rencontre s'était bien passée mais certains Forastero n'ont pas ressenti la même chose.

Nous n'avons vu la lumière qu'au début du printemps prochain et il était alors trop tard.

Dès que nous sommes rentrés à Tulsa, nous avons dit à P-Rick qu'il n'était plus un Bandido. Il y avait eu de nombreuses raisons, mais en tête de liste se trouvait son manque d'initiative. Il était également tombé amoureux d'une fille d'Eureka Springs et il se concentrait entièrement sur elle et non sur nous. Enfin et surtout, lors d'une horrible confrontation avec un membre ivre d'un autre club de motards lors du récent Pawhuska Biker Rally, P-Rick avait désobéi à un ordre direct de désamorcer la situation. On lui a permis de quitter le club en bon classement, et personnellement j'espérais que tout irait bien pour lui puisqu'il ne faisait plus partie du monde rouge et or.

Thanksgiving a fourni un bref répit à la routine de tout le monde lorsque la majorité du chapitre s'est rendu à Austin pour la course nationale annuelle de Thanksgiving Day, mais était un peu nerveux parce que les frères de San Antonio avaient eu de sérieux problèmes avec la Mafia Mexicaine. Un Bandido avait récemment été tué à la suite du conflit, et il semblait que la situation allait s'aggraver avant de s'améliorer.

Sur le site de fête massif sur un terrain de rodéo juste à l'extérieur d'Austin, Bandido Batman a reçu son rocker inférieur de l'Oklahoma après avoir été harcelé par George. Le El Presidente a joué un petit tour à Batman en donnant l'impression qu'il avait des problèmes pour ne pas avoir quitté le Missouri. Après que le

Missouri Bandido ait transpiré pendant quelques minutes, George a personnellement remis à Batman son nouveau rocker. Le lendemain, Batman et moi avons trouvé le temps de rendre visite à Bandido Rude Richard pendant quelques heures à la prison fédérale de Bastrop où il a été incarcéré avant de retourner en Oklahoma.

Les problèmes avec la Mafia Mexicaine se sont aggravés lorsque Bandido Henry "Wero" Cantu a été assassiné alors qu'il se tenait devant un bar près de chez lui le 11 Décembre. Wero, âgé de quarante-trois ans, se tenait à côté de son véhicule lorsque quelqu'un lui a tiré dessus depuis un camion qui passait. Bien qu'il ait survécu à la salve initiale de coups de feu, Wero est décédé dans un hôpital local, devenant le deuxième Bandido de la région de San Antonio à être tué par la mafia mexicaine en moins d'un an.

À cette époque, nous avons commencé à entendre des rumeurs selon lesquelles George disait régulièrement une chose à un Bandido, puis disait le contraire à un autre frère. Il y avait aussi des rumeurs qui circulaient selon lesquelles El Presidente disait une chose au club et disait le contraire à d'autres clubs de motards hors-la-loi. Je me demandais si les rumeurs étaient vraies et je commençais à croire que là où il y avait de la fumée, il devait y avoir du feu. Deux incidents spécifiques se sont produits en 2002 pour alimenter mes pensées.

Skip et moi avions voyagé au Kansas en Novembre 2001 pour assister à un événement Sons of Silence dans leur club-house

Hutchison, et le El Presidente était là. Après une longue conversation sur la création de nouveaux clubs de soutien dans la région, George m'a donné la permission explicite d'ouvrir un chapitre de club de soutien d'Hermanos basé dans la région d'Atkinson, Kansas, et de St. Joseph, Missouri. Au cours de la fête, j'ai également eu une longue conversation avec le président national des Sons, Terry "Terry" Nolde, à propos de la création du chapitre Hermanos - Terry a également approuvé la demande et accordé la permission.

À l'insu de George, trois des membres potentiels d'Hermanos s'étaient rendus à Hutchison pour me rencontrer ainsi que les membres du Kansas des Sons of Silence. Après avoir obtenu la permission d'El Presidente et de Terry, j'ai discuté de la situation avec les membres potentiels et leur ai dit de commencer à avancer. Le premier chapitre Hermanos de la région a été ouvert en Mars 2002. À Halloween, ils avaient deux chapitres, un à Atkinson connu sous le nom de chapitre Jamesland et un à St. Joe connu sous le nom de chapitre Blacksnake Hills.

Peu de temps après que nous ayons commencé à entendre des rumeurs selon lesquelles El Presidente n'avait jamais sanctionné les deux chapitres et que j'étais un canon libre prenant des décisions par moi-même - en réalité, rien ne pouvait être plus éloigné de la vérité et il y avait au moins deux douzaines de membres des Bandidos, Sons of Silence et Hermanos qui connaissaient la vérité.

Recherche De Mon Identité: L'évolution Chronologique D'un Motard Hors-la-loi Sur La Route De La Rédemption

Le deuxième incident s'est produit au cours de l'été 2002 lorsque George m'a appelé d'Oklahoma City - il rendait visite à la mère de sa femme - et m'a demandé de venir le chercher et de l'amener à Tulsa pour une nuit afin qu'il puisse parler à Lee. Sur le chemin d'Oklahoma City à Tulsa, George m'a raconté une histoire à propos de Bandido Jack "Jack-E" Tate en Louisiane dont je savais absolument que c'était un mensonge. Je n'en ai rien dit à Lee jusqu'à ce qu'il ramène George à Oklahoma City le lendemain. Quand j'ai dit au président du chapitre ce que George avait dit à propos de Jack-E et que je savais que c'était un mensonge, Lee a révélé que El Presidente lui avait dit la même chose et Lee savait aussi que c'était un mensonge. Nous nous sommes juste regardés en silence parce que mentir à un Bandido était une infraction de patch-pull, et maintenant il semblait y avoir un ensemble de doubles standards dans la hiérarchie du club.

J'ai tenté de terminer l'année sur une note positive malgré le nuage de tromperie inquiétant que nous avions découvert en envoyant deux cartes de Noël de chapitre différentes que j'ai faites - l'une était totalement pour le plaisir, destinée à plaisanter pour ceux qui ont la chance de la recevoir, et l'autre une salutation sincère de vacances. La blague de la carte de Noël donnait l'impression que nous avions un immense manoir d'un million de dollars pour notre club-house de chapitre, alors qu'en réalité, aucun club de motards ne pourrait jamais se permettre un club-house comme celui-ci aux États-Unis.

Recherche De Mon Identité: L'évolution Chronologique D'un Motard Hors-la-loi Sur La Route De La Rédemption

J'ai terminé l'année en prenant des vacances en famille attendues depuis longtemps en Floride avec Caroline et Taylor, où nous avons passé près d'une semaine à visiter Disney World à Noël. Passer du temps avec Mickey Mouse et son équipe a été comme une bouffée d'air frais après tout ce que j'avais vécu en 2002. J'espérais que les choses s'amélioreraient, mais à ce stade, je commençais à perdre confiance en George et son administration. Je ne pouvais pas mettre le doigt sur le problème, mais une partie de ce que les Bandidos plus âgés pensaient de l'El Presidente commençait à avoir un sens. Le vieil adage *"être suspendu pour sécher"* m'avait traversé l'esprit plus d'une fois au cours de la dernière année, et j'avais le mauvais pressentiment que j'avais été utilisé à plusieurs reprises par le El Presidente de plus d'une manière.

Chapitre 33

Bandidos Motorcycle Club Canada

Juillet 2002 À Juin 2003

Tout au long du mois de Juillet 2002, El Secretario Wrongway et moi sommes restés en contact presque quotidiennement. Tout était assez calme jusqu'à ce que les médias de Toronto prennent une petite histoire et la transforment en une épreuve majeure - comme on dit aux États-Unis, ils ont fait une montagne d'une taupinière. Un jeune membre de la section de Kingston, en Ontario, qui venait de sortir de prison, a violé sa libération conditionnelle en n'étant pas là où il était censé être. La vérité était que Carl "CB" Bursey était allé pêcher avec une petite amie pendant quelques jours de plus qu'il n'aurait dû.

CB était devenu membre de la Rock Machine alors qu'il purgeait une peine de trois ans de prison, et lorsque la Rock Machine a été assimilée, il est devenu un Bandido par défaut à l'été 2000. Après la sortie de prison de CB, tous ceux qui le connaissaient était toujours en prison ou venait d'être arrêté lors de la rafle du 5 Juin. Lorsque le premier article de journal a été publié à son sujet, les frères dans la rue n'ont pas pu déterminer qui il était ou s'il en était membre, et il a fallu quelques jours pour comprendre comment CB est entré dans le club. Plus nous en apprenions sur qui il était, plus nous réalisions qu'il ne savait rien sur qui étaient les Bandidos.

Recherche De Mon Identité: L'évolution Chronologique D'un Motard Hors-la-loi Sur La Route De La Rédemption

Les articles de journaux sont progressivement devenus un divertissement semblable à une bande dessinée, car les détails le concernant échappant aux autorités devenaient de plus en plus farfelus. À un moment donné, les médias ont affirmé qu'il avait de nombreuses armes de poing et un lance-grenades qu'il avait l'intention d'utiliser contre la police lorsqu'il était acculé, et que les Hells Angels de Toronto aidaient le Bandido dans sa quête pour éviter l'emprisonnement.

Avant d'aller pêcher, CB a vu sa libération conditionnelle révoquée à deux reprises au cours de son incarcération - une fois en Août 2001 après que la police a saisi quarante-cinq kilos de marijuana là où il séjournait chez son oncle, et de nouveau en Mai 2002 lorsque la police a trouvé une arme de poing chargée après le Bandido et deux associés ont été arrêtés dans une voiture volée.

Des documents de la Commission nationale des libérations conditionnelles ont également révélé que CB était supposément impliqué dans une enquête liée aux armes concernant un homicide au Québec. Selon les forces de l'ordre chargées de le capturer, le fugitif n'avait plus que dix jours pour purger sa peine avant d'entrer dans la clandestinité, de se droguer, de thésauriser des armes et de menacer de tuer ses poursuivants.

En plus des histoires incroyables que les journalistes ont imaginées, ce qui a étonné tout le monde dans le club, c'est que CB n'avait plus que dix jours à servir avant d'être libre. L'attention des médias était ridicule. Gary Dimmock du Ottawa Citizen a aidé en agissant comme intermédiaire lorsque le Bandido s'est rendu à la fin Septembre.

"Je n'ai pas l'intention de blesser qui que ce soit et je ne veux certainement pas me faire tirer dessus quand je me rendrai," a-t-il déclaré à Dimmock quelques jours avant de se rendre. *"Je veux juste retourner en prison et avoir le temps en finir avec moi et continuer ma vie."*

Après avoir été en cavale pendant deux mois, la reddition de CB dans le parking d'un café de Kingston a été cordiale, paisible et sans incident. Le fugitif se dirigea vers les deux détectives qui attendaient et tendit les mains pour être menotté. Lorsqu'ils lui ont assuré qu'il n'y aurait pas de nouvelles accusations pour avoir échappé aux autorités, CB a souri avant de monter sur le siège arrière de la voiture de police. Le Bandido a été transporté au pénitencier de Kingston où il a purgé les dix derniers jours de sa peine avant d'être libéré. Lorsque la poussière est retombée, il a été révélé que CB n'avait enfreint aucune loi pendant la période où il avait évité la capture et qu'il était un homme libre.

Quand j'ai lu l'article écrit par Dimmock le lendemain, j'ai ri de la partie qui disait que CB était un membre éminent des Bandidos, car en réalité c'était un membre insignifiant qui n'avait jamais conduit de moto. Les médias étaient la seule source qui ait jamais déclaré qu'il était important et c'était un mensonge pur et simple. Je suis certain que cela n'a été fait que pour vendre plus de journaux, mais cela a perpétué le gros mensonge selon lequel chaque Bandido était un grand criminel.

Le 25 Septembre, les lourds marteaux de la justice sont tombés sur tout le club de motards Outlaws à travers le Canada. Près de cinquante Outlaws et anciens membres ont été arrêtés sur des accusations portées par un policier en civil qui est devenu un détenteur complet de patch dans le chapitre de Windsor et le témoignage de membres qui sont devenus des informateurs rémunérés. L'agent clandestin des forces de l'ordre, connu sous le nom de Finn, espionnait les Outlaws depuis plus de deux ans.

Finn était le Outlaw qui m'avait conduit de Windsor à Londres en Janvier 2001, et était plus que probablement la source d'informations à mon sujet qui avaient été divulguées aux médias à l'époque. Bien que nous ayons entendu des rumeurs selon lesquelles Finn était un officier de la GRC au Canada et un agent de l'ATF aux États-Unis, cela n'avait pas d'importance pour moi. Mais cela importait au président international des Outlaws, James "Frank" Wheeler, qui vivait à Indianapolis, Indiana, lorsque Frank a également été arrêté à la suite de l'infiltration de Finn. Ce fut un coup d'État majeur pour les autorités Canadiennes lorsque presque toutes les personnes arrêtées ont été inculpées en vertu de la loi C-24 sur le gangstérisme.

En Novembre, l'ancien membre de Rock Machine devenu informateur Pierre "Peter" Paradis a publié un livre intitulé *Nasty Business* sur sa vie de trafiquant de drogue et le temps qu'il a passé dans et autour de la Rock Machine. Le livre était un portrait assez fidèle de sa vie, de la petite partie de la Rock Machine qu'il connaissait et des gens qui l'entouraient, mais il est important de noter que Paradis n'a jamais été un motard, et à l'exception d'un très petit période pendant laquelle il n'a jamais possédé de moto.

Le 17 Décembre, Bill Miller, membre des Hells Angels, a été arrêté pour possession d'une arme à feu, possession de drogues contrôlées et gangstérisme. Bill avait commencé sa vie dans un club de motards en tant que Outlaws, puis avait fondé le premier chapitre de Rock Machine en Ontario, qui est finalement devenu le chapitre torontois de Bandidos. À la fin de Janvier 2001, Bill a fait défection aux Hells Angels, provoquant la fermeture complète du chapitre de Toronto. Huit mois plus tard, Miller a plaidé coupable à certaines des accusations en échange d'une peine d'un an de prison.

Au début de 2003, de nombreux membres des Hells Angels du Québec avaient plaidé coupables à des accusations criminelles de gangstérisme – la même loi qui n'était légale que depuis un an. Parce que tant de Hells Angels ont plaidé coupables de gangstérisme, nous savions qu'il serait assez facile pour le gouvernement de prouver que le club de motards était une organisation criminelle à l'avenir. Bien qu'il ait fallu deux ans de plus, les Hells Angels ont finalement été déclarés organisation criminelle en 2005.

Recherche De Mon Identité: L'évolution Chronologique D'un Motard Hors-la-loi Sur La Route De La Rédemption

Pour ajouter plus de carburant au feu de joie déjà brûlant, les médias ont rapporté le 9 Janvier que la police et le gouvernement voulaient adopter une nouvelle loi classant les motards comme des terroristes. Le projet de loi, s'il est adopté, entraînerait la mort de tous les clubs de motards au Canada. Une semaine plus tard, un membre du chapitre de Woodstock - Richard Bitterhoff - est devenu le premier membre des Outlaws à plaider coupable de gangstérisme. Des Outlaws supplémentaires ont plaidé coupables à la même accusation au fur et à mesure que le printemps avançait, malgré le fait que les plaidoyers auraient des ramifications drastiques pour les Outlaws en tant que club dans les années à venir.

Fin Février, l'ancien Bandido CB a de nouveau été arrêté, cette fois pour possession de drogue et d'armes à feu, mais à ce moment-là, les frères Kingston avaient déjà compris qu'il n'était pas un motard et qu'il n'avait rien à faire dans un club de motards. a été expulsé du club. CB s'est immédiatement associé aux Hells Angels, ce qui n'a surpris personne.

Au moment où l'hiver s'est transformé en printemps, certains des Bandidos et associés qui avaient été arrêtés à l'été 2002 avaient plaidé coupable. Tous ceux qui n'avaient pas plaidé coupable à ce moment-là prévoyaient d'aller en procès, mais les dates étaient reportées à plusieurs reprises. Il a finalement semblé y avoir de la lumière au bout du tunnel le 11 Mars lorsqu'un juge a ordonné des mini-procès séparés pour les trente-neuf accusés restants.

Le vendredi 12 Juin, Bandidos Canada a subi un coup dur lorsque Bandido Andre "Andre" Desormeaux a plaidé coupable d'incendie criminel, de trafic de drogue et de tentative de meurtre. En outre, il a plaidé coupable à une accusation de gangstérisme qui présenterait un sérieux obstacle à surmonter pour le club à l'avenir, et a été condamné à seize ans de prison au total. Au moment de son arrestation, André était un Sargento-de-Armas dans le chapitre national.

Lorsque la police a fait une descente chez lui à Rivières des Prairies, ils ont trouvé quatre cents plants de marijuana, ainsi que la chemise et l'insigne d'un policier de Montréal qui avaient été volés lors d'un cambriolage. Au cours des audiences préliminaires, l'accusation a révélé qu'André avait joué un rôle important dans l'assassinat raté de Steven "Bull" Bertrand dans un bar à sushis en Mars 2002. Bull était un proche associé de Maurice "Mom" Boucher, le président de la charte des nomades Hells Angels au Québec. Lorsque Bertrand a été abattu, le Sargento-de-Armas avait fait le guet et avait donné le signal - en enlevant sa casquette de baseball - à Patrick Hénault de tirer.

Jusqu'à présent, personne du club n'avait jamais plaidé coupable de gangstérisme, et ce fut un énorme revers pour les Bandidos. C'était aussi la peine de prison la plus sévère qu'un membre de Bandidos au Canada ait jamais reçue - jusque-là, les

peines de douze ans infligées à l'ancien président Jean "Charley"
Duquaire et au président de la ville de Québec Frederic "Fred"
Faucher avaient été les plus longues.

Chapitre 34

Bandidos Motorcycle Club Oklahoma

Janvier 2003 À Mai 2003

Après le voyage en Floride, j'ai commencé à repenser sérieusement mon avenir dans le monde rouge et or. À ce moment-là, il était douloureusement évident qu'il y avait de sérieux problèmes internes à affronter qui ne pouvaient plus être ignorés. Bien que j'aie toujours été impopulaire auprès de certains des frères du club, j'avais ignoré les jugements, les opinions et les attitudes dirigés vers moi sur la base du dicton, *vous ne pouvez pas plaire à tout le monde tout le temps*. Mais maintenant que El Presidente et El Vice-Presidente étaient régulièrement méchants, j'ai réalisé que je faisais face à un ennemi que je ne pourrais jamais battre, et si je ne faisais pas attention, le conflit entraînerait finalement une peine de prison extrêmement longue ou ma mort.

Pour compliquer les choses, un grand pourcentage des Bandidos Américains pensaient qu'il était temps pour un nouveau El Presidente, et beaucoup étaient convaincus que j'étais un candidat sérieux pour le poste. En réalité, je n'avais aucun intérêt à porter le bas à bascule El Presidente ou à remplacer George, mais il y avait pas mal de Bandidos aux États-Unis, en Europe et en Australie qui pensaient le contraire.

Étant donné que George n'était définitivement pas intéressé à se retirer ou à être remplacé, il avait élaboré un plan secret au

135

cours des deux dernières années pour m'empêcher de monter sur le trône - me discréditer et me critiquer en interne et en externe chaque fois que possible - et le mensonge était une partie complexe de la parcelle. Puisque Jeff était catégorique, il était le seul habilité à gravir les échelons, son plan clandestin impliquait de planter des espions dans l'Oklahoma pour détruire le chapitre de l'intérieur et ma réputation dans le processus.

J'ai réalisé qu'il était impératif de garder les yeux ouverts sur la trahison et les représailles qui étaient susceptibles de m'arriver dans un proche avenir de la part de chacun d'eux. La jalousie entre hommes est toujours un adversaire inhabituel qui s'accompagne généralement d'un agenda caché, mais les deux Bandidos me considéraient également comme une menace sérieuse en raison de la réputation que j'avais dans le monde entier d'être juste, impartial et intègre.

En ce qui concerne George et Jeff, il était temps pour moi de partir, et ils étaient prêts à tout - détruire mon personnage, me forcer à démissionner, provoquer ma disparition, me bannir sous de fausses accusations ou m'assassiner - pour y parvenir. le but. Cela incluait de mentir régulièrement aux frères du club et de tromper Bandidos lorsque la situation les obligeait à le faire. Tout ce qu'ils avaient à faire maintenant était de trouver exactement comment faire le travail, mais El Presidente et El Vice-Presidente savaient tous les deux que le temps était compté.

Recherche De Mon Identité: L'évolution Chronologique D'un Motard Hors-la-loi Sur La Route De La Rédemption

Le 3 Janvier, j'ai loué une voiture et je me suis dirigé vers le nord-est pour la course nationale Sons of Silence et Iron Horsemen dans le Missouri. Skip, Mick et moi nous sommes d'abord arrêtés à Springfield pour récupérer Batman, puis avons rencontré le Bandido probatoire Gary "Andy" McWilliams du chapitre de l'Arkansas dans un strip-tease près de Rolla. Andy m'a aidé à démarrer les Ozark Riders et est finalement devenu membre, et les Arkansas Bandidos avaient récemment élu Andy en tant que membre de leur chapitre malgré une recommandation négative des Outlaws du Tennessee.

Cette année, la réunion annuelle a eu lieu au complexe hôtelier Crowne Plaza à Saint-Louis. L'installation était un endroit idéal pour une course nationale et l'emplacement géographique au centre du pays était parfait pour les deux organisations. Il ne fallut pas longtemps avant que je tombe à nouveau sur Terry, et nous avons tous les deux eu une longue conversation sur l'escalade de la situation avec El Forastero et Galloping Goose dans le Missouri. Le président national m'a demandé si je voulais rejoindre ses frères et les Horsemen qui allaient assister à une rencontre d'échange de pièces de moto dimanche à Belleville, Illinois.

J'avais déjà entendu parler de la rencontre d'échange et j'avais pensé y aller, alors je lui ai assuré que j'y serais. Terry s'attendait à rencontrer El Forastero et Galloping Goose et voulait exploiter l'alliance entre les Sons, Horsemen et Bandidos. C'était

137

la manière subtile de Terry de dire aux deux clubs qu'ils ne possédaient pas le Missouri.

Nous avons également parlé des deux chapitres Hermanos que j'avais récemment créés au nord de Kansas City. Terry m'a dit qu'El Presidente ne se souvenait pas de m'avoir accordé la permission de commencer les chapitres, et George avait dit au Forastero et à Goose que tous les Bandidos et les membres de leur club de soutien quitteraient le Missouri dans un proche avenir. J'ai été choqué d'entendre cette nouvelle à certains égards, mais à d'autres égards, cela ne m'a pas du tout surpris car j'en apprenais de plus en plus sur le vrai George Wegers chaque jour.

Le président national des Sons était également irrité qu'El Presidente ne lui ait pas parlé d'un nouveau chapitre Bandidos dans le Colorado, et me parlait comme si j'étais membre du chapitre national. Je me suis porté volontaire pour appeler George pour savoir ce qui s'était passé, et quand je l'ai fait, il s'est avéré qu'il s'agissait d'une simple panne de communication. Le vice-président Chris – il avait récemment été promu d'El Secretario à vice-président – avait oublié d'appeler Terry pour l'informer du nouveau chapitre. J'ai alors réalisé que les Sons me considéraient comme un allié puissant - quelqu'un sur lequel ils pouvaient compter dans les Bandidos pour faire avancer les choses et un Bandido qui ne mentirait pas.

Dimanche, Andy a décollé tôt et est retourné en Arkansas tandis que Skip, Mick, Batman et moi avons traversé la ligne de l'Illinois jusqu'à Belleville où nous avons rencontré un grand contingent de Sons of Silence et d'Iron Horsemen. Alors que nous affluions vers la rencontre d'échange, j'ai été immédiatement frappé par l'expression d'horreur sur les visages de tous ceux que nous avons vus, et pour chaque membre du club qui participait à l'événement, il semblait que dix motards étaient immédiatement partis. Nous avons rapidement trouvé un stand avec près d'une douzaine de membres d'El Forastero et de Galloping Goose vendant des pièces Harley. Ils ont été submergés par la centaine de Sons et Cavaliers qui les entouraient et extrêmement surpris de voir Bandidos dans la horde.

Après avoir savouré la surprise pendant quelques minutes, j'ai décidé que nous devrions faire le tour du reste de la rencontre d'échange pour faire savoir à tout le monde que Bandidos était là. Dix minutes après le début de la visite, je suis tombé sur un groupe de Hells Angels et j'ai été surpris de reconnaître l'un d'eux. Thomas "Monster" Williford faisait partie du club de motards Invaders depuis de nombreuses années et a récemment décidé de quitter le navire et de rejoindre les Hells Angels. Même s'il n'était qu'un prospect, sa réputation et sa stature imposante dictaient qu'il était une force avec laquelle il fallait compter. Il n'a pas été nommé Monster pour rien!

Quand la perspective Hells Angel m'a vu, Monster est venu en courant et m'a soulevé du sol en me serrant dans ses bras. Skip s'est mis au garde-à-vous, mais à l'expression de mon visage, il a vite compris qu'il s'agissait d'une réunion amicale et non du début d'un combat pour nos vies. Monster et moi avons parlé pendant un moment, puis il m'a dit qu'un des Hells Angels voulait parler. Je lui ai dit que je serais prêt à rencontrer l'Angel pour discuter de tout ce qu'il avait en tête. Nous avons convenu de nous retrouver dans l'aire de restauration dans dix minutes et nous nous sommes séparés.

Skip, un vétéran de la guerre du Vietnam, était prêt pour la bataille. Batman était un peu inquiet et Mick avait visiblement une peur bleue. Mais c'est ce que j'ai fait de mieux, alors je suis allé seul à la réunion pendant que Skip, Batman et Mick regardaient à trente pieds de distance. Un petit contingent de Hells Angels est bientôt apparu, et l'un s'est détaché de la meute et a laissé les autres non loin de Skip, Batman et Mick. Alors que le Hells Angel entrait dans la salle à manger pour me saluer, vous pouviez couper la tension dans l'air avec un couteau. Les motards indépendants, les citoyens et le personnel de l'aire de restauration ont abandonné la zone par crainte d'une altercation violente, nous laissant seuls tous les deux.

David "Pulley" Ohlendorf était membre de la charte des nomades de l'Illinois de Chicago. Quand j'ai appris qu'il était aussi un père célibataire avec garde et un travailleur régulier qui détestait la méthamphétamine, j'ai été surpris de rencontrer un Hells Angel avec une philosophie et un style de vie similaires. À ma grande surprise, le principal sujet de discussion était l'état de l'Arkansas et le chapitre national de Bandidos. Pulley a supposé que j'avais été envoyé là-bas pour le rencontrer parce qu'il avait récemment appelé El Vice-Presidente Jeff, et avait prévu à tort que j'avais le pouvoir de discuter de leurs plans d'expansion en Arkansas.

L'Angel a expliqué qu'il avait récemment envoyé un e-mail à Bandido Gary "Wiggs" Wiggs dans l'Arkansas et que Wiggs avait répondu d'une manière que Pulley n'avait pas compris. Il avait ensuite appelé le El Vice-Presidente deux fois la semaine dernière, mais Jeff n'avait pas répondu aux appels. Sachant que Wiggs détestait les Hells Angels et que Jeff l'ignorait, je me suis porté volontaire pour les contacter tous les deux.

Tout ce que Pulley voulait faire, c'était parler de la situation en Arkansas avant que quelqu'un n'ait recours à la violence, ce que je considérais comme la bonne chose à faire. Avant de partir, je me suis assuré que Pulley savait que je n'étais plus un officier national et je lui ai dit que je ferais tout ce que je pourrais pour résoudre la situation.

Quand j'ai appelé Wiggs quelques minutes plus tard et lui ai dit ce qui s'était passé, il m'a dit de dire à Pulley qu'il n'y aurait jamais de charte Hells Angel dans l'Arkansas. Quand j'ai raconté à Jeff ce qui s'était passé après mon appel à Wiggs, le vice-président a dit qu'il n'avait aucune raison de parler à Pulley et que c'était la fin. J'étais étonné, car tout ce que El Presidente George m'avait appris à faire était maintenant tout le contraire de ce qui se passait.

Recherche De Mon Identité: L'évolution Chronologique D'un
Motard Hors-la-loi Sur La Route De La Rédemption

Une fois de plus, j'avais été conduit jusqu'au bout de la branche, et la massue avait coupé la branche à laquelle j'étais suspendu.

J'ai rencontré Pulley pour la deuxième fois une demi-heure plus tard et lui ai dit que je n'avais pas eu de chance de parler à Wiggs et Jeff, et lui ai conseillé de parler à l'El Presidente. Je me suis porté volontaire pour contacter George dès mon retour en Oklahoma avant que nous n'échangions nos coordonnées et que nous nous séparions.

Dès que je suis rentré à la maison, j'ai appelé George et lui ai dit tout ce qui s'était passé afin qu'il soit prêt pour la conversation avec l'Illinois Hells Angel. Le El Presidente m'a dit qu'il contacterait personnellement Pulley, mais comme je m'y attendais, il ne l'a jamais fait. J'ai appelé Pulley plus tard dans la journée et lui ai dit que j'avais parlé à George et expliqué la situation en détail, et j'ai dit à l'ange que George m'avait dit qu'il allait appeler Pulley. J'ai mis fin à la conversation en indiquant que je ne pouvais plus rien faire.

Le 19, un autre ancien membre du club de motards Loners basé à Miami, Oklahoma, a décidé qu'il voulait être un Bandido et notre chapitre l'a élu. Mike "Stymie" Loring n'a pas duré longtemps, car sa petite amie n'était pas contente de la décision et l'a fait démissionner le 2 Février. Il s'est avéré que Stymie était trop foutu pour être un Bandido, et démissionner dès qu'il l'a fait était le meilleur pour toutes les personnes concernées.

Recherche De Mon Identité: L'évolution Chronologique D'un Motard Hors-la-loi Sur La Route De La Rédemption

Début Février, j'ai acheté une Harley Davidson FLHT 2002 détruite chez un concessionnaire de San Antonio. La moto avait besoin d'un nouveau cadre, d'une fourche avant, de carters de moteur et d'un carter de transmission avant d'être prête pour la route, et c'était la première commode que je possédais depuis la fin des années soixante-dix.

J'ai conclu un accord formidable sur un tout nouveau lecteur de CD d'usine du concessionnaire Harley local, et un graphiste de premier plan de Tulsa a peint une peinture murale sur le carénage avant représentant un Bandido fou tenant un bâton de dynamite. La peinture murale décrivait avec précision ce que j'avais en tête à l'époque - je ne savais tout simplement pas qui ou quoi j'avais besoin de faire exploser.

En même temps, j'ai aidé le probatoire Bandido Ian avec son propre projet de vélo détruit. Jusqu'à présent, Ian conduisait un Sportster - maintenant, il aurait une Harley FXDXT 2001 à piloter, ce qui lui faciliterait la vie. J'ai financé l'achat et le coût des pièces pour reconstruire la moto, comme je l'avais fait pour Mick et d'autres Bandidos avant lui.

Mick et Ian étaient des hotrods et maintenant ils avaient tous les deux des Harleys Twin Cam relativement nouvelles pour se montrer. Les deux frères n'ont pas reconnu le fait qu'aucun des deux ne conduirait de nouveaux vélos si je n'avais pas fait le financement, mais j'étais inconscient et incapable de reconnaître la jalousie que le trio nourrissait.

Recherche De Mon Identité: L'évolution Chronologique D'un Motard Hors-la-loi Sur La Route De La Rédemption

La veille du chapitre qui se dirigeait vers le sud pour la course annuelle d'anniversaire de Bandidos à Jasper, au Texas, Red Dog a quitté le club et a changé ses couleurs. Il avait du mal à faire face à ses obligations financières, nous l'avons donc laissé quitter le club avec un bon classement. Bien qu'il devait deux cent cinquante dollars, il a promis de régler la dette dans un proche avenir.

Le 8 Mars à Jasper, le chapitre d'Oklahoma a accepté de laisser Walter "Levi" Willis commencer la prospection, et pour faciliter l'opportunité, j'ai accepté d'acheter une troisième moto accidentée que Levi, Ian et moi avons réparée en dix jours. Levi n'a pas non plus offert de remerciements pour ce que j'avais fait, mais j'ai justifié la situation en croyant que je faisais la bonne chose pour aider trois frères à réaliser leurs rêves. Malheureusement, j'étais aveuglé par l'allégeance et je ne pouvais pas voir l'écriture sur le mur.

Tout était calme après la course d'anniversaire jusqu'au 8 Avril, lorsque les autorités fédérales ont arrêté presque tous les membres de la section des Outlaws d'Oklahoma City pour une myriade d'accusations de trafic de drogue et d'armes à feu. Les actes d'accusation étaient l'aboutissement d'une enquête de deux ans impliquant plus de cent soixante fonctionnaires du bureau du procureur des États-Unis; Bureau de l'alcool, du tabac, des armes à feu et des explosifs; Département de police d'Oklahoma City; Bureau du procureur du comté d'Oklahoma; Drug Enforcement

Administration et le United States Marshal's Service. L'enquête avait été aidée par des dizaines d'informateurs confidentiels qui ont fourni aux forces de l'ordre des informations sur l'activité illégale de drogue et avait commencé avec l'arrestation initiale de l'ancien OK Rider George.

Thomas "Chameleon" Cain, le président des Outlaws, a été accusé de possession d'armes à feu par un toxicomane illégal et de possession d'un fusil à canon scié non enregistré. Virgil "Arlo" Nelson - un ancien Rogue et vice-président des Outlaws - risquait trente ans de prison pour trois chefs d'accusation d'être un criminel en possession d'une arme à feu.

Michael Roberts, qui avait été initialement poursuivi en lien avec le meurtre de l'ancien Bandido Earl "Buddy" Kirkwood, a été inculpé de trois chefs d'accusation d'être un criminel en possession d'armes à feu et de munitions. À la fin de l'été, cinquante-neuf personnes avaient été arrêtées et faisaient face à des accusations résultant d'activités illégales commises alors qu'ils étaient membres ou associés aux Outlaws.

L'affaire était la plus grande enquête sur un club de motards de l'histoire de l'Oklahoma, et les cinquante-neuf personnes accusées ont finalement plaidé coupable ou ont été reconnues coupables après le procès. Arlo a reçu une peine de vingt ans, Chameleon a reçu une peine de dix ans, Michael a reçu une peine de quatorze ans et l'ancien OK Rider James "Victor" Wall a reçu une peine de neuf ans. Le motard qui a lancé le bal, George

Schuppan, a finalement plaidé coupable et a reçu une peine de six ans en échange de sa coopération.

Ce qui m'a le plus surpris, c'est un mandat de perquisition du 9 Avril qui avait été signifié à l'ancien Bandido Joseph "Joe" Kincaid dans le cadre de l'enquête fédérale sur les Outlaws. J'ai obtenu légalement une copie de la demande de mandat de perquisition et de l'affidavit pour la résidence de Joe lorsque les autorités de Muskogee ont oublié de le faire sceller. Comme dans tous les mandats de perquisition fédéraux, l'affidavit était un prédicat requis qui devait être soumis à un juge, et dans ce cas, il y avait une histoire étonnante d'activités illégales relatées dans les moindres détails.

En dépit d'être impliqué dans la vente d'une mitrailleuse Sten 9 mm, la vente d'une livre de méthamphétamine, de nombreuses allégations de fabrication de drogue, de fréquentes liaisons enregistrées sur vidéo et des réunions avec des membres des Outlaws, et une histoire de travail avec l'informateur George Schuppan, Joe a miraculeusement échappé à l'arrestation et n'a jamais été inculpé pour aucune des activités illégales qu'il a commises et qui ont été détaillées dans l'affidavit.

J'ai reçu un appel urgent peu après 16 heures le 21 Avril de l'un de nos repaires à Wichita, Kansas. L'appel de John "LJ" Engelbrecht n'était pas une surprise car au cours des dernières semaines, LJ et Devin "Devin" Quattlebaum avaient fait l'objet de menaces répétées de la part des membres d'El Forastero. Au cours des dernières vingt-quatre heures, Devin en avait reçu un très spécifique - soit arrêter de porter une casquette de baseball avec l'inscription *Support Your Local Bandidos*, que Devin avait achetée lors d'une récente réception de Bandido, soit mourir. La menace était une tentative arrogante de dicter les vêtements que les gens pouvaient porter à Wichita, et Devin avait été conseillé de défendre sa vie s'il était attaqué par une personne associée à El Forastero.

La nature de l'appel m'a surpris lorsque j'ai appris que deux membres du Forastero avaient attaqué Devin après le travail à l'usine de fabrication de motos Big Dog alors qu'il se dirigeait vers son camion dans le parking de l'entreprise à 15h30. Dans le processus de défense de sa vie, le repaire avait tiré sur ses deux agresseurs, tuant l'un - John Dill - et blessant gravement l'autre - Bret Douglas.

De l'avis de tout le monde, ils ont tous les deux obtenu exactement ce qu'ils méritaient, comme le dit le dicton *si vous jouez avec le taureau, vous ne devriez pas être surpris quand vous obtenez les cornes*. Inutile de dire que l'El Forastero n'a pas ressenti la même chose malgré le fait que le survivant a facilement admis aux forces de l'ordre que les deux motards avaient traqué, menacé et attaqué Devin dans l'intention de lui infliger des lésions corporelles graves.

Dès que LJ m'a informé, je lui ai demandé de quitter la ville avec Devin et de prendre une chambre de motel pour la nuit. Je lui ai dit que je ne voulais pas savoir où ils étaient et je lui ai demandé de me rappeler dans quelques heures à partir d'un téléphone payant après leur enregistrement. J'ai alors appelé le président de Sons of Silence au Kansas qui vivait près de Wichita et me connaissait bien.

Jerry a immédiatement reconnu ma voix et m'a dit qu'il savait pourquoi j'appelais parce que la fusillade faisait la une des journaux. Il m'a également informé que la police recherchait Devin, ce qui était attendu. J'ai demandé à Jerry d'obtenir les coordonnées de deux éminents avocats de la défense pénale à Wichita, qu'il a fournies dans l'heure.

Quand LJ et Devin m'ont rappelé, je leur ai dit que j'allais arranger la reddition de Devin par l'intermédiaire d'un des avocats et essayer d'avoir une bonne nuit de sommeil. Je leur ai demandé de m'appeler le matin, et à ce moment-là, je leur donnerais les coordonnées de l'avocat que j'avais choisi pour dénoncer Devin.

Le président des Sons m'a appelé fréquemment ce soir-là pour me tenir au courant de la recherche de Devin, et quand il m'a dit que la police avait encerclé Devin dans une maison à Wichita, je savais que leur emplacement dans le motel était encore secret. Tout au long de la soirée, j'ai eu plusieurs discussions avec les deux avocats et j'ai finalement opté pour Les Hulnick. Accompagné de son nouvel avocat, Devin s'est rendu aux autorités le lendemain matin.

Recherche De Mon Identité: L'évolution Chronologique D'un Motard Hors-la-loi Sur La Route De La Rédemption

Après avoir déterminé que Devin n'avait pas assez d'argent pour payer sa défense quelques jours plus tard, Hulnick s'est retiré en tant qu'avocat et un défenseur public a été nommé pour le représenter. En raison de la nature des accusations, Devin est resté en prison sans caution en attendant son procès, qui devait commencer à la fin de l'été ou au début de l'automne.

Au cours des mois suivants, l'avocate de la défense Sarah McKinnon et l'enquêteur principal Jenny Blaine ont déterminé que les deux membres d'El Forastero étaient drogués au moment de l'attaque, ce qui n'a surpris personne. Nous avons été surpris que Devin ait été accusé de meurtre au premier degré, car il s'était manifestement défendu pendant l'agression.

Le 31 Mai, lors d'une audience préliminaire, William Weldon, un employé de Big Dog, a déclaré avoir vu quatre hommes portant des écussons El Forastero parler à Devin le 20 Mars. Le lendemain après-midi, Bret Douglas, membre d'El Forastero depuis dix-sept ans, s'est souvenu d'avoir reçu un appel de John Dill qui lui a parlé d'une conversation qu'il avait eue la veille avec l'employé de Big Dog. Dill a dit qu'il voulait s'assurer que le repaire de Bandido avait reçu le message, alors Douglas et Dill se sont rendus à l'usine sur leurs motos et sont arrivés quelques minutes avant la fin du quart de travail de Devin à 15h30.

Les deux hommes - qui pesaient chacun plus de trois cent vingt-cinq livres - ont regardé sous un arbre d'ombrage de l'autre côté de la rue jusqu'à ce qu'ils repèrent Devin quittant le travail. Ils l'ont poursuivi à pied à travers le parking, mais l'employé de Big Dog les a devancés jusqu'à son camion, a mis les clés dans le contact et a démarré le moteur.

Lorsque Douglas s'est introduit de force dans le camion et a arraché les clés du contact, Devin a sorti une arme de poing en argent de sa poche et a tiré, touchant Douglas une fois et Dill deux fois. À la fin de l'audience, il a été déterminé qu'il y avait suffisamment de preuves qu'un crime avait été commis et le procès devant jury était prévu pour Septembre.

Le 27 Avril, Lee et moi avons organisé la quatrième course de dragsters moto *Living On The Edge* au Tulsa International Raceway. Nous avons vendu plus d'un millier de billets et l'événement a généré un profit de six mille dollars. Après quatre courses, j'avais récupéré tout mon capital initial et j'étais ravi. J'attendais avec impatience la prochaine course *Living On The Edge* en Septembre, sachant que ce serait désormais une source d'argent.

Le Pawhuska Biker Rally à la mi-Mai a été un événement massif pour le club, attirant plus d'une centaine de Bandidos, membres et associés du club de soutien, ainsi que leurs épouses et petites amies. L'ensemble du groupe a passé le week-end dans un camping privé sur une colline surplombant la scène de musique à mi-chemin et live que nous avons entourée d'une clôture de construction orange temporaire.

Recherche De Mon Identité: L'évolution Chronologique D'un
Motard Hors-la-loi Sur La Route De La Rédemption

La zone était constamment patrouillée par des gardes armés, et ceux qui avaient la chance d'être à l'intérieur avaient droit à des repas et des boissons gratuits tout le week-end aux frais du chapitre de l'Oklahoma. Juste après la tombée de la nuit samedi soir, toute l'équipe rouge et or a fait une promenade cérémonielle du camping à mi-chemin, et tous ceux qui regardaient le spectacle ont regardé avec étonnement la foule se séparer pour nous laisser passer.

Pendentif Pawhuska OK Riders James "Cub" Oleson, Garland "Little Horse" Kirkes et Walter "Walt" Lopez sont devenus des Bandidos en probation. Avec Bill Wolf sorti de prison et totalement remis de son expérience de mort imminente, nous avions maintenant quatorze membres. On aurait dit que nous étions au sommet du monde, mais en réalité, il y avait des fissures majeures dans les fondations et les défauts feraient bientôt éclater le chapitre.

Au cœur du problème se décrit Bandido Steve et les innombrables mensonges qu'il avait racontés. De plus, il rapportait sa perception biaisée des affaires du chapitre au vice-président Jeff dans notre dos. La plupart du temps, le vice-président n'avait aucune idée que Steve lui mentait, et quand il l'a fait, je suis sûr que Jeff a choisi de l'ignorer. Malgré le fait que Steve était en train de mourir d'un cancer du pancréas, presque tous les membres du chapitre pensaient lui botter le cul au Texas.

151

Recherche De Mon Identité: L'évolution Chronologique D'un Motard Hors-la-loi Sur La Route De La Rédemption

Une fois de plus, nous avions un traître parmi nous, mais cette fois, nous ne savions pas comment gérer à cause de la relation de Steve avec El Vice-Presidente. Dans l'histoire des Bandidos, des situations comme celle-ci ont toujours été gérées par le chapitre sans aucune interférence du chapitre national, car c'était un problème de chapitre. Se cachant la tête dans le sable, tout le monde a ignoré le problème de la combustion lente et s'est mis à passer un bon moment pendant le week-end du Memorial Day.

Après avoir survécu à un printemps agité et ne voulant pas aller à la rivière Rouge pendant le week-end du Memorial Day pour changer, j'ai prévu d'aller en Europe. Quelques jours après la fin de Pawhuska, Caroline, Taylor et moi nous sommes rendus dans le Michigan pour rendre visite à la famille de Caroline avant de prendre un vol sans escale de Detroit à Amsterdam.

Pendant le vol vers l'étranger, tout en regardant Caroline et Taylor dormir, tout ce à quoi je pouvais penser était El Presidente George et à quel point il avait changé au cours des sept dernières années. Le El Presidente que j'ai rencontré en 1996 était tout le contraire du George que je connaissais maintenant. Il a été dit que *le pouvoir absolu corrompt absolument* et que cette parcelle de sagesse était certainement applicable à la situation actuelle.

El Presidente George était maintenant déterminé à détruire tout ce que j'avais créé et n'avait aucune utilité pour ma politique anti-drogue, ma capacité à organiser ou ma ligne ouverte de communication mondiale. De mon point de vue, il ne se souciait pas non plus de l'impact que la méthamphétamine avait sur le club partout aux États-Unis, et il voulait mettre fin à toute communication entre les Bandidos Américains et les Bandidos Européens et Australiens.

Lorsque j'ai récemment montré à El Presidente George une copie d'un dossier criminel fédéral qui indiquait sans équivoque qu'un Bandido incarcéré était un informateur, il a fermé les yeux sur l'information. Au lieu d'expulser immédiatement le Bandido pour avoir coopéré avec les autorités fédérales chargées de l'application des lois ou ordonné une enquête pour déterminer la vérité, George m'a plutôt dit de garder l'information pour moi et de ne le dire à personne dans le club. Pour aggraver les choses, le Bandido était en prison et recueillait chaque mois un don de cent dollars du Trésor.

Alors que l'avion volait dans l'obscurité, j'ai aussi beaucoup réfléchi aux deux ensembles de règles sous lesquelles le club fonctionnait. Il y avait un ensemble standard de règlements que tous les Bandidos étaient tenus de suivre, mais il y avait maintenant un ensemble de règles différent que le chapitre national suivait. De nouvelles règles ont été essentiellement élaborées pour apaiser George et Jeff, et la prémisse pour la plupart d'entre elles était ridicule.

Pour la première fois depuis que j'étais devenu un Bandido, j'avais honte d'en être un et j'ai réalisé que mes jours dans le club étaient comptés. La seule chance que j'avais de résoudre la situation était devant moi, et j'ai juré de m'assurer que les Bandidos Européens savaient exactement ce qui se passait aux États-Unis avec El Presidente George avant mon retour en Oklahoma.

Chapitre 35

Bandidos Motorcycle Club Oklahoma

Mai 2003 À Juin 2003

Caroline, Taylor et moi avons atterri à l'aéroport d'Amsterdam vers 7h du matin. Comme je n'avais pas dormi pendant le vol, j'étais toujours à l'heure du Michigan, qui était maintenant 1h du matin. J'étais plus que fatigué au moment où nous avons passé la douane et déçu de ne trouver personne du chapitre d'Osnabruck dans le terminal des arrivées pour nous accueillir. Après avoir attendu plus d'une heure, nous nous sommes dirigés vers la gare sous l'aéroport et avons pris un train d'Amsterdam à Osnabruck, puis avons emprunté un téléphone à un citoyen et avons contacté le président de la section en cours de route. Il s'est arrangé pour que le même équipage de Bandidos qui était finalement arrivé à Amsterdam nous rejoigne à la gare d'Osnabruck.

Quand nous sommes arrivés à Osnabruck encore une fois, il n'y avait pas de Bandido en vue. J'étais tellement fatigué que j'ai voulu m'allonger et aller dormir sur un banc dans la gare, mais après une attente de dix minutes, les frères sont finalement arrivés. Taylor a pris une bouchée rapide dans un McDonald's de l'autre côté de la rue, puis nous avons voyagé en voiture jusqu'à la maison de Bandido Wolfgang. Le président du chapitre d'Osnabruck avait une fille de onze ans, donc Taylor avait quelqu'un avec qui sortir, et malgré la barrière de la langue, les deux filles ont passé un bon moment lors de son premier jour en Europe.

Comme j'avais été éveillé presque vingt-quatre heures sans dormir, j'étais dans un état d'épuisement. Je me suis allongé et j'ai dormi pendant quelques heures, mais je me suis levé à temps pour le souper parce que je voulais acclimater mon horloge biologique à l'heure locale. Ce soir-là, nous sommes allés au club-house d'Osnabruck - qui faisait office de bordel le week-end - puis nous sommes retournés chez Wolfgang pour passer la nuit.

Le lendemain matin, deux Bandidos d'Osnabruck ont conduit Caroline, Taylor et moi quatre heures au nord jusqu'à Puttgarden où ils nous ont déposés à un ferry géant pour faire la traversée de l'eau de l'Allemagne à Rodby, au Danemark. Sur le chemin, nous nous sommes arrêtés à Brême et avons déjeuné avec le club de motards Blazes - un club de soutien pour les Bandidos en Allemagne - puis avons fait une visite impromptue du club-house.

Taylor a été hypnotisé pendant le voyage de quarante-cinq minutes sur le navire massif qui transportait un train entier dans son ventre. Avec le fiasco d'Amsterdam encore frais dans mon esprit, j'ai été soulagé de trouver un Bandido solitaire qui attendait quand nous avons débarqué. Il nous a conduits au domicile du vice-président de Bandido, Michael "Kok" Rosenvold, dans la ville portuaire Danoise d'Elsinore.

Recherche De Mon Identité: L'évolution Chronologique D'un Motard Hors-la-loi Sur La Route De La Rédemption

La maison de Kok était absolument magnifique, construite à flanc de colline sur une route fluviale surplombant l'océan à environ un mile du centre-ville d'Elseneur. Il y avait une piscine à débordement creusée devant entre la maison et la rue, et de nos sièges dans la cour, l'eau tombait par-dessus le bord, donnant l'impression que le liquide coulait dans la mer. Il n'y avait aucun doute dans mon esprit que la maison valait plus d'un million de dollars Américains.

Nous attendaient la femme du vice-président Nanna, sa fille de dix ans Isabelle et son fils de deux ans. Taylor correspondait avec Isabelle par e-mail depuis un mois, et les deux filles étaient ravies de se rencontrer pour la première fois. Caroline était heureuse d'être enfin à destination après avoir voyagé pendant la majeure partie de deux jours, et j'avais hâte de parler avec le vice-président des nombreux problèmes auxquels sont confrontés les frères des États-Unis.

Lorsque Kok - le mot Danois pour cuisinier - est arrivé à la maison en fin d'après-midi, il a grillé de bons steaks que nous avons mangés sur la terrasse surplombant l'océan. Après le dîner, nous nous sommes assis seuls et avons parlé de nos vies personnelles pendant un petit moment avant que la discussion ne se tourne vers la dissension en cours en Amérique et la disposition de George à ne pas dire la vérité. Le consensus général était qu'ils pensaient que l'El Presidente souffrait de la maladie d'Alzheimer.

Recherche De Mon Identité: L'évolution Chronologique D'un Motard Hors-la-loi Sur La Route De La Rédemption

L'analogie, bien qu'une blague, nous a tous les deux fait rire aux éclats.

Kok a expliqué que les Bandidos Européens étaient parfaitement conscients de la tendance de George à être malhonnête, mais n'étaient pas préoccupés par les mensonges car ils n'avaient pas d'impact direct. Il a souligné que le président Jim Tinndahn dirigeait l'Europe, pas George, donc à moins que Jim ne mente, les mensonges n'avaient pas d'importance, et nous savions tous les deux que le président Européen n'était pas un menteur.

Je lui ai demandé quelle était la position du président Australien Jason Addison sur le sujet et j'ai été choqué d'apprendre que Jason détestait George avec passion et était également parfaitement conscient de la propension fréquente d'El Presidente à mentir. À partir de ce jour, chaque fois qu'un Bandido a mentionné quoi que ce soit à propos d'El Presidente George ne disant pas la vérité, j'ai pensé à l'anecdote - *George a la maladie d'Alzheimer* - et j'ai ri.

Le lendemain matin, j'étais totalement reposé et mon corps acclimaté au fuseau horaire, et j'ai été agréablement surpris de voir à quelle heure le soleil s'est levé et à quelle heure il s'est couché en raison de la situation géographique. Je ne pense pas avoir été aussi loin au nord de ma vie, et c'était instructif de voir le soleil se déplacer en cercle dans le ciel du lever au coucher du soleil. Dans l'Oklahoma, le soleil se levait toujours à l'est et se couchait à l'ouest en ligne droite, mais ici au Danemark, le soleil tournait en cercle autour de la maison de Kok.

Ce soir-là, la vice-présidente nous a emmenés dans un parc d'attractions où Taylor et Isabelle se sont éclatés en profitant des manèges. Nanna et Caroline s'entendaient très bien, et pour changer, Kok et moi nous sommes amusés à être pères pour la nuit. Regarder le Bandido Danois pousser la poussette de son fils de deux ans dans le parc m'a rappelé à quel point les choses étaient pareilles loin de chez moi.

Après avoir été là pendant un certain temps et avoir pensé à rentrer chez nous, j'ai été surpris de voir un Bandido que je connaissais bien apparaître de nulle part. J'avais rencontré Jacob "Big Jacob" Anderson lors de mon premier voyage au Danemark. Après que nous ayons passé une heure à socialiser pendant que tout le monde mangeait une glace, Big Jacob a promis de venir tous nous chercher avant de quitter le Danemark et de nous faire visiter la ville où il vivait. Il était maintenant président de chapitre, donc en plus de voir un peu de sa vie, j'aurais aussi l'occasion de rencontrer certains des frères de son chapitre.

Le lendemain matin, Bandido Carsten du chapitre d'Elsinore s'est porté volontaire pour emmener Caroline, Taylor et moi faire du tourisme. Caroline avait voulu voir un vieux château à Elseneur qui avait été utilisé pour défendre le Danemark pendant des siècles. C'était un spectacle incroyable à voir, et puisque nous avions Carsten comme guide personnel, il a expliqué l'histoire de l'énorme château alors que nous traversions les nombreuses pièces et appréciions les peintures surdimensionnées sur les murs qui avaient des centaines d'années. Nous avons été assez surpris d'apprendre que Carsten ne travaillait pas ce jour-là parce que sa femme venait d'avoir un bébé - au Danemark, le mari bénéficie de plusieurs semaines de congé de paternité payé lorsque la femme a un bébé.

Le vice-président m'a prêté une Harley FXDX argentée de 2001 pour rouler pendant ma visite, et il n'a pas fallu longtemps avant que je puisse trouver mon chemin de chez lui au club-house d'Elseneur par moi-même. Pendant que Kok travaillait pendant la journée, j'ai trouvé que le lieu de rencontre me donnait l'occasion de rendre visite à d'autres membres du chapitre, et parce que le club-house était l'un des plus beaux endroits que j'aie jamais vus, il était facile de s'y attarder.

En entrant dans la moitié avant du rez-de-chaussée par un ensemble de portes de salon battantes sculptées à la main, on ne pouvait s'empêcher de remarquer l'étonnant bar qui avait été construit à la main par les membres du chapitre en utilisant du teck, de l'acajou et du bois de cerisier. Les murs de la grande pièce - qui servait parfois de bar public - étaient ornés de nombreux cadeaux coûteux et de photos encadrées. La moitié arrière comprend une cuisine privée, une chambre pour les invités extérieurs, des bureaux, des douches et des salles de bains. Au deuxième étage, il y avait un salon qui servait également de salle de réunion ou de chambre à coucher pour les invités supplémentaires de l'extérieur de la ville.

Vendredi après-midi, j'ai dit au revoir aux filles pour le week-end et j'ai rejoint la vice-présidente pour une belle balade de trois heures vers le nord au cœur de la Suède pour assister au High Chaparral Rally. Je me suis habillé chaudement pour le trajet et j'ai envisagé de porter des sous-vêtements longs, mais j'ai décidé de ne pas le faire à la dernière minute. Pour les Bandidos Danois, c'était une belle journée ensoleillée et chaude, mais pour moi, il faisait à peu près aussi froid que possible sans mourir de froid.

Une quinzaine de kilomètres avant d'arriver sur le site du rallye, nous avons été arrêtés par la police suédoise pour vérifier si l'un d'entre nous avait bu. Imaginez leur surprise quand ils ont découvert que j'étais Américain, et leur plus grande surprise quand ils ont appris que je venais d'Oklahoma. Lorsque nous sommes finalement arrivés sur le site de la fête vers 19 heures ce soir-là, mes dents claquaient. J'étais jaloux de voir la plupart de mes frères Scandinaves se prélasser au soleil en portant des t-shirts pendant que je me gelais le cul. Pendant tout le temps où j'étais là-bas, je ne pense pas avoir enlevé mon manteau plus de quelques heures d'affilée.

Le camping privé Bandidos à l'intérieur de l'événement était très similaire à la configuration du chapitre de l'Oklahoma à Pawhuska deux fois par an. À l'exception de la camarade de jeu suédoise Playboy qui nous a divertis samedi soir, la musique,

161

Recherche De Mon Identité: L'évolution Chronologique D'un
Motard Hors-la-loi Sur La Route De La Rédemption

l'hébergement, la nourriture et les boissons étaient excellents - la strip-teaseuse n'était pas excellente, elle était fantastique! Après avoir enregistré la performance de strip-tease sur ma caméra vidéo, je lui ai demandé de parler à la caméra et de faire une blague au président de la section de l'Oklahoma, Lee.

Le compagnon de jeu de Playboy s'est adressé directement à la caméra d'une voix sexy et a dit, "*Lee, si tu avais été ici ce week-end, j'aurais été ta petite amie tout le week-end.*" J'ai passé le reste du week-end à rire aux éclats en pensant à l'expression sur le visage de Lee quand il a vu la vidéo.

Chaque fois que je m'aventurais à l'extérieur du campement de Bandidos, je me retrouvais entouré d'un contingent de jeunes prospects et de membres probatoires de Bandido qui avaient reçu pour instruction de ne pas me perdre de vue et de s'assurer que rien ne se passait. Sachant qu'il y avait un grand terrain de camping des Hells Angels de l'autre côté du rallye, je me suis promené là-bas pour voir ce qu'ils faisaient. J'ai pensé m'arrêter et demander Blondie, que j'avais rencontrée à Copenhague au magasin de vêtements Hells Angels l'année précédente, mais à la dernière minute j'ai changé d'avis.

J'ai eu la chance de connaître pas mal de Bandidos et la plupart d'entre eux parlaient bien anglais. Si un frère parlait mal ou pas anglais, il y avait toujours quelqu'un à proximité pour traduire. Certains des frères, comme le nomade Bandido Mick d'Angleterre, parlaient un Anglais parfait, et s'asseoir avec lui pendant un moment était un soulagement bienvenu. Dormant la nuit dans une tente réservée aux membres du chapitre national et nomade, je me suis retrouvé gelé quand le soleil s'est couché.

Je n'avais pas réalisé à quel point nous étions au nord jusqu'à ce que je me réveille le premier matin avec un magnifique lever de soleil et que je découvre qu'il n'était que 4 heures du matin. Lorsque le soleil s'est couché cette nuit-là vers onze heures, j'ai fait attention et j'ai remarqué que le soleil ne se couchait jamais complètement - il y avait un crépuscule qui faisait le tour du ciel pendant cinq heures chaque nuit.

Nous sommes retournés à Elsinore dimanche après-midi et le trajet de retour pour moi était presque assez chaud pour en profiter. Ce soir-là, un groupe de Bandidos et leurs épouses et copines se sont réunis pour un dîner et un concert de rock en plein air. J'ai finalement eu du temps avec Bandido Buller qui était là avec sa femme. J'étais allé le voir dans son magasin de motos quelques jours après mon arrivée, mais il était trop occupé à travailler et n'avait pas le temps de parler. S'asseoir aux tables extérieures du restaurant pittoresque du centre-ville d'Elsinore tout en mangeant nous a donné beaucoup de temps pour nous rattraper.

Plus tard dans la nuit, je me suis assis devant l'ordinateur dans le bureau de Kok et j'ai pris connaissance de mes e-mails. J'étais exaspéré quand j'ai appris que onze Bandidos et associés avaient été arrêtés à Great Falls, Montana, alors qu'ils tentaient de fermer un nouveau chapitre du club de motards Kinsmen. Après quelques appels, j'ai appris que l'El Presidente avait ordonné aux frères Montana de saisir tous les patchs Kinsmen de ses membres, qui arboraient leurs couleurs sans autorisation.

C'était une chose arrogante à faire, et la décision était destinée à coûter au club des milliers de dollars en frais juridiques et à entraîner des peines de prison pour bon nombre des personnes accusées. Je n'avais aucune idée à l'époque de la gravité des ramifications, mais comme jeter une pierre dans l'eau, les vagues de conséquences seraient considérables avant que tout ne soit terminé.

Lorsque la poussière est retombée, les obligations ont été fixées à cinq cent mille dollars pour chacun des onze frères arrêtés à la suite de la violente altercation à Grizzly Welding et Choppers. Dale "Crankcase" Granmo de Missoula a été accusé d'enlèvement et d'agression avec une arme pour avoir forcé le propriétaire du magasin Scott Spencer à partir sous la menace d'une arme après avoir reçu l'ordre de rendre ses couleurs Kinsmen. Après que Spencer ait été relevé de son patch, une impasse de trois heures au magasin s'est ensuivie avant que l'incident ne se termine pacifiquement.

En plus d'une arme à feu Crankcase cachée dans la ruelle, la police a confisqué six armes à feu trouvées à l'intérieur du magasin. Bernard "Bernie" Ortman, David Theriault, Robert Alexander, Stephen Koester, Aaron Wise, Michael McElravey, Robin Hundahl, Ricky Lookebill, William Beach Jr. et Frank

Offley ont également été arrêtés. J'ai trouvé intéressant que si et quand les frères nouaient des liens, il leur était interdit d'avoir des contacts avec un Bandido ou des parents, de posséder ou de consommer de l'alcool, d'entrer dans un bar ou un casino ou de posséder des armes jusqu'à ce que leurs accusations soient résolues.

Le lendemain matin, Big Jacob est arrivé en fin de matinée pour nous conduire à soixante-quinze milles au sud-ouest jusqu'à chez lui. En chemin, nous nous sommes arrêtés dans un McDonald's qui a satisfait l'envie de Taylor pour la nourriture Américaine, mais au lieu d'y manger, nous avons pris le repas avec nous et avons mangé à la table de la cuisine à l'intérieur du pavillon du chapitre Southside. Big Jacob vivait à Naestved, qui n'était pas loin du ferry sur lequel nous étions arrivés il y a une semaine. C'était une belle petite ville Danoise, contrairement aux grandes villes du Danemark auxquelles j'étais habitué.

Le club-house était situé à l'extérieur de la ville au milieu de collines et entouré de fermes et de champs - il ressemblait à une résidence à l'intérieur avec un salon, une salle à manger, un bar, une cuisine, des salles de bains et une chambre au premier étage. Le deuxième étage se composait de plusieurs chambres et d'un autre salon, et il y avait un vrai canard vivant dans le jardin avec lequel Taylor a pu jouer un peu.

Comme cela allait être notre dernière nuit au Danemark, le chapitre Naestved a organisé un dîner et une réunion. Les frères ont converti l'une des chambres pour que nous puissions dormir en famille, ont déplacé un téléviseur dans l'espace et ont loué une douzaine de DVD adaptés à l'âge de ma fille pour qu'ils les regardent pendant que les adultes socialisaient. Taylor a été agréablement surprise de voir à quel point les frères Danois étaient gentils et reconnaissante pour le répit temporaire du monde de son père. Un certain nombre de Bandidos sont venus dire au revoir, et parmi eux se trouvaient le nomade Bandido Clark et le président Européen Jim.

Sur la terrasse à l'extérieur du club-house, j'ai parlé à Jim en privé de la détérioration de la situation aux États-Unis, ajoutant à ce qu'il avait déjà entendu sur les conversations que Kok et moi avions eues à ce sujet. En ce qui le concernait, El Presidente avait la maladie d'Alzheimer, et si ce n'était pas l'explication, alors George était définitivement un menteur.

Le lendemain, un frère du chapitre de Southside a emmené Caroline, Taylor et moi rencontrer Buller à l'entrée de l'autoroute. Il se dirigeait vers l'Allemagne lors d'un voyage d'affaires pour prendre une moto et s'était porté volontaire pour nous conduire à cent cinquante milles au sud jusqu'à l'aire de repos de l'autoroute où nous avions prévu de rencontrer mon vieil ami Dieter Tenter. Bien que nous soyons à l'étroit sur le siège avant de la camionnette d'affaires qu'il conduisait, c'était bien de passer du temps avec le Bandido Danois à nouveau.

Recherche De Mon Identité: L'évolution Chronologique D'un Motard Hors-la-loi Sur La Route De La Rédemption

En moins d'une heure, nous étions sur le ferry en direction de Puttgarden. Taylor a trouvé le grand navire une nouveauté cette fois car elle était une voyageuse expérimentée en ferry, et Caroline profitait de la vue depuis un pont supérieur surplombant l'eau. Pendant que Buller était au téléphone, je me suis retrouvé à regarder le littoral Danois en me demandant si j'aurais dû y rester. La semaine dernière, j'avais sérieusement envisagé d'être transféré dans un chapitre au Danemark parce que j'admirais la façon dont les choses étaient faites et la façon dont ils respectaient les principes de la fraternité - c'était très différent de ce qu'il était aux États-Unis.

Un bon exemple de cela était la façon dont les transactions financières étaient traitées dans toute l'organisation en Europe. Lorsqu'un membre payait sa cotisation mensuelle au secrétaire du chapitre, l'argent devait être payé par chèque personnel, mandat ou virement bancaire. Lorsqu'un chapitre payait ses cotisations mensuelles au chapitre national, les exigences étaient de payer par chèque bancaire ou virement bancaire - aucun argent n'était autorisé à changer de mains - évidemment le club voulait rendre difficile le vol d'argent, mais l'intention principale était de créer une trace écrite facile à suivre pour les autorités chargées de l'application de la loi.

Tous les comptes débiteurs et comptes créditeurs mensuels de la section nationale étaient contrôlés par un comptable et, à la fin de chaque année civile, la section nationale remettait une copie du rapport financier annuel du club à tous les secrétaires de la section avec pour instruction de divulguer l'information à chacun et chaque membre. Ils ont également remis en main propre une copie du rapport annuel à la police Danoise pour éviter les allégations de blanchiment d'argent, de fraude fiscale, d'extorsion ou d'autres crimes.

En Amérique, le club a encouragé les transactions financières à être payées en espèces et a spécifiquement exigé que l'argent dû à la section nationale soit payé en espèces ou en mandats ouverts sans nom renseigné sur la ligne de paiement. En raison du système désuet, certains secrétaires de chapitre et officiers nationaux avaient volé de l'argent et pillé le trésor pendant des années. Bien que de nombreux officiers de chapitre et nationaux aient été conscients de la pratique et la méprisaient, la base a fermé les yeux et a pensé que rien ne pouvait être fait pour l'empêcher.

Lorsque j'ai commencé à plaider en faveur d'un nouveau système qui assurerait la responsabilité et la clarté des transactions financières internes à la fin de 2002, cela a énervé beaucoup de personnes importantes. D'autres avaient une peur bleue que tout le monde découvre qu'ils avaient la main dans le pot à biscuits - compte tenu de ce seul fait, il n'était pas étonnant que j'aie eu des ennemis dans le chapitre national qui étaient là pour m'avoir.

Un autre exemple était la façon dont les Bandidos Danois traitaient un frère qui avait développé une dépendance à la drogue, à l'alcool, au jeu ou aux femmes. Le Bandido en difficulté a été suspendu du club pendant trente jours, et deux frères ont été affectés au Bandido en difficulté vingt-quatre heures sur vingt-quatre, sept jours sur sept, pour une version rouge et or de la cure de désintoxication. Au bout de trente jours, le frère a été réintégré et la vie est revenue à la normale, mais si le Bandido redevient accro, il n'y a pas de seconde chance - il est expulsé.

J'ai également été impressionné qu'un Bandido au Danemark qui a fait de bonnes choses pour le club ait été apprécié, et la branche d'arbre n'a pas été coupée lorsque le frère s'est mis en quatre pour faire exactement ce qu'on lui avait dit. Bien que la cocaïne soit facile à trouver et que la plupart des gens tolèrent le fait de fumer du haschich ou de la marijuana, il ne semble pas y avoir de problème de méthamphétamine et il semble que la drogue n'existe pas. Enfin, mais surtout, les frères Danois ne se mentaient pas et si un membre enfreignait la règle, il était expulsé. Il était intéressant de noter que les Bandidos au Danemark étaient désormais l'incarnation des principes sur lesquels le club de motards Bandidos avait été fondé en Mars 1966.

Traîner avec les frères Danois avait été une bouffée d'air frais, et ils me manquaient déjà au moment où nous sommes descendus du ferry. J'espérais retourner au Danemark et les revoir, mais je savais dans mon cœur que c'était hautement improbable. L'horloge tournait et il ne restait plus beaucoup de temps pour savoir quoi faire.

Recherche De Mon Identité: L'évolution Chronologique D'un Motard Hors-la-loi Sur La Route De La Rédemption

Buller nous a déposés tous les trois à une aire de repos d'autoroute cet après-midi-là, et de là, Dieter nous a conduits à Lengerich. Bien qu'il ne soit pas un Bandido, mon frère Allemand avait beaucoup d'amis qui l'étaient. J'ai toujours réussi à passer du temps avec lui quand j'étais en Europe, et il a fait la même chose quand il était en Amérique. À Lengerich, sa maison et sa famille étaient ma maison et ma famille, et à Owasso ma maison et ma famille étaient sa maison et sa famille.

Pendant que Christiane, la femme de Dieter, installait les filles, Dieter et moi nous sommes assis sur la terrasse et avons parlé de nos vies depuis la dernière fois que nous nous étions vus. Son fils Tom avait presque huit ans et sa fille Malisa était devenue une jeune femme et avait maintenant quatorze ans. Dieter m'a expliqué les avantages et les inconvénients de vivre avec une adolescente et m'a donné une idée approximative de ce à quoi s'attendre lorsque Taylor vieillira un peu. Nous avons réfléchi à la vitesse à laquelle le temps passe quand vous avez des enfants, car cela semblait comme hier lorsque nous avions accompagné Malisa à l'école et passé du temps avec toute sa classe il y a cinq ans.

En fin d'après-midi, nous nous sommes rendus au club-house de Bandidos Muenster, situé à un peu plus de quarante-cinq minutes de Lengerich. Les Bandidos de Muenster et d'Osnabruck ont préparé un excellent dîner sur un feu à l'extérieur, puis nous avons passé une soirée tranquille à discuter de tout et de rien. La plupart du temps, je n'ai pas eu de problème pour communiquer et

comprendre mes frères Allemands, mais lorsque la barrière de la
langue nous a touchés, Dieter était plus qu'heureux de traduire.

J'étais désolé de voir Bandido Fossey, qui nous avait
conduits d'Osnabruck au ferry la semaine précédente, boitillant
avec une paire de béquilles, mais j'ai fait preuve d'humour lorsque
j'ai découvert que la blessure avait été causée par une vieille
Harley. Kick start only Sportsters étaient bien connus pour lâcher
prise en plein milieu du coup de pied et provoquer une hyper-
extension du genou d'une personne.

La plupart des motards expérimentés savaient qu'il ne
fallait pas démarrer un vieux Sportster en raison de la probabilité
d'être gravement blessé. Fossey avait connu l'une des bizarreries
les plus élémentaires du motocyclisme et souffrait évidemment des
connaissances qu'il avait acquises. Quand je lui ai rappelé de ne
plus recommencer, nous avons tous bien rigolé.

Le lendemain matin, après que Christiane nous ait préparé
le petit déjeuner, nous sommes allés faire une longue promenade
dans les bois. Hexenfad était une zone de sentiers où les sorcières
avaient l'habitude de marcher, donc pour Taylor, notre séjour dans
la forêt était un peu mystérieux. Caroline a trouvé la promenade
revigorante, et après avoir vu les enfants disparaître et réapparaître
dans le feuillage dense à plusieurs reprises, nous nous sommes
arrêtés au centre-ville de Lienen pour une glace maison. Les trente-
six heures que nous avons passées à rendre visite à Dieter et à sa
famille sont passées bien trop vite, et avant que je m'en rende

compte, Dieter nous avait conduits devant la porte d'entrée de la maison de Bandido El Secretario Armin "Armin" Geffert dans le centre de l'Allemagne, à une heure de route au sud-ouest de Lengerich.

J'avais rencontré Armin pour la première fois au début de 1998 alors qu'il était membre du club de motards Ghostriders, après que Bandido Presidente Jim m'ait demandé de rendre visite aux Ghostriders pendant que j'étais en Europe. Armin, sa femme Marion et leur fils de douze ans vivaient à Gelsenkirchen, qui était située dans le district minier connu sous le nom de Ruhrpott. Il possédait une belle maison de ville de quatre étages que je connaissais, car j'y avais séjourné deux fois ces dernières années.

Après quelques heures de détente dans le salon, nous sommes allés à un barbecue au club-house de Gelsenkirchen en fin d'après-midi. Armin m'a prêté sa nouvelle Harley Softail pour faire le court trajet à travers la ville, et pour la première fois depuis que j'étais en Europe, je ne me gelais pas le cul - le temps était absolument parfait. J'étais heureux de voir pas mal de Bandidos que je connaissais là-bas, dont Jorg du chapitre d'Essen, Otto du chapitre de Bochum, le vice-président Leslav "Les" Hause, le vice-président Angus et El Secretario Sing du chapitre national. Les Bandidos luxembourgeois Angus et Sing étaient en route vers le Danemark, tandis que je me dirigeais en sens inverse vers le Luxembourg. Tous deux avaient appris que j'étais de nouveau en Europe et s'étaient déplacés pour me rencontrer à Gelsenkirchen.

Recherche De Mon Identité: L'évolution Chronologique D'un Motard Hors-la-loi Sur La Route De La Rédemption

Taylor était ravie de voir que quelques-uns des Bandidos Allemands avaient amené leurs enfants, et malgré la formidable barrière de la langue, elle a réussi à s'amuser beaucoup en jouant dans la cour du club-house. J'ai fait de mon mieux pour ralentir le temps et savourer le moment car il ne faudrait pas longtemps avant que notre avion ne reparte vers les États-Unis.

Le lendemain, Armin nous a conduits de Gelsenkirchen à Esch Alzette, Luxembourg, dans sa Cadillac El Dorado de 1985. Avec du rock Américain et de la musique rap retentissant tout le long du trajet, nous avons apprécié le long voyage à travers les montagnes du sud-ouest de l'Allemagne. Arrivé en milieu d'après-midi, il nous a déposés au club-house et nous a dit au revoir. Une fois de plus, j'ai eu un sentiment de regret en le regardant partir, sachant que ce serait probablement la dernière fois que je voyais le Bandido Allemand.

Bandido Marco nous a accueillis à la porte et a agi comme notre guide touristique le reste de la journée et de la soirée. Pour notre dernière nuit en Europe, le chapitre nous a loué une chambre d'hôtel luxueuse sachant que nous avions besoin d'une bonne nuit de sommeil avant le long vol de retour. Pendant environ un mois, j'avais prévu de rencontrer l'OK Rider Michael "Mike" Eichsteadt d'Oklahoma au Luxembourg. Il était en service actif dans l'armée Américaine et stationné temporairement en Allemagne à moins de deux heures du club-house luxembourgeois. Lorsque Ok Rider Mike est finalement arrivé tôt dans la soirée, Marco nous a tous offert ce qui allait être notre dernier dîner en Europe dans un restaurant en plein air pittoresque du centre-ville d'Esch Alzette.

À moins d'un pâté de maisons de là, sur la place de la ville, il y avait une grande foire et un carnaval, alors après le dîner, Taylor a pu explorer l'événement pendant que les adultes étaient assis et parlaient. Lorsque nous sommes retournés au club-house, les clients locaux nous ont divertis, car le premier étage du club-house était en fait un bar ouvert au public. Après le départ de Mike pour retourner à sa base en Allemagne, Marco nous a déposés à notre chambre d'hôtel et a accepté de venir nous chercher à la lumière du jour pour le voyage à Paris. Alors que je m'endormais cette nuit-là, j'étais reconnaissant pour la fin parfaite de belles vacances.

Tôt le lendemain matin, le Luxembourg Bandido nous a rencontrés à l'heure, et nous avons fait le voyage à Paris en un peu plus de cinq heures après s'être arrêtés en chemin pour un pique-nique en milieu de matinée à une aire de repos en bordure de route. Le paysage était à couper le souffle, et pendant que je roulais sur l'autoroute, j'espérais avoir assez de temps pour que Taylor et Caroline voient la Tour Eiffel, mais malheureusement, nous avons rencontré une circulation dense à la périphérie de Paris et n'avons pas pu le faire.

Alors que j'étais assis à l'aéroport en attendant de monter à bord de l'avion pour Detroit, j'ai réfléchi à une multitude de choses qui m'ont traversé l'esprit, toutes concernant le club de motards

Bandidos. J'en avais marre qu'on me dise quoi faire, devoir être quelque part presque tous les week-ends et dépenser les milliers de dollars qu'il en coûtait pour être un Bandido chaque année. Je n'étais plus disposé à tolérer le mensonge, la jalousie et la tromperie qui étaient désormais considérés comme un comportement normal, ni l'usage généralisé de méthamphétamine par un pourcentage croissant de frères Américains.

J'ai réalisé pour la première fois que le club était maintenant à 1% amusant et à 99% conneries - au début, c'était tout le contraire - à 99% amusant et 1% conneries. D'une manière ou d'une autre, le club avait évolué de tout ce que j'aimais en 1997 à tout ce que je détestais en 2003.

Pendant la majeure partie des neuf heures de vol à travers l'océan Atlantique, j'ai pensé à quitter le club et à poursuivre ma vie. Je voulais passer le plus de temps possible avec Taylor au cours des cinq prochaines années parce que je savais qu'à l'âge de quinze ans, elle aurait sa propre vie. Je voulais être le meilleur père possible, et comme elle avait maintenant presque dix ans, je n'avais plus beaucoup de temps. J'étais aussi amoureux de Caroline – mais j'avais peur de l'admettre – et j'avais besoin de plus de temps à consacrer à mon entreprise.

Si je restais dans le club, je ne pouvais pas tout faire. Quelque chose devait céder ou la direction que prenait l'organisation devait changer. Le club était un train de marchandises incontrôlable dévalant une montagne avec un

175

ingénieur arrogant à la barre, et s'il était laissé seul, il allait s'écraser. Avec quelqu'un d'autre en charge, il y avait une chance que la confrérie survive, mais je ne voulais définitivement pas du travail.

J'ai décidé de faire ce que je pouvais au cours de l'été pour effectuer des changements. Parmi les frères qui détestaient George et tout ce qu'il représentait, il y avait Joe "Little Joe" Benavides. Little Joe était dans le club depuis plus de vingt ans, avait une équipe de plus de cinquante Bandidos qui pensaient comme lui et était une légende dans le monde rouge et or. J'ai pris la décision de les aider à faciliter l'agenda de Little Joe, et une fois qu'ils ont été organisés, il était probable que l'El Presidente pourrait être remplacé sans recourir à la violence.

Chapitre 36
Bandidos Motorcycle Club Oklahoma
Juin 2003 À Août 2003

Pour une fois dans ma vie, le vol vers l'étranger est passé vite et au moment où nous avons atterri à Detroit, je souffrais de nouveau du décalage horaire. Je n'avais pas dormi depuis près de vingt heures, mais ce n'était que la fin de l'après-midi et j'ai dû rester éveillé quelques heures de plus pour surmonter le décalage horaire. Nous nous sommes installés tous les trois dans un hôtel local, avons dîné tôt et nous nous sommes endormis à 20 heures. Le lendemain matin, Caroline, Taylor et moi avons pris un vol tôt pour Tulsa, et après avoir pris soin de tous mes e-mails et messages téléphoniques importants, je suis revenu à la vie quotidienne normale.

Dans une conversation en fin de soirée quelques jours plus tard avec El Secretario William "Bill" Sartelle, j'ai laissé échapper dans le feu de l'action que j'avais fini d'aider George et j'ai divulgué que j'étais du côté des dissidents. Pensant que Bill était un bon ami et sachant que nous avions eu de nombreuses discussions de cœur à cœur au fil des ans, je pensais que ma déclaration serait prise en compte car je me défoulais. Si j'avais su que El Secretario allait me dénoncer en utilisant mes mots hors contexte, la conversation n'aurait jamais eu lieu et aurait fini par être utilisée comme un clou géant dans mon cercueil.

Recherche De Mon Identité: L'évolution Chronologique D'un Motard Hors-la-loi Sur La Route De La Rédemption

Le lendemain, j'ai expliqué tout ce qui s'était passé lors de mon voyage en Europe lors d'une rencontre avec Lee, et lui ai dit ce que je ressentais et la décision que j'avais prise d'aider Little Joe. Ensuite, j'ai fait asseoir Lee et lui ai demandé de regarder la vidéo que j'avais tournée lors du rallye de motards en Suède. Vous auriez dû voir l'expression sur son visage lorsque le magnifique compagnon de jeu Suédois de Playboy a dit, "*Lee, si tu avais été ici ce week-end, j'aurais été ta petite amie tout le week-end.*"

Quelques jours plus tard, Lee m'a informé que je devais l'accompagner lors d'un voyage en ville. Il voulait m'inviter à dîner pour mon quarante-huitième anniversaire et m'a surpris avec des billets pour un concert de ZZ Top qui devait avoir lieu ce soir-là. Lee, Ian et moi sommes allés au concert et nous nous sommes éclatés en écoutant tous leurs morceaux de rock n' roll classiques.

Après le spectacle, nous sommes allés dans une nouvelle boîte de nuit appelée *Bad Girls* au centre-ville de Tulsa, qui était un décollage sur le thème *Coyote Ugly* où les serveuses dansaient au sommet du bar pour se divertir. Même si j'avais regardé le film *Coyote Ugly*, le voir en personne était bien mieux. J'ai passé une bonne nuit, bien qu'un peu trop enfumée, jusqu'à ce que le groupe de travail sur les gangs du département de police de Tulsa nous entoure lorsque nous sommes sortis pour prendre une bouffée d'air frais.

Je n'avais rien à craindre car je ne buvais pas, mais Lee était un peu ivre et Ian n'avait pas de permis de conduire. Lorsque le groupe de travail a relevé les numéros de plaque d'immatriculation des trois Harley que nous avions garées devant le bar, deux d'entre elles sont revenues immatriculées à mon nom. Étant donné que le vélo de Ian avait été acheté à l'origine par moi quand il s'agissait d'une épave, mon nom figurait toujours sur les registres de propriété. Cela s'est avéré être un coup de chance car les flics savaient que le permis de Ian était suspendu. Les officiers m'ont demandé qui conduisait le troisième vélo, qui était celui d'Ian, et je leur ai dit qu'il y avait un autre Bandido avec nous qui poursuivait sa bite quelque part dans le quartier des bars du centre-ville.

Après avoir enduré une inquisition qui a duré plus de dix minutes, les officiers du groupe de travail sur les gangs ont décidé de partir et ont laissé un policier en uniforme dans une voiture de police pour nous surveiller. Après que Lee et Ian soient retournés à l'intérieur du bar, j'ai démarré l'un des vélos et je l'ai conduit jusqu'à la maison de Ian, puis j'ai emprunté les clés de la voiture de sa femme. Je suis retourné au centre-ville, j'ai récupéré Ian et je l'ai ramené chez lui. J'étais content qu'aucun de nous ne soit allé en prison, mais furieux, la nuit s'était terminée sur une mauvaise note.

Sur le chemin du retour, j'ai été arrêté par une recrue du département de police d'Owasso à moins de trois kilomètres de chez moi. Il était maintenant presque minuit et j'avais besoin de dormir car je devais être au travail tôt le matin, donc je n'étais pas content quand il a appelé pour du renfort. Lorsque le chef de quart est arrivé dix minutes, il a été surpris de trouver un Bandido vivant à Owasso. Quand je lui ai dit que je vivais là depuis 1997, il n'arrivait pas à y croire. *"Pourquoi ne t'avons-nous pas vu avant?"* demanda-t-il. Après avoir expliqué que j'étais un père célibataire et un directeur de construction qui travaillait à temps plein, il m'a rendu mon permis, m'a souhaité un joyeux anniversaire et m'a dit de passer une bonne nuit.

À la mi-Juin, un Houston Bandido s'est présenté à Tulsa et nous a dit qu'il avait été embauché temporairement par une entreprise de rédaction de Tulsa. Scott "Scooter" Musslewhite était censé être à Tulsa pendant trois mois, mais si tout se passait bien, il penserait à déménager et laisserait la porte ouverte pour rejoindre le chapitre puisqu'il venait de divorcer. Déménager à ce stade de sa vie semblait être un bon moyen de recommencer à zéro, mais pour le moment, il voulait juste traîner. Nous aurions dû réaliser qu'il avait été envoyé par El Vice-Presidente Jeff et que se présenter n'était pas une coïncidence.

Scooter a immédiatement commencé à traîner avec Mick, Smurf, le prospect Levi et Steve, qui était maintenant un homme mort ambulant à la suite du cancer du pancréas qui ravageait son corps. Nous aurions dû voir l'écriture sur le mur, mais à l'époque, nous étions aveuglés par la façade et ne pouvions pas voir à travers l'écran de fumée qui assombrissait ce qui allait bientôt devenir un soulèvement interne majeur. Il allait y avoir une mutinerie et tout le monde dans le chapitre allait devoir marcher sur la planche.

Nous ne l'avons tout simplement pas vu venir et je ne sais pas
pourquoi - avec le recul, je suppose qu'il y avait trop de choses à
faire et, comme toujours, pas assez de temps pour les faire.

Pour ajouter de l'essence au feu de la mini-mutinerie, un
autre prospect a rejoint le chapitre le 25 Juillet. Glenn "Glenn"
Vermillion semblait inoffensif à première vue mais en réalité
c'était un serpent dans l'herbe. Nous étions maintenant seize
hommes, et Lee et moi pensions que tout allait bien, mais Glenn a
rapidement commencé à courir avec l'équipe de meth et au moment
où nous sommes allés à Sturgis début Août, la minorité était
désormais une force avec laquelle il fallait compter. Comme un
bouton purulent, les événements des derniers mois allaient bientôt
culminer et exploser.

Je suis parti pour le Dakota du Sud quelques jours plus tôt
pour pouvoir faire le long chemin. J'ai d'abord voyagé vers l'ouest
jusqu'à Amarillo où je me suis assis avec Bandido James "Tucker"
Atkins pendant quelques heures. Je voulais lui parler de ce que je
ressentais, jauger sa réaction, écouter son avis et obtenir des
conseils. Je savais qu'il n'aimait pas George mais je voulais savoir
si Tucker était l'un des frères qui souhaitaient un changement
radical de direction.

Le Texas Bandido m'a dit d'être extrêmement prudent car
il avait récemment entendu dire que certains de mes frères avaient
l'intention de me tuer s'ils en avaient l'occasion. Une autre rumeur
que Tucker a entendue était que El Presidente et El Vice-

Presidente voulaient que je quitte le club le plus tôt possible, de toutes les manières imaginables - que j'étais mort ou vivant, cela n'avait pas d'importance. Cela ne m'a pas surpris car d'autres Bandidos me disaient la même chose depuis près d'un an, mais une chose m'a surpris - ils voulaient que je parte si mal qu'ils étaient prêts à détruire tout le chapitre de l'Oklahoma dans le processus.

Alors que je roulais vers l'ouest sur l'Interstate 40 d'Amarillo à Albuquerque, j'ai eu quelques heures pour réfléchir à la réception à laquelle je m'attendais probablement lorsque je suis entré dans le club-house et le camping Bandidos à Rapid City, dans le Dakota du Sud. Je savais qu'il n'y avait qu'une poignée de Bandidos en qui je pouvais vraiment avoir confiance, et il ne faudrait qu'un seul frère pour m'installer et je serais un homme mort. Même un Bandido qui m'était fidèle pouvait facilement être persuadé de me trahir sans le savoir. Si je devais survivre à Sturgis, je devais être au sommet de mon art. Pour assurer ma survie, j'ai décidé de dormir dans un motel et j'ai décidé que je ne serais pas dans le campement à moins qu'il ne fasse jour.

Je suis arrivé à Albuquerque juste avant que la chaleur de la journée ne me cuise comme un poisson dans une poêle à frire, et j'ai rencontré Bandido Jessie "Chuy" Wicketts dans un magasin de tatouage local. Chuy avait travaillé avec moi sur le projet de construction du palais de justice du comté de Collin au Texas il y a quelques années et nous étions devenus de bons amis. Pendant que je le regardais se faire tatouer le dos de sa tête rasée, nous nous

Recherche De Mon Identité: L'évolution Chronologique D'un Motard Hors-la-loi Sur La Route De La Rédemption

Oklahoma Chapitre Février 2001

Randy Eureka Springs 2001

Alain Sturgis 2001

Recherche De Mon Identité: L'évolution Chronologique D'un Motard Hors-la-loi Sur La Route De La Rédemption

Alain Oklahoma 2001

Owasso 2001

Recherche De Mon Identité: L'évolution Chronologique D'un Motard Hors-la-loi Sur La Route De La Rédemption

Ozark Riders Septembre 2001

Skip & Lee 2001

Recherche De Mon Identité: L'évolution Chronologique D'un Motard Hors-la-loi Sur La Route De La Rédemption

Owasso 2001

Taylor 2001

Property Patch 2001

El Presidente George 2001

Recherche De Mon Identité: L'évolution Chronologique D'un Motard Hors-la-loi Sur La Route De La Rédemption

Alain & Dawn Montreal 2002

Oklahoma Chapitre Octobre 2002

Recherche De Mon Identité: L'évolution Chronologique D'un Motard Hors-la-loi Sur La Route De La Rédemption

Harley FLHT Fairing 2003

Owasso Ranchette 2003

Recherche De Mon Identité: L'évolution Chronologique D'un Motard Hors-la-loi Sur La Route De La Rédemption

Armin & Wife Germany 2003

Big Jacob Denmark 2003

Europe Vice-Presidente Angus & El Secretario Sing 2003

Recherche De Mon Identité: L'évolution Chronologique D'un Motard Hors-la-loi Sur La Route De La Rédemption

Clark Sweden 2003

Europe Presidente Jim 2003

Osnabruck 2003

Recherche De Mon Identité: L'évolution Chronologique D'un Motard Hors-la-loi Sur La Route De La Rédemption

Gelsenkirchen 2003

Skip & Paul Jr 2003

Chuy 2003

Recherche De Mon Identité: L'évolution Chronologique D'un Motard Hors-la-loi Sur La Route De La Rédemption

Oklahoma Chapitre Juin 2003

Garth Brooks 2004

Cowboy 2004

Recherche De Mon Identité: L'évolution Chronologique D'un Motard Hors-la-loi Sur La Route De La Rédemption

Skip & Buzz & Keith & Bill Wolf 2005

Caroline 2005

Forrest 2006

Recherche De Mon Identité: L'évolution Chronologique D'un Motard Hors-la-loi Sur La Route De La Rédemption

Wil 2006

Stanley 2006

Wil 2007

Recherche De Mon Identité: L'évolution Chronologique D'un Motard Hors-la-loi Sur La Route De La Rédemption

Dave & Fuzz 2007

Mike & Pigsty 2007

Recherche De Mon Identité: L'évolution Chronologique D'un Motard Hors-la-loi Sur La Route De La Rédemption

Book Expo 2008

Joe Don 2009

Jim 2009

Recherche De Mon Identité: L'évolution Chronologique D'un Motard Hors-la-loi Sur La Route De La Rédemption

Caroline 2010

Taylor 2011

Jour Du Déménagement 2011

Recherche De Mon Identité: L'évolution Chronologique D'un Motard Hors-la-loi Sur La Route De La Rédemption

Taylor 2012

Dubai 2015

Recherche De Mon Identité: L'évolution Chronologique D'un Motard Hors-la-loi Sur La Route De La Rédemption

Dubai 2015

Joe John 2015

Gulf Bike Week 2015

Dieter Dubai 2016

Recherche De Mon Identité: L'évolution Chronologique D'un Motard Hors-la-loi Sur La Route De La Rédemption

Harley FXDB Dubai 2016

Real American Bikers TV Sizzle 2016

Recherche De Mon Identité: L'évolution Chronologique D'un Motard Hors-la-loi Sur La Route De La Rédemption

Strokerz Workshop Dubai 2016

Steel Horse Cowboys TV Pitch Deck 2018

Recherche De Mon Identité: L'évolution Chronologique D'un Motard Hors-la-loi Sur La Route De La Rédemption

Maher Dubai 2018

Sam Philippines 2019

Maher Dubai 2019

sommes souvenus des bons moments que nous avions passés au fil des ans.

Le lendemain matin, Chuy et moi nous sommes arrêtés dans un restaurant local pour le petit-déjeuner avant de parcourir les cent miles au nord d'Albuquerque à Sante Fe, où nous avions prévu de nous arrêter et de passer la nuit à visiter le nouveau chapitre de Sante Fe. Après s'être réveillé à un lever de soleil froid à Sante Fe, Chuy et moi sommes partis pour Denver tôt le matin.

Nous avions prévu de faire tout le trajet ce jour-là, mais avons décidé de nous arrêter pendant la chaleur de la journée pour rendre visite à un frère du chapitre Pueblo. La journée entière à travers les collines et les vallées a été exceptionnelle avec la météo du Nouveau-Mexique et du Colorado coopérant au maximum. Après avoir attendu quelques orages en fin d'après-midi à Pueblo, nous sommes finalement arrivés à la maison de Bandido Victor "Victor" Marquez à Denver peu après la tombée de la nuit.

Victor avait été le président du chapitre de Denver depuis aussi longtemps que je me souvienne, et était l'un des plus grands critiques d'El Presidente. Depuis que Little Joe vivait avec Victor, j'espérais m'asseoir avec eux deux, mais Little Joe était introuvable. Après une longue discussion, le président de Denver m'a donné le même conseil que Tucker - je ferais mieux de faire attention car George et Jeff étaient définitivement là pour m'avoir.

Victor pensait aussi que j'étais un énorme handicap parce que j'en savais beaucoup sur El Presidente, son entourage et les décisions qu'il avait prises au fil des ans. De plus, il croyait que l'El Presidente était convaincu que je voulais sa bascule inférieure et craignait que j'aie assez de puissance pour le renverser. Nous avons décidé de convoquer une réunion pendant Sturgis avec tous les dissidents - Jack-E, Tucker, Victor, Lee, Little Joe et moi - si possible.

Chuy et moi avons passé une courte nuit chez un membre du chapitre de Denver, puis sommes partis à 5 heures du matin le lendemain matin pour combattre la chaleur que nous avions anticipée plus tard dans la journée. Nous avons voyagé vers le nord jusqu'à Cheyenne, Wyoming, puis vers le nord-est dans les Black Hills du Dakota du Sud. À la dernière aire de repos avant d'entrer dans Sturgis, Chuy et moi avons parlé pendant près d'une heure de ma situation, et il s'est demandé si je quitterais Sturgis en tant que Bandido.

J'ai fait promettre au jeune frère d'Albuquerque qu'il ne s'impliquerait pas dans le bourbier politique et qu'il garderait les yeux ouverts pour les Bandidos qui se faisaient passer pour des frères. Après avoir passé trois jours avec moi à rouler côte à côte sur plus de huit cents miles, Chuy était bien éduqué sur la vie de Bandido.

Notre premier arrêt à Sturgis vendredi matin était le camping privé Sons of Silence juste au nord du centre-ville de Sturgis. Chuy et moi y avons été accueillis à bras ouverts, et après quelques heures de visite et une bouchée nous nous sommes mis en route pour Rapid City et le club house de Bandidos. Quand nous sommes arrivés à Rapid City, Chuy et moi nous sommes séparés comme prévu pour lui afin d'éviter toute répercussion éventuelle résultant de notre association. La première chose que j'ai faite a été de trouver un refuge sûr au motel, puis de traverser la ville jusqu'au club-house.

En franchissant la porte et en passant devant les gardes armés, j'ai eu un sentiment distinct de danger imminent, comme si je franchissais les portes de l'enfer. Bien que je possédais le pouvoir de modifier un peu mon destin, je ne pouvais pas faire grand-chose pour apporter des changements majeurs à la façon dont les choses se dérouleraient malgré l'avertissement préalable. La stupidité n'est qu'un battement de cœur au-delà de la bravoure, mais être stupide ne faisait pas partie du jeu auquel j'avais l'intention de jouer.

J'ai passé deux heures à observer l'aménagement du camp de Bandidos et à socialiser avec les frères avant de partir pour prendre un repas bien équilibré dans un restaurant fantastique que je connaissais. Après le dîner, je suis retourné au motel et j'étais profondément endormi à 21 heures. Pour survivre à Sturgis, j'avais besoin de bien manger et de dormir suffisamment.

Après avoir quitté le motel le samedi matin, je suis arrivé au club-house vers 9 heures du matin et dès que je suis descendu de mon vélo, j'ai entendu le El Presidente m'appeler. Il était

185

visiblement énervé, et quand George m'a ordonné de monter dans sa caravane personnelle, j'ai obéi.

À l'intérieur du petit camping-car, j'ai trouvé George, El Secretario Bill et trois Sargento-de-Armas, et on aurait dit que j'étais dans un ruisseau de merde sans pagaie. Quand El Presidente a commencé à m'interroger sur la conversation téléphonique que j'avais eue avec Bill quelques jours après mon retour d'Europe, j'ai été surpris car ce n'était pas prévu. C'est facile d'admettre la vérité, donc la vérité est ce que je leur ai dit.

Pour ma défense, j'ai expliqué que je confiais mes frustrations à un frère que je considérais comme un ami personnel et que je n'avais pas prévu que Bill trahirait ma confiance. Quand George m'a demandé si je voulais être El Presidente, j'ai immédiatement pensé à ma récente conversation avec Victor et j'ai réalisé qu'il avait été mort sur l'argent dans ses hypothèses.

Reconnaissant que nous étions arrivés au cœur de l'interrogatoire, j'expliquai tranquillement qu'il n'y avait aucune chance que je veuille le travail et que je n'étais plus aussi bouleversée que lorsque j'avais parlé à Bill. J'ai informé George que j'avais fini de l'aider, lui et la section nationale, et en ce qui me concerne, j'en avais fait assez au cours des cinq dernières années pour durer toute une vie. Lorsque le El Presidente a indiqué qu'il devait me faire tabasser sur-le-champ, je lui ai dit que je comprenais pourquoi il se sentait ainsi.

Recherche De Mon Identité: L'évolution Chronologique D'un Motard Hors-la-loi Sur La Route De La Rédemption

Au lieu d'ordonner aux trois agents de me piétiner le cul ou de me tuer, El Presidente m'a dit de sortir de sa vue et de me laisser sortir de la caravane. En m'éloignant, je savais que je venais d'encaisser ma *carte de sortie de crise*, qui avait toujours été une blague courante entre George et moi. Parce que j'avais tant fait pour le club, il m'a toujours dit que j'avais une *passe de sortie de crise* que je pouvais utiliser quand j'en avais besoin.

Pendant le reste de la journée, El Presidente George et El Vice-Presidente Jeff ont continuellement essayé de trouver une raison pour me chasser du club, mais sans succès. Leur plan était de trouver n'importe quelle excuse pour faire le travail tant qu'ils pouvaient justifier la raison à l'ensemble du club dans le monde.

À maintes reprises, un Sargento-de-Armas a été envoyé pour m'interroger sur quelque chose qui s'était produit entre 1997 et 2003. La plupart des accusations étaient si mesquines qu'elles m'amusaient - d'autres insinuations étaient si éloignées de la vérité qu'elles étaient sans fondement.

Chacun des problèmes avait déjà été réglé, et certains avaient été réglés plusieurs fois parce qu'un Bandido ignorait le résultat ou ne comprenait pas la décision. Dans chaque situation, j'avais été justifié et, une fois de plus, les résultats de l'inquisition étaient les mêmes.

Après le déjeuner à l'intérieur de l'enceinte, Skip m'a convaincu de le rejoindre pendant quelques heures pour échapper à la tension qui était devenue une cocotte-minute, et nous avons exploré les expositions et les lieux de divertissement qui étaient dispersés dans toute la région samedi après-midi. Lorsque nous nous sommes arrêtés devant un groupe temporaire de tentes qui entouraient le nouveau concessionnaire Harley-Davidson, Skip et moi avons été surpris de voir le stand Orange County Choppers et Paul Tuetul Jr. terminer une séance d'autographes.

Alors que nous descendions de nos Harleys, Skip m'a demandé de prendre une photo de lui avec Paul Jr. si je le pouvais. À ma grande surprise, nous nous sommes facilement frayé un chemin à travers les forces de sécurité qui l'entouraient, et lorsque Skip a crié à la star de la télévision, Paul Jr. s'est retourné et a serré la main de Skip comme s'ils étaient de vieux copains. Tout s'est passé en une fraction de seconde, et aussi vite que ça s'est passé, c'était fini.

Bien que j'aie pu capturer le moment, je doutais que la photo se révèle bonne. Au contraire, je pensais que l'image résultante pourrait être en partie Skip et en partie ciel, ou peut-être la main de Paul Jr. et la poitrine de Skip. J'ai conseillé à mon frère de prévoir de voir une image merdique lors du développement du rouleau de film, mais à notre grande surprise, la photo s'est avérée excellente.

Lorsque Skip et moi sommes retournés au club-house, j'ai trouvé quelques minutes pour rendre visite à Jack-E, qui m'a de nouveau donné le même conseil que Victor et Tucker - George et Jeff étaient là pour me chercher et désespérés d'atteindre l'objectif.

Recherche De Mon Identité: L'évolution Chronologique D'un Motard Hors-la-loi Sur La Route De La Rédemption

Les conseils astucieux de Victor, Tucker et Jack-E ont fait écho dans mon esprit lorsque tout le chapitre de l'Oklahoma a été convoqué pour un interrogatoire par George, Jeff et le chapitre national tard samedi après-midi.

Le sujet de la réunion orchestrée était de savoir qui dirigeait le chapitre et de laisser les membres exprimer leurs opinions. Dans un étalage de condescendance pré-arrangé, trois des nôtres nous ont vendus en bas de la rivière alors que George et Jeff souriaient de leur chaire. Bandido Steve, qui mourait d'un cancer du pancréas, a laissé une trace de dévastation lorsqu'il a dit à tout le monde ce qu'il pensait du chapitre. Dans un monologue bavard qui était presque comique, le mort-vivant a assimilé le chapitre à un club de soutien. S'adressant directement à Lee et à moi, Steve a dit à tout le monde que je dirigeais le chapitre et que Lee était ma marionnette. Toute cette stupidité est venue d'un Bandido qui ne possédait même pas de moto, et ne pas posséder de vélo était un motif valable d'expulsion immédiate, ainsi qu'une violation majeure des règlements.

Je savais que nous avions des ennuis quand j'ai vu un regard de joie sur le visage de George tandis que Steve dénigrait l'horrible chapitre de Bandidos auquel il appartenait. J'ai eu envie d'étrangler le petit bâtard sur-le-champ, et j'ai réalisé à quel point c'était un connard ingrat. S'il n'y avait pas eu l'aide du chapitre de l'Oklahoma au cours des trois dernières années, il aurait été expulsé du club il y a longtemps, soit pour ne pas posséder de vélo, soit pour ne pas avoir payé sa cotisation mensuelle.

Le suivant au bâton était Bandido Smurf qui était d'accord avec tout ce que Steve avait dit. Le troisième à nous critiquer était le nouveau membre du chapitre, qui en réalité n'avait aucune idée de ce qui se passait. Lorsque George hocha la tête au renégat, Mick était également d'accord avec tout ce que Steve et Smurf avaient dit. Les conneries que le trio a adoptées étaient le dernier clou dans le cercueil.

Après avoir écouté les trois frères se plaindre catégoriquement de notre incompétence, George a décidé que l'Oklahoma serait divisé en deux chapitres lors du prochain Pawhuska Biker Rally à la mi-Septembre. Il y aurait un nouveau chapitre Oklahoma City-Lawton et un chapitre Tulsa-Joplin-Springfield dirigé par Lee. Cette décision n'était pas vraiment un problème puisque nous avions prévu de faire la même chose dans un proche avenir, mais nous étions tous perplexes lorsque George a suggéré que Steve serait le Bandido parfait pour le diriger - nous avions prévu que Snake serait le président - parce que le Judas avait un cancer du pancréas de stade quatre et que le pronostic était terminal.

Smurf a alors annoncé qu'il voulait être président de son propre chapitre, et George a convenu que Bandido confus ferait un excellent président. Le El Presidente a ordonné que le chapitre Tulsa-Joplin-Springfield soit à nouveau scindé avant la fin de

190

l'année et a désigné Smurf comme président d'un nouveau chapitre qui comprendrait tous les membres vivant dans le sud-ouest du Missouri et le nord-est de l'Oklahoma. L'idée était ridicule car Smurf était incapable de promener un chien, et encore moins de contrôler un chapitre de Bandidos.

Parmi les membres du chapitre les plus incapables d'être président, les trois geignards étaient en tête de liste, et après la réunion, tout le monde savait que Steve, Smurf et Mick étaient des traîtres menteurs à deux visages. Lee et moi avons réalisé que ce n'était qu'une question de temps avant que George et Jeff n'obtiennent ce qu'ils voulaient, et savions qu'ils étaient définitivement prêts à détruire le chapitre dans le processus.

Dès la fin de la réunion, j'ai enfourché mon vélo et j'ai quitté le campement. Un sentiment de soulagement m'a enveloppé alors que je prenais la route vers l'est sur la I-90 en direction de Wall. Avec peu de circulation sur l'autoroute, j'ai fait du bon temps avant de tourner vers le sud sur l'autoroute 240 en direction de Valentine, Nebraska.

Recherche De Mon Identité: L'évolution Chronologique D'un
Motard Hors-la-loi Sur La Route De La Rédemption

Chapitre 37

Bandidos Motorcycle Club Oklahoma

Août 2003 À Septembre 2003

En rentrant seul de Sturgis ce samedi soir, j'ai analysé ma situation plus que je ne l'avais fait dans l'avion revenant d'Europe début Juin. J'avais esquivé une balle, j'étais étonné d'avoir survécu à l'épreuve et je n'arrivais pas à croire que j'avais évité une sérieuse raclée. Puisqu'il était évident que j'étais plus susceptible de subir des lésions corporelles de la part de mes propres frères que d'un autre club de motards, je me demandais pourquoi quelqu'un voudrait être membre dans les mêmes circonstances.

En roulant vers North Platte, dans le Nebraska, juste après onze heures cette nuit-là, alors que des éclairs éclairaient le ciel autour de moi et que la pluie fraîche traversait mes vêtements, je me demandais ce que l'avenir m'apporterait et pensais que l'orage était la fin appropriée d'un horrible Sturgis.

Après m'être écrasé dans un motel bon marché, je me suis levé tôt et j'ai pris mon petit déjeuner avant de prendre la route vers l'est sur la I-80. Mes plans étaient d'arriver au domicile de LJ à Wichita juste avant que la chaleur de la journée ne s'installe et j'ai pu respecter l'horaire malgré l'état émotionnel, mental et physique dans lequel je me trouvais. Parce que j'étais encore épuisé mentalement, je suis immédiatement tombé endormi sur le canapé de LJ pendant quelques heures avant de me réveiller en sueur au son de la voix de Skip. J'ai été agréablement surpris de voir que mon frère avait rattrapé, et dès qu'il a commencé à se rafraîchir, nous sommes retournés à Tulsa côte à côte. Lorsque nous nous sommes arrêtés pour faire le plein et prendre un verre, Skip a laissé son sang-froid s'envoler.

Pendant le long trajet du retour, mon ami de trente-quatre ans avait bouillonné en pensant à ce qui s'était passé à Sturgis, et il voulait casser la gueule de Steve, Smurf et Mick dès qu'il les avait vus. J'ai fait de mon mieux pour le calmer, mais dans mon cœur, je savais que le raisonnement de mon frère était juste. Avant de monter nos Harleys pour la dernière étape du voyage, nous avons convenu que rien ne serait plus jamais pareil, car la dynastie connue sous le nom de Oklahoma Bandidos était morte et puante.

Le 22 Août, Steve a été officiellement accusé par Skip dans une déclaration écrite au chapitre national d'avoir menti à un officier national - qui était George lors de la réunion à Sturgis - de ne pas posséder de moto, de ne pas être loyal au chapitre, de ne pas être fidèle au président du chapitre et simulant le statut médicalement inactif lorsqu'il est actif. Chacune des accusations était une infraction de retrait de patch et, dans une situation normale, le Bandido serait expulsé et perdrait les couleurs de son club. Mais Steve n'était pas un Bandido ordinaire, car son nez était enfoncé dans le cul d'El Vice-Presidente et tout le monde savait que Steve était le garçon de Jeff.

Recherche De Mon Identité: L'évolution Chronologique D'un Motard Hors-la-loi Sur La Route De La Rédemption

Nous n'avons pas été surpris lorsque le principal instigateur était commodément trop malade pour assister à la prochaine réunion du chapitre qui a eu lieu chez moi. Le patron régional de Bandidos, Jack-E, et le président du Mississippi, James "Sluggo" Gilland, nous ont rejoints pour l'église depuis qu'ils étaient en ville - les deux frères s'étaient arrêtés pour se reposer chez moi pendant quelques jours lors de leur voyage de Sturgis à la Louisiane. Smurf était également absent, pleurant le blues à propos d'un de ses problèmes médicaux fréquents. Seul Mick avait les couilles de se présenter, mais a affirmé qu'il ne comprenait pas ce qui se passait à la réunion de Sturgis et ne voulait pas dire ce qu'il avait fait. Personne ne croyait au mensonge, mais heureusement pour Mick, Steve était au centre de la réunion.

Après une courte discussion, Lee a décidé lors d'une réunion publique avec toutes les personnes présentes que Steve devait être expulsé du club et que les couleurs de son club devaient être saisies. À l'époque, il était parfaitement clair qu'un président de chapitre avait le pouvoir de prendre la décision, et Lee était toujours président. Tous les Oklahoma Bandido présents, y compris Mick, ont convenu que Steve était un traître et un menteur, et ont reconnu que le Lawton Bandido ne possédait pas de moto. Jack-E et Sluggo étaient d'accord avec la décision selon laquelle Steve devrait être expulsé du club en toute hâte.

Le lendemain, Lee a envoyé le sergent d'armes du chapitre à Lawton pour expulser Steve et reprendre possession de la propriété de son club. Skip n'était que trop heureux d'obéir car il détestait les tripes de Steve avec passion. À peine Skip était-il revenu à Tulsa que la merde a frappé le ventilateur, car dès que Skip a franchi la porte, Steve a immédiatement appelé le El Vice-Presidente pour se plaindre de l'ultimatum. Jeff était livide et, par le biais d'un e-mail de Bill, a ordonné à Lee de rendre immédiatement tout ce qui avait été pris ou d'en subir les conséquences.

ASSUREZ-VOUS QUE LEE REÇOIT CE MESSAGE IMMÉDIATEMENT !!! SELON JEFF, STEVE DOIT RÉCUPÉRER SON PATCH IMMÉDIATEMENT ! STEVE DEVRA APPELER JEFF D'ICI DEMAIN (DIMANCHE 24/08/03) ET LUI FAIRE SAVOIR QU'IL L'A REÇU !!!!!!! SI CE N'EST PAS FAIT, LEE SERA CELUI QUI PERDRE SON PATCH !!!! VOYEZ SI CETTE FOIS VOUS POUVEZ TOUS SUIVRE LES INSTRUCTIONS, FAITES-LE JUSTE !!!!!!!
Amour, Fidélité, Respect
El Secretario, USA
Bandido "Big Deal" 1%er
B.F.F.B

Nous avons été extrêmement surpris qu'El Vice-Presidente ait mis son nez au milieu des affaires du chapitre parce que c'était la politique standard que personne dans le chapitre national, à l'exception de George, n'ait le pouvoir de s'impliquer dans les

195

affaires d'un chapitre. En ce qui nous concernait, ce n'était qu'une
autre situation où un membre de la section nationale élaborait de
nouvelles règles, mais cette fois, il s'agissait d'une grave intrusion
dans la souveraineté de notre section.

Avant de répondre à El Vice Presidente, Lee a appelé une
demi-douzaine d'officiers nationaux et une douzaine de présidents
de chapitre pour obtenir des conseils, et chacun d'eux a convenu
que Jeff était hors de propos. Avec le patron régional Jack-E
debout à côté de lui, le président de la section de l'Oklahoma, Lee,
a répondu:

*Pour remettre les pendules à l'heure, vendredi soir (22/08/03),
après avoir discuté de la situation de Steve, tout le chapitre de
l'Oklahoma a approuvé ma décision de retirer le patch de Steve
pour les raisons suivantes:*
*1. Défaut de posséder une moto - en violation des règlements
nationaux de BMC*
*Steve ne possède pas de moto; et n'a pas possédé de motocyclette
depuis plus d'un an.*
2. Mentir aux frères - en violation des statuts nationaux de BMC
*Steve a menti à la section nationale lorsqu'il a dit à Bill Sartelle
qu'il construisait une moto.*
3. Mentir aux frères - en violation des statuts nationaux de BMC
*Steve a menti au chapitre national et au chapitre de l'Oklahoma
lors de la réunion Oklahoma / National à l'intérieur du Sturgis*

*CH @ Sturgis quand il leur a dit que certains membres du Satans
Bros MC étaient prêts à devenir Bandidos.*

4. Mentir aux frères - en violation des statuts nationaux de BMC

*Steve a menti à l'ensemble du chapitre de l'Oklahoma lors d'une
réunion du chapitre le 15/08/03 lorsqu'il leur a dit que le
chapitre national lui avait dit de déménager à Lawton, Oklahoma
pour créer un club de soutien; et c'est pourquoi il a déménagé en
Oklahoma.*

5. Ne pas être fidèle au chapitre et à son président

*Steve est allé derrière le chapitre et le dos de Lee et a discuté des
affaires du chapitre avec le chapitre national de Sturgis*

6. Ne pas être fidèle au chapitre et à son président

*Steve a dit au chapitre national et au chapitre de l'Oklahoma lors
de la réunion Oklahoma / National à l'intérieur du Sturgis CH @
Sturgis quand il leur a dit que le chapitre de l'Oklahoma BMC
était géré comme un club de soutien.*

7. Être actif alors que le statut médical est inactif

*Steve est en état d'inactivité médicale depuis près d'un an - il n'a
pas de vote, pas le droit de parler à qui que ce soit des affaires
du chapitre jusqu'à ce que Lee le remette en activité.*

*Comme nous sommes tous conscients du fait que seul George
peut donner des ordres à un président de section, je remercie Jeff
pour sa contribution car j'apprécie son opinion. Cependant,
après avoir consulté de nombreux présidents de chapitre et
d'autres officiers nationaux, tout mon chapitre et moi pensons*

*qu'il s'agit d'une affaire interne du chapitre de l'Oklahoma, et
donc nous n'avons pas besoin d'assistance nationale à ce sujet
pour le moment.*

*Nous attendrons le nouveau chapitre d'Oklahoma City jusqu'à
Pawhuska, comme indiqué dans ma récente conversation
téléphonique avec George. Sachez également que des réunions
régulières (avec tous les membres de l'Oklahoma) ont eu lieu
chaque semaine comme indiqué à Sturgis jusqu'à ce que le
nouveau chapitre d'Oklahoma City soit formé.*

Bandido OK-Lee 1%er

Bandidos MC Oklahoma

Au lieu de résoudre la situation, El Vice-Presidente est
devenu balistique. Anticipant la récalcitrance, El Presidente avait
précédemment donné à Jeff la permission de faire ce qu'il voulait
avec le chapitre de l'Oklahoma. Cette fois, Lee a reçu un appel
téléphonique du El Vice-Presidente au cours duquel Lee a reçu
l'ordre de tout rendre, et si le patch de Steve n'était pas rendu
immédiatement, Jeff a menacé de chasser Lee du club lui-même.
Jack-E a conseillé à Lee de se conformer, puis d'essayer de rectifier
le problème lors de la prochaine réunion du président, mais Lee n'a
pas voulu attendre aussi longtemps et a demandé à Jack-E
d'amener un équipage de Louisiana Bandidos avec lui au
Pawhuska Biker Rally. dans trois semaines. Jack-E a accepté et il

a été décidé que Victor et Little Joe dans le Colorado devraient être invités à Pawhuska. Il était temps de régler ça une fois pour toutes.

Lorsque Lee et Jack-E ont appelé Victor, il s'est immédiatement porté volontaire pour amener Little Joe et toute son équipe à Pawhuska. Si tout le monde se présentait, nous nous attendions à avoir plus de cent cinquante Bandidos de notre côté. Nous avions prévu de laisser Pawhuska avec Snake en charge du nouveau chapitre d'Oklahoma City, Steve hors du club en mauvais classement, et Smurf et Mick rétrogradés pour prospecter afin qu'ils puissent apprendre ce que signifiait la fraternité. Nous avions l'intention de faire une telle démonstration que le chapitre national resterait en dehors de nos affaires de chapitre et nous laisserait seuls pour toujours. Si seulement les choses s'étaient passées ainsi.

Le mardi 10 Septembre, le chapitre Hangaround Devin a été jugé à Wichita pour la mort de John "Big John" Dill, membre d'El Forastero, sur le parking de l'usine de motos Big Dog en Mars. Au cours du procès, il a été révélé que Dill était l'exécuteur du chapitre et le jour de la fusillade avait dit à Devin, "*Vous allez maintenant payer le prix pour ne pas avoir fait ce qu'on vous a dit.*"

Le week-end avant le Pawhuska Biker Rally, lors de la dernière réunion du chapitre à laquelle j'ai assisté, il a été décidé que Snake serait le président du nouveau chapitre d'Oklahoma City-Lawton. Deux OK Riders du chapitre Shawnee allaient être élus en tant que membres probatoires dans le nouveau chapitre, et le prospect Levi allait devenir un membre à part entière du patch dans le chapitre Tulsa.

Alors que nous attendions avec impatience la confrontation avec le chapitre national à Pawhuska dans moins d'une semaine, notre attention s'est portée sur le procès de Devin au Kansas. Nous avons tous attendu en retenant notre souffle, car s'il perdait, nous savions qu'il serait incarcéré pendant des années. Connaissant les faits, il était difficile d'imaginer un verdict de culpabilité, mais il était impossible de prédire les résultats. Bien que les deux membres d'El Forastero aient consommé de la méthamphétamine lorsqu'ils se sont rendus à l'usine Big Dog pour affronter Devin et lui causer de graves lésions corporelles, il n'y avait toujours aucun moyen de garantir un acquittement.

Après qu'il a été révélé que certains des El Forastero avaient tenté d'intimider le jury, Devin s'est présenté à la barre pour témoigner pour sa propre défense. Il craignait que les forces de l'ordre d'El Forastero de Wichita ne le tuent, alors il a ouvert le feu sur John Dill et Bret Douglas lorsqu'ils l'ont attaqué à cause d'une casquette qu'il portait et qui disait *Support Your Local Bandidos Worldwide*. Le 20 Mars, le travailleur de la chaîne de montage a témoigné que Dill et un autre homme sont venus le voir à l'usine Big Dog et lui ont dit de ne plus porter le chapeau Bandidos. "*La prochaine fois que je te verrai dans la rue avec ça, ça ne va pas être agréable,*" se souvient-il du dicton d'El Forastero. Après la fin de son quart de travail le lendemain, il trouva Dill et Douglas à l'affût. "*Je pensais qu'ils allaient me tuer*," a-t-il dit.

Pendant que le jury délibérait, je me préparais pour une confrontation plus compliquée que prévu à Pawhuska le jeudi 18 Septembre. S'attendant à un accueil hostile, El Vice-Presidente Jeff venait maintenant en Oklahoma avec sept Sargento-de-Armas et deux nomades, et puisque Bandido Cain de Lafayette venait de mourir de façon inattendue, Jack-E et toute son équipe devaient assister aux funérailles - donc personne de la Louisiane arrivait.

La rumeur circulant dans toute la nation Bandidos était que le problème en Oklahoma allait être corrigé une fois pour toutes, quoi qu'il en coûte. Nous savions que si Victor ne se présentait pas avec Little Joe et son équipage, nous n'aurions aucune chance contre la démonstration de force sans précédent. J'ai acheté des bidons de gaz poivré de qualité policière et des battes de baseball miniatures en aluminium pour nous défendre au cas où nous serions attaqués par les forces de l'ordre ou les nomades.

Jeudi soir, j'ai reçu un appel de Devin pour me faire savoir qu'il avait été acquitté de toutes les charges. Nous avons tous les deux convenu que l'avocate de la défense Sarah McKinnon et l'enquêteur principal, Jenny Blaine, étaient principalement responsables de l'exonération. Sans leurs efforts extraordinaires, Devin aurait probablement passé le reste de sa vie dans une prison du Kansas. Bien que j'aie été extatique pendant un moment, mon esprit est rapidement revenu à la confrontation imminente et au campement du chapitre de l'Oklahoma au Pawhuska Biker Rally.

On m'avait dit que l'atmosphère festive habituelle était introuvable et qu'à la place, vous pouviez couper l'air avec un couteau. C'était comme si nous nous préparions pour une bataille majeure dans une guerre mondiale, mais peu importe ce que je faisais, il n'y aurait pas de fin heureuse.

Lee et moi avons décidé de rester à l'écart de Pawhuska vendredi, et la journée s'est avérée sans incident. Bien que nous ayons tous les deux des obligations liées au travail dont nous devions nous acquitter, je n'avais pas non plus l'intention d'être à Pawhuska après la tombée de la nuit au cas où il y aurait une tentative d'assassinat.

Lee s'est arrêté chez moi tôt le samedi matin du 20, et juste avant de planifier notre départ, j'ai appelé Denver pour savoir ce qui se passait. Lee et moi espérions que l'équipage était déjà bien parti pour Pawhuska, mais quand Victor a répondu au téléphone, il n'avait pas l'air très bien. Quand j'ai demandé ce qui n'allait pas, il nous a informés que Little Joe était mort de façon inattendue pendant la nuit et qu'à cause de sa mort, aucun des Bandidos du Colorado ne venait à Pawhuska.

Bien que Lee et moi nous soyons sentis pris au dépourvu, c'est la goutte qui a fait déborder le vase et un signe du dieu Harley. J'ai décidé sur-le-champ de quitter les Bandidos et j'ai remis les couleurs de mon club à Lee. Acceptant ma démission avec regret, mon frère m'a dit que j'étais sorti du club en bonne position, mais si jamais je voulais revenir, j'étais plus que bienvenu. Avant de nous dire au revoir, j'ai pris des dispositions pour qu'il récupère le reste de mes possessions Bandido dès son retour de Pawhuska.

Alors que je regardais le président du chapitre partir sans moi, j'espérais que tout le monde irait bien et que personne ne serait blessé pendant la confrontation. Je m'attendais à ce que la démission désamorce la situation et garantisse qu'il n'y avait pas de violence, et pour la première fois depuis aussi longtemps que je me souvienne, je me sentais bien. C'était comme si le gorille de cent livres était enfin sur mon dos, et je savais dans mon cœur que j'avais pris la bonne décision.

Recherche De Mon Identité: L'évolution Chronologique D'un
Motard Hors-la-loi Sur La Route De La Rédemption

Chapitre 38

Bandidos Motorcycle Club Canada

Quebec Se Termine & Alberta Commence

Juillet 2003 À Février 2004

En Juillet 2003, la mort de Bandidos Canada au Québec est survenue sans un gémissement - pas de bombes, pas de meurtres, pas même un coup de feu - seulement un petit article de journal dans un journal de Montréal qui a informé le monde d'un accord entre les Bandidos et les Hells Angels en Québec. Chaque membre des Bandidos de Québec quitterait immédiatement le club et, en retour, les Hells Angels garantiraient leur sécurité pendant leur incarcération. Si quelqu'un avait le désir de continuer à être un Bandido après sa sortie de prison ou de prison, l'ancien frère québécois pourrait être transféré en Ontario et y devenir un Bandido sans rancune.

Le respect de cet accord signifiait qu'il n'y aurait plus jamais de chapitre Bandido au Québec, et à première vue, il semblait que les Hells Angels avaient gagné la guerre, mais plus important encore, le traité garantissait que chaque Bandido dans une prison ou une prison du Québec survivrait pour voir la liberté à nouveau. C'était une décision difficile à accepter pour toutes les personnes impliquées, mais parce qu'elles étaient fatiguées de se battre pour leur vie, l'auto-préservation et le bon sens ont prévalu. Au début, j'étais confus par la capitulation, mais après quelques jours, j'ai compris le raisonnement. La fin de Bandidos au Québec n'a changé aucun aspect de ma relation et je ressentais toujours la même chose - ma relation était avec l'homme, pas le patch.

Quelques jours plus tard, je suis tombé sur une vieille carte de Noël que j'avais reçue au bas d'une pile de vœux de vacances qui avaient été conservés dans une boîte pour être regardés un autre jour. La carte est un élément important de l'histoire et un témoignage de mes frères qui sont des héros tenus en haute estime par les motards du monde entier. Un groupe de motards intrépides qui ont refusé qu'on leur dise quoi faire ou qu'on les contrôle, et qui ont finalement refusé de sacrifier leur intégrité ou leurs principes. À l'exception de quelques-uns qui n'avaient aucune intégrité, les hommes de respect ont payé un prix important en conséquence de leur courage.

Plus de cent membres et associés de Rock Machine et Bandidos avaient eu des démêlés avec la justice pendant la guerre, mais seuls quatre sont devenus des informateurs. Parce que Pierre "Peter or Buddy" Paradis, Eric "Ratkiller" Nadeau, Sylvain "BF" Beaudry et Patrick "Boul" Heneault parlaient à n'importe qui dans les forces de l'ordre qui voulait les écouter, il n'était pas surprenant que certains des frères soient accusés de crimes supplémentaires, y compris le meurtre. Nonobstant le fait que certains des informateurs avaient été accusés de tentative de meurtre et étaient connus pour être menteurs, en tant que groupe, ils étaient un ennemi redoutable et on s'attendait à ce que leur témoignage fournisse suffisamment de preuves pour prononcer des condamnations.

En Septembre 2003, Tony Duguay, un membre à part entière du chapitre de Montréal qui avait initialement fait partie du chapitre Rock Machine à Québec, a été accusé du meurtre du Hells Angel le plus haut gradé assassiné pendant la guerre des motards. Normand "Biff" Hamel avait été abattu en Avril 2000 lors d'une embuscade soigneusement planifiée devant une clinique de santé. Deux assassins avaient pourchassé le membre des nomades du Québec autour du stationnement pendant près d'une minute avant de le tuer.

En Octobre, le vent a commencé à tourner lorsque le témoignage de Ratkiller a été jugé irrecevable après que les autorités ont découvert qu'il était un menteur pathologique. En conséquence, les accusations portées contre certains des frères ont été rejetées et, après les retombées, moins d'une douzaine de Bandidos sont restés en prison en attendant que justice soit rendue, mais les rouages de la justice au Québec ont tourné au ralenti.

Comme un phénix renaissant de ses cendres, un nouveau chapitre des Bandidos est monté à Edmonton, en Alberta, à l'automne 2003. Des Bandidos du chapitre de Toronto voyageaient entre Edmonton et Toronto depuis le début de 2003 lorsqu'un frère ontarien rendait visite à sa famille à Edmonton. est tombé sur un motard hors-la-loi indépendant.

Recherche De Mon Identité: L'évolution Chronologique D'un Motard Hors-la-loi Sur La Route De La Rédemption

Le contact initial a conduit à un grand groupe désillusionné par les Hells Angels - la plupart d'entre eux étaient d'anciens membres d'un club de motards appelé les Rebels. Le 25 Mai, Joey "Crazy Horse" Campbell est devenu membre du chapitre de Toronto et le premier Bandido vivant à Edmonton. En Novembre, un chapitre probatoire de Bandidos a été créé à Edmonton, et Bandidos Canada était en train d'aller de l'avant.

À la mi-Janvier 2004, le premier procès a finalement commencé au Québec pour les anciens membres de Bandidos et Rock Machine qui avaient été arrêtés en 2002. Le procès a commencé pour tous les accusés restants, à l'exception du président Alain "Alain" Brunette et de Sargento-de- Armas Serge "Merlin" Cyr, qui ont été accusés d'infractions mineures en matière de drogue, de possession d'arme à feu et de gangstérisme. Pour diverses raisons, le règlement de leurs affaires a été reporté de trois ans dans le but de les forcer à plaider coupable, en espérant que l'attente les encouragerait à le faire. Les deux hommes ont plaidé coupable et ont été condamnés à huit ans de prison en Juin 2005, mais avec le crédit pour le temps passé en prison en attendant leur procès, les deux frères n'ont fait face qu'à deux ans d'incarcération et ont été libérés en 2007.

Tout espoir d'une bonne année a été brisé le 30 Janvier 2004 lorsque Crazy Horse a été abattu par des assassins alors qu'il quittait la boîte de nuit Saint Pete's à Edmonton après avoir été diverti par les strip-teaseuses. L'Alberta Bandido est décédé plus

207

tard dans un hôpital local avec sa femme et ses enfants à ses côtés. Le repaire de Bandido Robert "Rob" Simpson de Vancouver était avec lui à l'époque - Rob a également été abattu mais est mort sur le coup. Il travaillait dans le magasin de motos de son père à Aldergrove, en Colombie-Britannique, et était le père d'une fille de douze ans. Rob n'avait aucun antécédent criminel ni lien avec une activité illégale, et les deux hommes n'avaient que trente-quatre ans.

Bien qu'il ait été rapporté dans un reportage quelques jours plus tard que les meurtres de style gangland faisaient partie d'une guerre de territoire entre les Hells Angels et les Bandidos, la théorie erronée avait été proposée par un soi-disant expert en motards qui n'avait aucune idée de ce qu'il était. parler de. Yves Lavigne, un auteur et commentateur fréquent qui gagnait sa vie en parlant de la violence des motards au Canada, a déclaré dans le même rapport qu'il n'y avait que cinq Bandidos au Canada et qu'ils étaient tous en Ontario. Le journaliste a terminé l'article avec une note de bas de page sur Crazy Horse qui témoignait du caractère de l'homme:

Joey Campbell a reçu une médaille de la bravoure du gouverneur général en 1991 pour son rôle dans le sauvetage de trois personnes d'un camion en feu en Octobre 1989 à Edmonton. Campbell et un ami ont remarqué que l'arrière d'un camion était en feu alors qu'ils roulaient. Lorsqu'ils se sont arrêtés et se sont approchés à pied, ils ont vu quelqu'un dans le taxi rempli de fumée. Avec l'aide de son ami, Campbell a attrapé l'homme et l'a tiré en lieu sûr. L'homme leur a dit que son fils était également dans le camion, alors Campbell et son ami sont revenus pour sauver le fils, qui a dit que son ami était également dans le camion. Les flammes avaient atteint sous la cabine, mais Campbell est revenu une troisième fois et a pu tirer l'ami du véhicule en flammes.

Quand j'ai lu la partie où Lavigne a déclaré qu'il n'y avait que cinq Bandidos Canadiens, j'ai ri - cela a prouvé que l'auteur n'avait aucune idée de ce dont il parlait. Presque tous les Bandidos en Ontario avaient des moyens visuels de soutien ou un emploi régulier, ainsi que des familles - c'était juste un groupe de gars ordinaires qui aimaient faire de la moto ensemble et qui avaient rarement des contacts avec les autorités policières. Lorsqu'il n'y a pas d'activité criminelle, la surveillance policière n'est pas justifiée et, par conséquent, la police n'a généralement aucune idée de ce qui se passe réellement. Depuis que Lavigne a glané toutes ses informations de base auprès des autorités chargées de l'application de la loi, tout ce qu'il a dit aux médias à propos de Bandidos était basé sur des conjectures.

Après les funérailles, le journal local a finalement découvert qu'il y avait un nouveau chapitre de Bandidos à Edmonton. La raison pour laquelle très peu de gens connaissaient son existence était la même que la situation en Ontario. Tous les membres d'Edmonton avaient des moyens visuels de soutien ou un emploi régulier, et aucun d'entre eux n'était impliqué dans des activités illégales. Je n'ai pas été surpris lorsque les médias ont sensationnalisé l'arrivée, et le journaliste a de nouveau cité l'expert motard. J'ai trouvé amusant que Lavigne déclare avec autorité que les Bandidos d'Edmonton se suicidaient en portant l'écusson Bandidos et suggérait qu'ils allaient tous mourir.

Contrairement aux prédictions de l'expert motard, plus aucun Bandido n'est mort, mais le nouveau chapitre n'a duré qu'un an. À l'automne 2004, chaque Bandido d'Edmonton est devenu un Hells Angels, prouvant une fois de plus que tout n'est pas ce qu'il semble dans le monde des clubs de motards hors-la-loi Canadiens. À l'été 2005, tout ce qui restait du club de motards Bandidos au Canada était le chapitre de Toronto, qui comptait moins d'une douzaine de membres.

Chapitre 39

Après Les Bandidos

Septembre 2003 À Avril 2004

J'ai passé les quatre heures suivantes avec Caroline et Taylor à emballer tous les biens de mon club - vêtements, photos encadrées et souvenirs. Tôt samedi après-midi, j'ai déplacé la Harley à travers la ville jusqu'au domicile de mon avocat pour la garder en lieu sûr au cas où la section nationale tenterait de la saisir. Il y avait une règle non écrite - après que quelqu'un ait quitté le club - si l'ancien Bandido était assez faible, alors il était normal que le chapitre prenne votre moto. Dans l'Oklahoma, nous n'avons pas approuvé la pratique parce que nous pensions qu'il n'y avait aucune raison d'intimider un ancien frère à moins qu'il ne doive des milliers de dollars au chapitre. Prendre la Harley d'un homme juste parce que vous le vouliez n'était pas un raisonnement auquel nous souscrivons en Oklahoma, mais le chapitre national était à Pawhuska et tenter de confisquer mon vélo pourrait facilement être une option qu'ils pourraient choisir de poursuivre.

Juste avant midi, mon téléphone portable a sonné. C'était El Secretario Bill qui m'appelait pour me rappeler qu'il était obligatoire de se présenter à la réunion et de savoir où j'étais. J'ai été surpris qu'il ne sache pas que je n'étais plus dans le club, alors je lui ai dit. Il a répondu en me disant que je devais donner mon vélo au club, et je lui ai dit de se faire foutre. En raccrochant le téléphone, j'ai réalisé à quel point il était devenu une merde à deux visages. Il fut un temps où nous étions très proches, mais au cours des six derniers mois, il avait perdu toute son intégrité et avait échangé son âme pour se rapprocher de George et Jeff.

Tout l'après-midi, mon téléphone a sonné à plusieurs reprises alors que d'autres frères entendaient la nouvelle et beaucoup d'entre eux m'ont tenu informé de ce qui se passait à Pawhuska. Le El Vice-Presidente avait ordonné aux membres du chapitre d'Oklahoma de lui parler un par un avant qu'il ne décide de ce qui allait se passer, mais Smurf disait déjà à qui voulait l'entendre qu'il allait être le nouveau patron. Deux Bandidos ont en fait entendu le El Vice-Presidente dire à Smurf qu'il allait être le nouveau président, et la conversation a eu lieu avant que Jeff n'annonce que tout le monde devait lui parler avant de prendre une décision. Il était évident que Jeff trompait les frères même si mentir à un Bandido était une infraction de patch-ou peut-être que le El Vice-Presidente avait la maladie d'Alzheimer?

Après six heures de réunions et supposément avoir écouté l'opinion de chaque membre du chapitre, Jeff a annoncé qu'il avait pris une décision. Comme la moitié des membres n'étaient pas satisfaits de la façon dont Lee dirigeait les choses, il était temps de changer. Le chapitre a été divisé en deux et Snake a été désigné pour être le nouveau président d'Oklahoma City. Après que Curtis "Mario" Eppihimer et Robert "Robert" Taylor aient échangé les couleurs de leur club OK Riders pour devenir membres probatoires, le nouveau chapitre d'Oklahoma City comptait sept membres:

Charles "Snake" Rush	President	Full Patch
Walter "Walt" Lopez	Vice-President	Probationary
James "Cub" Oleson	Sergeant-at-Arms	Probationary
Curtis "Mario" Eppihimer	Secretary	Probationary
Steven "Steve" Buitron		Full Patch
Garland "Little Horse" Kirkes		Probationary
Robert "Robert" Taylor		Probationary

Le El Vice-Presidente a ensuite informé tout le monde qu'à compter de maintenant, Smurf était en charge du chapitre de Tulsa, ce qui n'était pas une surprise. Quand j'ai appris la nouvelle, j'ai éclaté de rire, car il n'y avait que trois Bandidos assez stupides pour le suivre - Scooter, qui a été transféré du chapitre de Houston au chapitre de Tulsa ce week-end, et Mick et Levi. Lorsque la poussière est retombée, le chapitre de Tulsa comptait dix membres:

James "Smurf" Ragan	President	Full Patch
Scott "Scooter" Musslewhite	Vice-President	Full Patch
Harry "Skip" Hansen	Sergeant-at-Arms	Full Patch
Steven "Batman" Batson	Secretary	Full Patch
Lee "Lee" McArdle		Full Patch
Louis "Bill Wolf" Rackley		Full Patch
Ian "Ian" Wilhelm		Full Patch

Recherche De Mon Identité: L'évolution Chronologique D'un Motard Hors-la-loi Sur La Route De La Rédemption

Michael "Mick" Barnett	Full Patch
Walter "Levi" Willis	Full Patch
Glenn "Glenn" Vermillion	Prospect

Même si je n'avais pas démissionné, j'aurais quitté le club dès que j'aurais entendu dire que Smurf était aux commandes. Il était hors de question que ce crétin me dise quoi faire ou où aller. Alors que je m'endormais, je me demandais qui d'autre dans le chapitre pensait la même chose et qui démissionnerait parce que Smurf était le président. J'ai pensé à El Presidente George et à quel point il devait être heureux. Deux de ses pires cauchemars appartenaient à l'histoire - Bandido Little Joe était mort et j'avais démissionné. Je réfléchissais au temps qu'il faudrait à Smurf pour détruire tout ce que Lee et moi avions construit, et pariais sur quatre-vingt-dix jours alors que je dormais avec un œil ouvert au cas où il y aurait des visiteurs indésirables au milieu de la nuit.

Le lendemain matin à l'aube, j'ai passé tout le dimanche matin à me préparer pour qu'un groupe de Bandidos arrive à ma porte après Pawhuska pendant que Caroline déplaçait Taylor à travers la ville. Il ne m'a pas fallu longtemps pour trouver quelques volontaires à traîner à proximité en cas de besoin - tous étaient autorisés à porter des armes à feu et quelques-uns avaient des permis d'armes automatiques. Ils étaient tous mes amis personnels depuis des décennies et feraient tout ce qui était nécessaire pour aider à défendre ma famille si j'étais attaqué. S'il devait y avoir une bataille chez moi, j'allais empiler le jeu et m'assurer qu'il n'y avait aucun moyen que je perde.

Au milieu de l'après-midi, il était évident qu'il n'y avait plus aucune ressemblance d'organisation dans les Bandidos de l'Oklahoma. Lorsqu'on lui a demandé de prendre la plus simple des décisions, le président du chapitre, Smurf, était abasourdi. Alors que les membres des OK Riders s'arrêtaient chez moi pour me dire au revoir, j'ai réalisé que le El Vice-Presidente avait reçu l'ordre de mettre Smurf aux commandes, car George savait qu'il n'y avait aucun moyen que je le suive et que la décision me forcerait quitter.

Je suis resté éveillé presque toute la nuit avec des amis en attendant l'attaque qui n'est jamais venue. Bien que la nuit ait été longue, je ne regrettais pas la décision que j'avais prise, et au contraire je me sentais mieux avec le temps. Au moment où le soleil s'est levé lundi matin, presque tous les Bandidos hors de la ville avaient quitté l'Oklahoma et les risques d'une attaque violente avaient diminué.

Moins d'une semaine plus tard, Skip et Batman ont quitté le club le 25 Septembre en suivant mes traces. Aucun d'eux n'avait d'amour pour Smurf ou le désir de suivre un idiot. Quand Smurf a dit à Skip qu'il ne pouvait plus s'associer avec moi, mon frère a dit au nouveau président du chapitre, *"Qu'est-ce que tu es, un idiot? J'ai grandi avec Ed. Je ne vais pas arrêter de m'associer avec lui parce que tu me le dis."*

Recherche De Mon Identité: L'évolution Chronologique D'un Motard Hors-la-loi Sur La Route De La Rédemption

Batman a démissionné pour des raisons médicales en raison d'un mal de dos, et Smurf les a laissés tous les deux quitter le club en bonne position. À la fin de la semaine, la section nationale a annulé la décision de l'ancien président Lee et de l'actuel président Smurf, exigeant que Skip et moi soyons désormais hors du club en mauvaise position. Être hors du club en mauvais classement signifiait qu'aucun membre du monde rouge et or ne pouvait s'associer à nous, et Skip et moi ne serions autorisés à aucune fonction s'il y avait des Bandidos là-bas, même s'il s'agissait d'un événement public comme le Rallye de motards de Pawhuska.

C'était une bénédiction déguisée bien que Skip ne l'ait pas vu de cette façon au départ. Je considérais mon nouveau statut comme un insigne d'honneur, car il me disait que j'étais une menace sérieuse pour le chapitre national à ma petite manière. La décision avait été prise parce que les Bandidos avaient un accord avec les cinq autres grands clubs de motards hors-la-loi du pays. Si un homme était exclu d'un club 1%er en mauvais classement, aucun autre club n'était autorisé à l'accepter en tant que membre. Avec la connaissance que j'avais du fonctionnement interne des Bandidos à l'échelle nationale, il était impératif que je ne sois pas autorisé à rejoindre une autre organisation.

Ce serait comme quitter une grande entreprise et prendre tous ses secrets commerciaux, et l'entreprise que vous venez de quitter exercerait son droit de protéger sa propriété intellectuelle.

216

Recherche De Mon Identité: L'évolution Chronologique D'un Motard Hors-la-loi Sur La Route De La Rédemption

En ce qui me concerne, si vous allez démissionner, alors il vaut mieux arrêter la dinde froide plutôt que de voir et de parler à Bandidos tous les jours, mais je savais dans mon cœur que les Bandidos qui me considéraient comme leur frère ignoreraient le mandat et restez en contact, peu importe ce que dit la section nationale.

Quelques jours avant les courses de dragsters de motos *Living On The Edge* du 28 Septembre, Lee et moi nous demandions ce que Smurf, Mick, Scooter et Levi feraient pour saboter l'événement. C'était un dilemme intéressant, car depuis que j'avais quitté le chapitre de Tulsa, il était décidément scindé en deux.

Smurf, Scooter, Mick et Levi étaient d'un côté de la clôture - Glenn était coincé au milieu parce qu'il était un prospect - et Lee, Bill Wolf et Ian étaient de l'autre côté. Les Bandidos des deux côtés détestaient les membres de l'autre, et Ian était allé jusqu'à foutre le bordel à Mick lors de la première réunion. En raison de toute l'hostilité et des menaces, nous nous sommes demandé si les courses se dérouleraient sans acte de violence.

Pour protéger Lee des accusations d'association avec moi, j'ai autorisé la marque à mon frère, lui ai donné le pouvoir exclusif de prendre des décisions sur les événements et lui ai fait don de ma part des bénéfices. Heureusement, les courses se sont déroulées sans encombre et le temps était absolument magnifique pour les motos de course.

Recherche De Mon Identité: L'évolution Chronologique D'un Motard Hors-la-loi Sur La Route De La Rédemption

Au cours du week-end, alors que Lee et moi nous concentrions sur les courses de dragsters, Mick et Levi ont décidé qu'il n'y avait aucune raison de continuer à payer leurs paiements de prêt de moto, nonobstant le fait que j'avais un privilège valide sur les deux Harley et que je possédais des billets à ordre entièrement exécutés. Le El Vice-Presidente leur avait dit à Pawhuska qu'ils n'avaient plus à me payer parce que je n'étais plus un Bandido. Ils étaient soit stupides, soit drogués à la méthamphétamine, et croyaient ce qu'on leur disait.

Quand j'ai découvert qu'ils n'avaient pas l'intention d'effectuer les paiements, j'ai immédiatement vendu tout mon portefeuille de prêts de motos à mon avocat Jonathan Sutton, qui comprenait les prêts de Mick et Levi, ainsi que les billets à ordre pour Ian et Glenn. Vendre le portefeuille de prêts à l'avocat avec une perte financière valait bien l'effort car ils étaient maintenant entre le marteau et l'enclume sans aucun moyen de s'échapper.

Mick et Levi ont continué à ne pas payer leurs obligations malgré le fait qu'un avocat détenait les contrats. Il ne lui a fallu que quelques mois pour se lasser de leur merde et déposer des affaires de reprise de possession civile dans le comté de Tulsa. Bien que Mick et Levi se soient vantés qu'ils allaient battre l'avocat au tribunal et que Jonathan n'obtiendrait jamais les motos, au début du printemps 2004, les deux ont perdu leurs affaires de manière considérable.

Recherche De Mon Identité: L'évolution Chronologique D'un Motard Hors-la-loi Sur La Route De La Rédemption

Mick a payé cinq mille dollars à l'avocat pour régler le solde d'un prêt de deux mille deux cents dollars, mais il a pu garder son vélo. Levi a donné à Jonathan sa Harley à dix mille dollars mais l'a battue avant de le faire. C'était une chose extrêmement stupide à faire, car lorsque la moto a été vendue aux enchères, elle ne rapportait que trois mille dollars. Le solde dû sur le compte de prêt de Levi s'élevait maintenant à quinze mille dollars, et il ne fallut pas longtemps avant que l'avocat obtienne un jugement et accorde un privilège sur la maison de Levi.

Peu de temps après les courses de dragsters Smurf, Mick et Levi se sont rendus chez Batman dans le Missouri et ont pris sa moto. Batman était allongé dans son lit, incapable de bouger en raison d'une blessure au dos lorsque le trio s'est présenté. Plus haut qu'un pin de Géorgie sous médication et seul à la maison à l'époque, Batman n'a pas pu se défendre et les a laissés voler à contrecœur sa Harley Road King 2001.

Presque tous les Bandidos d'Oklahoma étaient énervés par ce que les trois comparses avaient fait, et j'étais livide. C'était une chose de prendre le vélo d'un homme alors qu'il était hors du club en mauvais classement, mais c'était la première fois qu'un membre hors du club en bon classement était victime d'un détournement de moto. Il a fallu près de six mois de querelles politiques entre Lee et Snake pour que la moto soit rendue à Batman, mais ils l'ont finalement fait.

Recherche De Mon Identité: L'évolution Chronologique D'un Motard Hors-la-loi Sur La Route De La Rédemption

En Novembre, Bill "Bill" Reynolds et Edwin "Kahuna" Rita sont devenus les trente et unième et trente-deuxième hommes à porter les couleurs des Oklahoma Bandidos lorsqu'ils sont devenus membres probatoires du chapitre d'Oklahoma City. Bill était un OK Rider et Kahuna un motard hors-la-loi indépendant à Oklahoma City depuis des années. Lorsque Thanksgiving est arrivé, il y avait neuf membres dans le chapitre d'Oklahoma City et huit membres dans le chapitre de Tulsa.

À la fin de l'année, j'étais concentré sur le fait de passer plus de temps avec ma famille et de consacrer plus d'attention à mon entreprise. Lorsque j'ai entendu parler d'une banque qui avait saisi cinq nouvelles maisons inachevées à Owasso, j'ai fait à l'institution financière une offre qu'elle ne pouvait pas refuser. Il m'a fallu un mois pour les terminer et un autre mois pour les vendre en utilisant un portage du propriétaire, aucun programme de prêt éligible que j'avais développé à titre expérimental.

J'avais utilisé ce modèle commercial totalement légal pour vendre de nombreuses fois des propriétés sur des maisons plus anciennes que j'avais rénovées, mais jamais sur une nouvelle maison. J'ai été heureux d'apprendre que le programme de prêt fonctionnait aussi bien avec les maisons neuves qu'avec les plus anciennes. Je récoltais également les avantages de consacrer plus de temps et d'énergie à mon entreprise plutôt qu'aux Bandidos, qui n'ont jamais apprécié ce que je faisais ni ne m'ont jamais fait gagner d'argent.

Recherche De Mon Identité: L'évolution Chronologique D'un Motard Hors-la-loi Sur La Route De La Rédemption

Quelques jours avant Noël, j'ai organisé une fête informelle chez moi. C'était un événement d'une journée entière qui commençait à midi et se terminait à 20 heures. Les gens allaient et venaient toute la journée, venant de tout l'état de l'Oklahoma pour visiter. Dans la foule se trouvaient des Oklahoma Bandidos, des OK Riders, des motards indépendants, d'anciens Bandidos, d'anciens OK Riders, des associés d'affaires et des citoyens. Au cours de la journée, Caroline et moi avons eu plus de cinquante visiteurs. Ce fut une journée remplie de rires et de joie, et nous avons tous passé un moment fantastique.

Vous pouvez imaginer ma surprise quand j'ai appris que Smurf, Mick, Levi et Scooter s'étaient fâchés contre moi juste avant la fin de l'année. Ils avaient l'impression que j'avais organisé une soirée de recrutement chez moi pour un nouveau chapitre du club de motards Outlaws que j'avais l'intention de lancer dans un avenir immédiat.

L'hypothèse erronée basée sur la récente célébration des fêtes m'a fait rire si fort que j'ai failli tomber de ma chaise, et je me suis demandé exactement quelle quantité d'acide de batterie il y avait dans la méthamphétamine qu'ils avaient sniffée. J'en riais encore quand Bandido Tucker d'Amarillo s'est présenté le jour de l'an pour passer quelques jours. C'était bon de revoir mon frère car nous étions très proches et notre relation remontait à plus de vingt ans. Dès qu'il est arrivé, j'ai appelé Lee et le Tulsa Bandido est immédiatement venu nous rejoindre.

Recherche De Mon Identité: L'évolution Chronologique D'un Motard Hors-la-loi Sur La Route De La Rédemption

Alors que Tucker et Lee étaient assis dans mon bureau pour discuter des événements récents, on frappa à la porte d'entrée, et quand Caroline ouvrit, elle trouva le nouveau président de la section de Tulsa qui se tenait là. Caroline a dit à Smurf qu'elle m'aurait puis a claqué la porte. Quand elle nous a informés qui était à la porte, le Texas Bandido était énervé et nous a immédiatement fait savoir que si Smurf causait des problèmes, Tucker allait lui causer de graves lésions corporelles. Nous nous sommes demandé si le nouveau président du chapitre avait vu l'autocollant *Support Your Local Bandidos* ou la plaque d'immatriculation du Texas sur le camion de Tucker qui était garé dans l'allée devant ma maison, mais nous avons décidé que Smurf était trop stupide pour l'avoir remarqué.

Quand je suis sorti, Smurf a immédiatement entamé la conversation avec un gros mensonge. Il m'a dit que la section nationale lui avait demandé de passer chez moi et de me souhaiter un joyeux Noël et une bonne année. Je pouvais à peine contenir mon amusement et je me demandais s'il pensait vraiment que j'étais si stupide. Le président du chapitre de Tulsa a ensuite divulgué la vraie raison pour laquelle il était là.

Il avait entendu dire que je commençais un chapitre sur les Outlaws, et en ce qui le concernait, cela n'allait pas se produire. Je ne pus retenir ma joie plus longtemps et éclatai de rire. Quel idiot ai-je pensé, alors que je le rassurais, il n'était plus question que je sois membre d'un club de motards hors-la-loi 1%er. Pacifié, Smurf est parti environ cinq minutes après son arrivée. Quand je suis retourné à mon bureau et que j'ai expliqué ce qui s'était passé, nous avons tous les trois bien ri.

À la mi-Janvier, le prospect Glenn a été élu membre à part entière du patch. Quelques jours plus tard, Bandido Gary "Andy" McWilliams du chapitre de l'Arkansas a été arrêté au cours de ce qu'il pensait être une liaison sexuelle avec une fille de treize ans. J'ai été choqué d'apprendre qu'il y avait un prédateur sexuel d'enfants dans le club, comme tout le monde dans le monde rouge et or.

Andy avait été accusé de tentative de viol et de pédopornographie informatique, et a été arrêté dans un parking Wal-Mart à Dardanelle après avoir organisé une rencontre avec une fille mineure sur Internet avec l'intention d'avoir des relations sexuelles. La personne avec qui il communiquait était en fait un policier, et l'enquête a commencé lorsque l'agent a créé un profil en ligne indiquant qu'il s'agissait d'une femme blanche de treize ans. L'enquêteur avait recherché des prédateurs sexuels dans un salon de discussion Yahoo pour les jeunes filles souhaitant avoir des relations sexuelles ou une relation avec un homme plus âgé, et a finalement reçu un message de 'toms_hard_candy'.

Un mandat de perquisition a été obtenu et exécuté sur son véhicule, où les enquêteurs ont trouvé une douzaine de roses roses, une paire de jumelles, des balles réelles et un téléphone portable. Une arme à feu chargée de six cartouches a également été récupérée dans la poche d'une veste et une batte de softball a été retrouvée sous le siège du conducteur.

Le 11 Février, j'ai célébré la mort de Steve Buitron d'un cancer du pancréas et j'ai été ravi d'apprendre que la maladie avait réduit le traître à moins de quatre-vingt-dix livres avant sa mort. La majorité du monde rouge et or de l'Oklahoma savourait le fait que le Lawton Bandido avait énormément souffert, et en ce qui me concernait, sa mort était attendue depuis longtemps et vous récoltez ce que vous semez. Bien qu'il y ait eu un service commémoratif à Lawton, moins de soixante-quinze Bandidos se sont présentés. La majorité d'entre eux étaient présents parce qu'on leur avait ordonné d'être là, pas parce qu'ils voulaient être ou étaient désolés qu'il soit mort.

J'ai acheté cinq propriétés résidentielles supplémentaires la première semaine de Mars, mais cette fois, le constructeur les a terminées avant que j'en prenne possession. Les nouvelles maisons étaient identiques et avaient trois chambres, deux salles de bains, un garage pour deux voitures et douze cent cinquante pieds carrés d'espace de vie. Je les ai tous évalués à cent deux mille dollars et j'ai été agréablement surpris de les vendre tous en moins de deux semaines.

Une fois de plus, je les ai vendus en utilisant mon propriétaire, sans programme de prêt éligible. Au cours des trois semaines suivantes, j'ai reçu plus de deux cent cinquante appels téléphoniques supplémentaires de personnes intéressées par l'achat d'une propriété résidentielle par le biais du programme de prêt inhabituel, et j'ai commencé à penser que j'étais sur quelque chose, mais je n'ai pas réalisé à l'époque ce que c'était. a été.

Lors de la course annuelle d'anniversaire de Bandidos à la mi-Mars, Lee a obtenu la permission du chapitre national de diviser Tulsa en deux chapitres différents - North Tulsa et Tulsa - dès qu'il y avait suffisamment de membres pour le faire. La scission allait être effective lors de la prochaine course nationale qui allait se tenir le Memorial Day. En préparation de la scission Tulsa OK Rider John "John" Burzio a été élu dans le chapitre par Smurf, Scooter, Mick, Levi et Glenn.

Lee prévoyait de recruter les coureurs de Tulsa OK Michael "Pinhead" Simecek et Rick "Grizz" Case, ainsi que le Kansas Hermano Ronald "Hun" Warren pour rejoindre son nouveau chapitre en Mai. Le chapitre de Lee poursuivrait les traditions sur lesquelles les Oklahoma Bandidos avaient été fondés - vous deviez avoir des moyens de subsistance visibles, comme un emploi ou une pension, et aucun trafiquant de drogue n'était autorisé. Dans le nouveau chapitre de North Tulsa dirigé par Scooter, peu importait qu'un membre soit accro à la méthamphétamine, ne veuille pas travailler ou veuille gagner de l'argent en tant que trafiquant de drogue.

Lors de la course d'anniversaire, El Vice-Presidente Jeff a mis fin à Smurf en tant que président et a remplacé l'incompétent Bandido par Scooter - la décision a pris effet immédiatement. Tout

le monde dans le chapitre détestait Smurf et a demandé à
l'unanimité le changement, y compris Mick, Scooter et Levi. À
mon avis, c'était comme si sauter de la poêle à frire dans le feu
pour le nouveau président du chapitre ne serait pas plus efficace en
tant que leader que Smurf ne l'avait été.

L'ATF a signifié un autre mandat de perquisition contre
Oklahoma City Bandido James "Cub" Oleson le 8 Avril à la
recherche de drogue et d'armes à feu à nouveau. Bien que Cub ait
nié avoir été pris avec de la méthamphétamine lors de l'exécution
du mandat de perquisition, la vérité a été divulguée par Bandido
Little Horse qui était présent lorsque les fédéraux sont arrivés. Je
savais que ce n'était qu'une question de temps avant que Cub ne
soit inculpé par le gouvernement fédéral, à moins qu'il ne décide
de devenir un témoin coopérant comme son vieil ami George
"George" Schuppan. Vous ne pouviez danser que si longtemps
sans avoir à payer le joueur de cornemuse, et c'était la deuxième
fois que les forces de l'ordre signifiaient un mandat de perquisition
au domicile du Bandido d'Oklahoma City, et les deux fois, les
agents avaient trouvé de la méthamphétamine et des armes à feu.

Chapitre 40
Après Les Bandidos
Avril 2004 À Juin 2005

Taylor a décidé qu'elle voulait jouer au football au cours du deuxième semestre de la cinquième année, alors Caroline et moi l'avons inscrite dans la ligue de football pour jeunes Owasso entièrement féminine à la mi-Avril. Les filles s'entraînaient deux fois par semaine et avaient des matchs une ou deux fois par semaine pendant trois mois. C'était très amusant de regarder ma fille sur le terrain courir avec les autres filles faisant de leur mieux pour frapper le ballon. Un soir, juste avant le crépuscule, je suis allé la chercher après un match mais je suis arrivé quelques minutes plus tôt pour regarder les quinze dernières minutes. À côté de moi, il y avait un homme que j'ai en quelque sorte reconnu, mais je ne savais pas exactement si je le connaissais.

Le spectateur avec sa casquette à l'envers était à moins de six pieds de moi, regardant sa fille jouer et l'encourager, et après la fin du match, Taylor m'a rejoint sur la touche. Alors que nous marchions vers le parking, elle m'a informé que j'étais debout à côté de Garth Brooks. Je savais que la célèbre star de la musique country vivait à moins de six kilomètres de chez nous dans la même ville, mais nous n'avions évidemment aucun contact l'un avec l'autre.

Recherche De Mon Identité: L'évolution Chronologique D'un Motard Hors-la-loi Sur La Route De La Rédemption

Garth avait quitté l'industrie de la musique pour être un meilleur père pour ses trois filles et passer plus de temps avec elles, ce qui, à mon avis, était une chose extraordinaire à faire. Quand Taylor m'a demandé si je pensais que Garth lui donnerait un autographe, j'ai haussé les épaules et lui ai donné une incitation en lui offrant un stylo et un grand bloc-notes que j'avais dans mon camion à des fins professionnelles.

Alors que j'étais assis dans le camion et que je regardais, elle a décollé comme une fusée et a poursuivi l'artiste au milieu du terrain de football alors qu'il se dirigeait vers son camion avec sa fille et une autre jeune fille de son âge. Il n'y avait pas une âme à moins de cent pieds d'eux, et j'espérais qu'il lui donnerait dix secondes de son temps et ne serait pas contrarié parce que Taylor empiétait sur son espace personnel. Pendant un bref instant magique, j'ai regardé Garth se mettre à genoux et lui faire un câlin.

Pendant que ma fille s'appuyait contre lui, la superstar a pris le temps de lui parler pendant une minute avant de signer l'autographe, en utilisant son genou pour soutenir le tampon légal que j'avais donné à Taylor. Il aurait été formidable d'avoir une caméra vidéo, mais même si je l'avais déjà fait, il faisait trop sombre pour avoir capturé un enregistrement de bonne qualité. Alors que Taylor traversait le terrain de football en courant, j'ai pu voir que quelque chose d'incroyable s'était produit - elle était manifestement extatique et serrait le bloc-notes légal contre sa poitrine pour sa vie. Quand ma fille a sauté dans le camion, j'ai été hypnotisée par ce qu'il avait écrit. *Je suis un grand fan de Taylor! Je t'aime. Dieu vous protège. Garth Brooks.*

Fin Avril, Caroline, Taylor, notre chienne Nikita - c'était une Akita - et notre cheval arabe Snowby ont déménagé à cinq kilomètres à travers la ville dans une maison plus récente que j'avais achetée comme investissement. La maison a été construite en 1999 avec l'argent de la loterie, mais parce que les propriétaires d'origine étaient à court de capital, la maison n'a jamais été terminée. Pour aggraver la situation, les vendeurs étaient en plein divorce et devaient vendre, les acheteurs n'étaient pas intéressés car la propriété nécessitait trop de travaux et les propriétaires n'avaient pas assez d'argent pour la terminer. C'était une opportunité parfaite pour moi, et quand l'opportunité s'est présentée, j'ai ouvert la porte.

La maison avait également un grand bâtiment Morton indépendant sur ses deux acres et demi que j'avais l'intention d'utiliser comme nouveau bureau. Ça allait être idéal parce que j'avais depuis longtemps dépassé la petite chambre de la vieille maison que j'utilisais depuis sept ans. Il est également venu avec une piscine intégrée qui était un bonus pour Taylor et ses copines. Nous avions prévu de construire une nouvelle écurie et de clôturer professionnellement le pâturage pour Snowby, ce que nous avons finalement fait quelques mois plus tard. Financièrement, ce fut un déménagement difficile, mais fin Avril, nous étions tous installés pour profiter de notre nouvel environnement.

Recherche De Mon Identité: L'évolution Chronologique D'un Motard Hors-la-loi Sur La Route De La Rédemption

Robert "Robert" Wright a eu la malheureuse distinction d'être le premier Oklahoma Bandido à recevoir des funérailles et un enterrement dans un club après avoir été renversé par un conducteur ivre le 9 Mai alors qu'il conduisait sa Harley. Le membre probatoire d'Oklahoma City de Shawnee a été promu au statut de patch complet et enterré avec ses couleurs qui arboraient un nouveau rocker inférieur brillant d'Oklahoma.

Alors que le printemps s'est transformé en été et que le temps de l'Oklahoma a commencé à se réchauffer, ma fille a obtenu son diplôme de l'école primaire et avait presque onze ans. Dans quelques mois, elle entrerait en sixième, poussait comme une mauvaise herbe et devenait un papillon social. J'avais repris ses conseils au centre parents-enfants comme une grève préventive pour tout problème émotionnel qu'elle pourrait rencontrer en raison des environnements complètement opposés dans lesquels elle vivait chez sa mère et chez moi. Dans l'appartement de sa mère, Taylor pouvait faire ce qu'elle voulait - ma fille lui disait en fait quoi faire au quotidien - mais chez nous, il y avait des règles et des conséquences qu'elle n'appréciait pas. Caroline et moi avons également pensé que le thérapeute aiderait Taylor à traverser les années turbulentes de la préadolescence.

Le 14 Mai, Pinhead, Grizz et Hun sont devenus Bandidos, et la semaine suivante, lors du Red River Rally au Nouveau-Mexique, le chapitre de Tulsa a été officiellement scindé en deux. Lee était maintenant président du chapitre de Tulsa et Scooter dirigeait le chapitre de North Tulsa. La vision que j'avais conçue à l'origine avait maintenant évolué en trois chapitres avec un total de dix-neuf membres.

Levi, qui était dans le chapitre North Tulsa, n'est pas allé à la course nationale obligatoire parce qu'il ne possédait plus de moto. J'ai été étonné qu'il soit toujours dans le club puisque le règlement intérieur stipulait qu'un Bandido devait posséder une moto et qu'il n'en avait pas possédé depuis des mois.

Le chapitre d'Oklahoma City était:

Charles "Snake" Rush	President	Full Patch
Walter "Walt" Lopez	Vice-President	Full Patch
James "Cub" Oleson	Sergeant-at-Arms	Full Patch
Curtis "Mario" Eppihimer	Secretary	Probationary
Garland "Little Horse" Kirkes		Full Patch
Bill "Bill" Reynolds		Probationary
Edwin "Kahuna" Rita		Probationary

Le chapitre d'Tulsa chapter était:

Lee "Lee" McArdle	President	Full Patch
Louis "Bill Wolf" Rackley	Vice-President	Full Patch
Rick "Grizz" Case	Sergeant-at-Arms	Probationary
Ronald "Hun" Warren	Secretary	Probationary
Ian "Ian" Wilhelm		Full Patch
Michael "Pinhead" Simecek		Probationary

Recherche De Mon Identité: L'évolution Chronologique D'un
Motard Hors-la-loi Sur La Route De La Rédemption

Le chapitre du nord de Tulsa était:

Scott "Scooter" Musslewhite	President	Full Patch
Michael "Mick" Barnett	Vice-President	Full Patch
John "John" Burzio	Sergeant-at-Arms	Probationary
Glenn "Glenn" Vermillion	Secretary	Full Patch
James "Smurf" Ragan		Full Patch
Walter "Levi" Willis		Full Patch

Trois choses se sont produites en Juillet qui ont été d'une importance majeure. First Scooter a rectifié l'échec de Levi à se présenter à la course nationale obligatoire en lui permettant de quitter le club en bon classement. Ensuite, Cub a été autorisé à continuer d'être un Bandido même s'il n'avait pas remboursé le président de Tulsa OK Rider, Raymond "Ray" Huffman, la dette de plusieurs milliers de dollars qu'il devait pour la caution qui a été déposée en Février 2001. Une fois de plus, j'ai été étonné que situation n'avait pas été corrigée.

Ray avait initialement cosigné la caution qui garantissait sa libération de prison, mais Cub avait mis la société en faillite moins d'un an plus tard sans payer l'argent qu'il devait. Après que la faillite ait été finalisée et que la société ait perdu des milliers de dollars, ils ont exercé l'option de poursuivre le cosignataire pour le montant total plus les intérêts. L'affaire est allée jusqu'à la Cour d'appel de l'Oklahoma, et quand Ray a finalement perdu, tout le

monde s'attendait à ce que le Bandido paie immédiatement la dette.
Lorsque cela ne s'est pas produit, les appels à l'aide du président
sont tombés dans une mer d'oreilles sourdes et, par conséquent,
Ray a immédiatement quitté les OK Riders. En ce qui me concerne,
il a été traité avec un manque de respect et j'ai été surpris que Ray
n'ait pas mis une balle dans la tête de Cub.

Enfin et surtout, Bandido Andy a plaidé coupable et a été
condamné à quinze ans dans le système pénitentiaire de l'État de
l'Arkansas pour les accusations de tentative de pédophilie à partir
de Janvier. Les Little Rock Bandidos étaient complètement dans le
noir et n'avaient aucune idée qu'Andy avait plaidé coupable et était
maintenant un prédateur sexuel d'enfants condamné. Apparemment, ils n'ont pas lu les journaux ou n'ont pas eu la sagesse
d'assister à ses audiences. Lorsque Lee leur en a parlé pour la
première fois lors d'un appel téléphonique, ils étaient dans le déni,
et ce n'est que lorsqu'il leur a remis en main propre une copie d'un
article de journal qu'ils ont compris la gravité de la situation. Peu
de temps après, Andy était sorti du club avec un mauvais
classement.

Quelques jours avant le début de l'école à la mi-Août,
Taylor a été renversée par une voiture alors qu'elle faisait du vélo
devant l'appartement de sa mère. La voiture s'est arrêtée
brusquement avec l'un des pneus arrière reposant sur le dessus de
son pied, causant de graves brûlures à trois endroits différents.
Bien que sa clavicule ait également été fissurée par le guidon, la

frappant d'un coup parfait, Caroline et moi étions ravis que ce ne soit pas pire. Alors que j'étais assis dans le couloir de l'hôpital indien de Claremore, écoutant Taylor hurler de douleur alors que le personnel de l'hôpital la soignait, j'ai remercié le dieu Harley de lui avoir sauvé la vie.

Caroline a passé des semaines à s'occuper de Taylor, à se laver les pieds deux fois par jour dans notre douche à l'italienne et à traiter les brûlures avec une pommade prescrite par les médecins. Quelques jours après le début du processus de récupération, Taylor a été surprise lorsque Caroline a enveloppé son pied dans une pellicule de sport autocollante de couleur vive qu'elle avait achetée pour le cheval, et vraiment heureuse lorsqu'elle a appris qu'il y avait différentes couleurs à choisir. À partir de ce jour, Taylor a arboré un bandage rose vif, orange vif, vert vif ou jaune brillant autour de son pied et de sa cheville alors qu'elle boitillait sur ses béquilles.

Se remettant lentement de ses blessures, ma fille boitait de classe en classe quand elle a commencé l'école. Le système scolaire d'Owasso est intervenu pour aider à la reprise en la laissant travailler au bureau au lieu de suivre des cours d'éducation physique obligatoires. Sa clavicule cassée s'est réparée en six semaines, mais les brûlures ont mis plus de six mois à guérir complètement.

À la mi-Août, le Bandido de San Antonio, Richard "Scarface" Merla, a tué un boxeur mexicain populaire, détenteur du titre mondial. Scarface et Robert Quiroga socialisaient au domicile de San Antonio Bandido Rick Casas lorsqu'une dispute a éclaté à 3 heures du matin. Ce qui a commencé comme une bagarre s'est rapidement transformé en coups de couteau, et au moment où Casas a interrompu le combat, Quiroga saignait abondamment. Après que Scarface se soit enfui de la scène, Casas a appelé le 911 et a demandé une ambulance, mais l'ancien champion des super poids mouches est décédé avant l'arrivée des secours.

Au lieu de se tenir derrière le Bandido qui avait commis le meurtre comme cela avait été fait depuis la création de l'organisation, El Presidente George et El Vice-Presidente Jeff ont proposé une toute nouvelle stratégie pour faire face à la publicité négative - ils ont ordonné à Rick de coopérer. et aider la police à poursuivre Scarface - cracher au visage du Bandidoïsme.

Sargento-de-Armas John "John" Portillo a reçu l'ordre de George et Jeff de tenir une conférence de presse, au cours de laquelle il a annoncé devant des caméras de télévision en direct que Scarface n'était plus membre des Bandidos et était sorti du club en mauvais état. classement. Les traditions séculaires de se tenir derrière ses frères lorsque les choses devenaient difficiles et de ne jamais coopérer avec la police ont été abandonnées. Il semblait que les choses changeaient après tout, mais pas comme on s'y attendait, et j'étais certain que l'ancien président El Presidente Ronald "Ronnie" Hodge se retournait dans sa tombe.

Recherche De Mon Identité: L'évolution Chronologique D'un Motard Hors-la-loi Sur La Route De La Rédemption

Le 19 Octobre, ma fille et moi nous sommes arrêtés à l'Edgefest pour rendre visite à des amis de Dallas qui travaillaient pour le promoteur de l'événement annuel d'une journée, qui était le plus grand concert rock de l'année à Tulsa. Je connaissais Paula McElheney depuis plus de vingt-cinq ans et Billy Morgan était le directeur de production. Le groupe de rock Velvet Revolver devait être la tête d'affiche et j'avais un vif intérêt à les voir jouer en direct. Slash, le célèbre guitariste de Guns N' Roses, était désormais le guitariste principal de Velvet Revolver.

Quand Taylor et moi sommes arrivés à trois heures de l'après-midi, tout ce que nous avions l'intention de faire était de traîner et de regarder les groupes pendant un petit moment puisque nous avions tous les deux des laissez-passer pour les coulisses grâce à Paula et Billy. Paula était surchargée par les tâches restantes à accomplir pour faciliter l'événement, alors Taylor et moi nous sommes portés volontaires pour aider. On nous a confié une myriade de tâches, allant de la mise en place des suites d'accueil du groupe à l'approvisionnement de la loge personnelle de Velvet Revolver. Après que nous ayons terminé, Taylor et moi sommes montés sur scène pendant quelques heures pour regarder les groupes jouer et contempler la foule.

Caroline est arrivée pour récupérer Taylor à la tombée de la nuit et a traîné pour regarder Slash et Velvet Revolver se produire depuis un espace privé au coin arrière de la scène. Billy s'était assuré que chacun de nous ait un pass spécial qui nous permettait d'être sur scène lorsque le groupe jouait, et j'ai certainement apprécié son geste d'amitié. Pendant tout le concert, je me suis tenu à quelques mètres des guitares de Slash, et il y a eu plusieurs fois où j'étais à moins de trois mètres de Slash pendant qu'il jouait. Je suis sûr qu'il y avait des milliers de fans de Velvet Revolver dans le public qui auraient donné n'importe quoi pour être là où j'étais.

Le 26 Septembre, Lee a accueilli le sixième événement de course de dragsters de motos *Living On The Edge*. Puisqu'il n'était pas censé socialiser avec moi parce que j'étais hors du club en mauvaise position, je l'ai laissé gérer toutes les tâches promotionnelles et j'ai rédigé à nouveau des contrats lui donnant une utilisation temporaire des marques associées à *Living On The Edge*.

Depuis le dernier événement en 2003, la propriété du Tulsa International Raceway avait changé et la piste avait subi une rénovation d'un million de dollars - les spectateurs et les coureurs ont été émerveillés par la magnifique installation récemment rénovée. L'événement a été un énorme succès, avec plus d'un millier d'entrées payantes et des dizaines de sponsors financiers, et il est apparu que les courses de dragsters de motos *Living On The Edge* allaient être une tradition à Tulsa pour les années à venir.

Caroline et moi avons fêté cinq ans de vie commune à Halloween. Même si elle avait l'intention de se marier, j'étais extrêmement timide. Je n'avais définitivement pas l'intention de vivre à nouveau un autre divorce, mais à ce moment-là, mon mur émotionnel était lentement mais sûrement en train d'être démoli, une brique à la fois.

J'ai clôturé l'année en achetant cinq autres maisons dans l'ajout de Country Estates au nord-ouest de la ville. Lorsque toutes les propriétés se sont vendues en quelques semaines, j'ai su que j'étais sur quelque chose. Après avoir rencontré mon agent immobilier Keller Williams, Joe John Edwards, j'ai pris la décision de poursuivre sérieusement l'opportunité en tant que franchise.

J'ai passé Janvier 2005 à perfectionner un brevet fédéral qui protégerait ma méthode commerciale et après avoir déposé la demande en Février, j'ai passé les deux mois suivants à faire les formalités administratives nécessaires pour franchiser le concept et sécuriser les investisseurs. À l'été, j'avais réussi à étendre mes opérations au Texas et j'avais l'intention de m'étendre dans d'autres régions des États-Unis dès que possible.

Alors que la nation Bandidos se dirigeait vers des courses nationales obligatoires le week-end du Memorial Day, j'étais occupé avec toutes mes entreprises. J'avais été absent du club pendant plus de dix-huit mois et je n'avais pas regardé en arrière. J'étais étonné de tout ce que j'avais accompli et du chemin parcouru depuis mon départ, et je me demandais jusqu'où je pouvais aller dans la vie. J'étais reconnaissant pour le temps considérable que j'avais passé avec Caroline et Taylor, et les efforts supplémentaires que j'avais pu mettre dans mon entreprise.

Recherche De Mon Identité: L'évolution Chronologique D'un Motard Hors-la-loi Sur La Route De La Rédemption

Je savais qu'il n'y avait aucun moyen que j'aurais pu tout faire si j'avais toujours été membre des Bandidos, mais d'une manière étrange, j'avais toujours l'impression d'avoir un lien spirituel qui ne pourrait jamais être rompu. Certains jours, je me demandais quand El Presidente et le château de cartes qu'il avait construit s'effondreraient, car il y avait un prix à payer pour l'arrogance, la stupidité et l'incompétence qui sévissaient, ainsi que pour permettre à la méthamphétamine d'imprégner l'organisation.

Je croyais que la méthamphétamine serait un jour reconnue comme l'ennemi le plus dangereux auquel les Bandidos aient jamais été confrontés depuis la création du club au printemps 1966. Je ne savais tout simplement pas combien de temps il faudrait avant que la majorité du club ne se réveille. et sentir les roses, et combien de vies seraient détruites avant que l'organisation ne reconnaisse que la situation devait être rectifiée.

À l'été 2005, tous les Bandido du chapitre de North Tulsa se déchaînaient, alimentés par l'approvisionnement inépuisable de méthamphétamine qu'ils ingéraient et distribuaient, et même Ian n'était pas à l'abri de la destruction provoquée par l'influence de la drogue. Pris dans un monde où l'automédication avec de l'alcool et des drogues était une pratique acceptée, il a d'abord eu des ennuis pour avoir conduit sa moto en état d'ébriété au printemps 2003.

Ian a eu de la chance et a été condamné à une peine de probation pour l'infraction, mais a dû participer à un programme antidrogue de deux ans - s'il faisait tout ce qu'il était censé faire, il éviterait d'être un criminel condamné. Traîner avec le chapitre de North Tulsa malgré l'ordre spécifique de Lee de ne pas le faire a coûté cher lorsque la probation du jeune Bandido a été révoquée après avoir échoué à plusieurs tests d'urine, et a été expulsé pendant six mois pour arracher des plumes dans une usine de transformation de poulet dans l'est de l'Oklahoma. À cette époque, Ian a cessé de rembourser son prêt pour sa Harley, il n'a donc pas fallu longtemps avant que la moto ne soit reprise. Il a été expulsé des Bandidos en Août 2005 pour avoir menti sur sa dépendance à la méthamphétamine, avoir menti sur le paiement des remboursements du prêt et ne pas avoir de moto à conduire.

Chapitre 41
Sur La Route De La Rédemption
Juin 2005 À Octobre 2005

En Juin 2005, j'ai fêté mon cinquantième anniversaire avec quelques amis proches et ma famille. J'étais sorti des Bandidos depuis près de deux ans et je commençais à mettre la vie du club derrière moi et j'avais hâte de continuer à avancer. Je ne perdais plus le sommeil, et le stress qui avait été mon compagnon habituel pendant que j'étais membre n'était plus qu'un lointain souvenir. Au lieu de me concentrer sur les Bandidos comme je l'avais fait pendant des années, je me concentrais principalement sur mon entreprise Blockhead City et ma famille.

Il n'a pas fallu longtemps pour savoir ce qui allait arriver à l'El Presidente. Le 9 Juin, George a été arrêté par les autorités fédérales après avoir été inculpé avec vingt et un autres membres des Bandidos à Washington, dans le Montana et dans le Dakota du Sud. Il avait été accusé d'avoir orchestré l'enlèvement d'un membre d'un club de motards rival dans le Montana alors que je rendais visite au vice-président Kok au Danemark, alors que j'étais encore Bandido en Mai 2003.

Pris dans l'enquête fédérale de deux ans, trois membres de la section nationale et deux présidents de section, dont le vice-président Christopher "Chris" Horlock, qui avait été El Secretario en même temps que je travaillais pour la section nationale. L'ATF a publié un communiqué de presse annonçant les détails de l'enquête et des arrestations le lendemain.

Vingt-six Incidents Aprés Une Enquéte De 2 Ans Sur Le Gang De Moto Bandidos

Un grand jury fédéral à Seattle a inculpé vingt-six membres et associés de la Bandidos Motorcycle Organization pour des infractions graves avec violence.

Les deux actes d'accusation accusent divers accusés de: Crime violent au service du racket: enlèvement (VICAR); Crime violent à l'appui du racket – Agression; Complot en vue de trafiquer un témoin; Falsification d'un témoin; Complot en vue de distribuer de la marijuana et de la méthamphétamine; distribution de marijuana; distribution de méthamphétamine; Port d'une arme à feu pendant et en relation avec un crime lié au trafic de drogue; Complot en vue de faire le trafic de certains véhicules à moteur et pièces de véhicules à moteur; trafic de certains véhicules à moteur; Vente d'une arme à feu à une personne interdite; et Felon en possession d'une arme à feu. Au cours de l'enquête, 14 armes à feu ont été vendues à ou par des personnes ayant plusieurs condamnations pour crime.

Dix-neuf mandats de perquisition ont été exécutés dans quatre districts judiciaires, dont les États de Washington, du Montana et du Dakota du Sud. Plusieurs armes, dont des armes à feu et des couteaux; méthamphétamine et marijuana; motocyclettes et pièces de véhicules à moteur volées; et plus de $25,000 en

*espèces ont été saisis. 19 personnes ont été arrêtées, dont 16 sont
des accusés inculpés et trois d'entre eux ont été arrêtés pour un
motif probable pour des accusations de drogue. Dix fugitifs sont
en suspens.*

*Les accusés ont été arrêtés lors de raids hier dans le comté de
Whatcom, le comté de Kitsap et le comté d'Okanogan,
Washington, et dans le Montana. Les arrestations font suite à une
enquête de deux ans sur diverses activités criminelles du gang
Bandidos Motorcycle. Parmi ceux qui font face à des accusations
fédérales figurent le président national, le président de la section
de Bellingham et d'autres présidents de section des Bandidos.*

Ces individus ont été inculpés par le grand jury:

*GEORGE WEGERS, 52, Président National, Bandidos,
Bellingham*

*CHRISTOPHER HORLOCK, 44, Secrétaire Régional National,
Bandidos*

JIMMIE GARMAN, National Sergeant-at-Arms, Bandidos

*HUGH GALE HENSCHEL, National Sergeant-at-Arms,
Bandidos*

*GLENN W. MERRITT, 64, Bellingham Chapitre Président,
Bandidos*

*WILLIAM E. JAMES, 53, Secretary/Treasurer, Bellingham
Chapitre, Bandidos*

*BERNARD RUSSELL ORTMAN, 46, Missoula Chapitre
Président, Bandidos*

Recherche De Mon Identité: L'évolution Chronologique D'un Motard Hors-la-loi Sur La Route De La Rédemption

DALE ROBERT GRANMO, 49, Membre Missoula Chapitre, Bandidos

AARON KENNETH WISE, 34, Membre Missoula Chapitre, Bandidos

ROBIN WADE HUNDAHL, 40, Membre Missoula Chapitre, Bandidos

WILLIAM BLAINE BEACH, 54, Membre Missoula Chapitre, Bandidos

STEPHEN DALE KOESTER, 47, Membre Missoula Chapitre Hermanos

ROBERT RANDALL ALEXANDER, 44, Membre Missoula Chapitre, Hermanos

RICKY THOMAS LOOKEBILL, 47, Membre Missoula Chapitre, Hermanos

MICHAEL TRENT McELRAVEY, 56, Membre Missoula Chapitre, Bandidos

FRANK OFFLEY, 49, Membre Whatcom County Chapitre, Bandidos

VINCENT STACY REEVES, 50, Associer Bellingham Chapitre, Bandidos

JAMES AUSTIN PENNELL, 44, Associer Bellingham Chapitre, Bandidos

BRITT AUGUSTUS ANDERSON, 34, Whatcom County Chapitre, Bandidos

Recherche De Mon Identité: L'évolution Chronologique D'un Motard Hors-la-loi Sur La Route De La Rédemption

WALTER BAIL, 48, of Blaine, Washington

JULIE ANDERSON, 35, of Custer, Washington

RICHARD MacMILLAN, 49, of Bellingham, Washington

DARRELL MORRIS, 42, of Everson, Washington

MICHAEL BARTOLO, 39, of Canada

STEVEN GLENN, 34, of Everson, Washington

JASON R. GORDEN, 34, of Seattle, Washington

"Les Bandidos sont une entreprise criminelle organisée qui a virtuellement pris des communautés en otage," a déclaré le procureur Américain John McKay. "Cette enquête menée par les forces de l'ordre fédérales et locales a desserré l'étau de la peur et de l'intimidation que les Bandidos avaient sur les communautés du nord-ouest."

"Cette opération illustre l'engagement d'ATF à mener la lutte contre les gangs et la délinquance violente. La culture de la violence et ceux qui vendent des armes illégales, de la drogue et la mort seront exilés de notre communauté. Cette enquête ne s'arrête pas là," a déclaré l'agent spécial responsable de l'ATF, Kelvin Crenshaw. À cette fin, au cours des activités d'application de la loi, les agents et les agents ont récupéré des stupéfiants, des armes à feu, des devises Américaines, des preuves de trafic de motos volées et 70 plants de marijuana.

"Hier, le trafic de drogue, les tactiques violentes et les violations d'armes à feu du Bandidos Motorcycle Gang ont été répondus par des opérations décisives d'application de la loi par de

nombreux organismes fédéraux et étatiques d'application de la loi dans la région. Cette organisation criminelle, qui a opéré selon ses propres conditions et en dehors de la loi, va face à la justice," a déclaré Rodney G. Benson, agent spécial responsable de la Drug Enforcement Administration.

"La direction internationale de l'organisation Bandido opère dans le comté de Whatcom avec une impunité perçue depuis de nombreuses années. Espérons que cette affaire servira à démanteler l'organisation Bandido Motorcycle dans notre région et aura un impact significatif sur la distribution de méthamphétamine, les vols, les cambriolages, les crimes de violence et d'autres activités néfastes qui affligent notre communauté," a ajouté le shérif du comté de Whatcom, Bill Elfo.

Le chef de la police de Bellingham, Randall Carroll, a parlé de la longue histoire de violence et d'intimidation du gang en disant, "Depuis plus de 20 ans, les Bandidos sont liés au trafic de stupéfiants armés et à la violence connexe et au crime que les stupéfiants apportent à notre communauté. Cette opération concerne la sécurité intérieure de Bellingham."

S'ils sont reconnus coupables des accusations, les accusés encourent des peines allant de cinq ans à la réclusion à perpétuité.

Un acte d'accusation contient des allégations qui n'ont pas encore été prouvées devant le tribunal au-delà de tout doute raisonnable.

Recherche De Mon Identité: L'évolution Chronologique D'un Motard Hors-la-loi Sur La Route De La Rédemption

L'affaire a fait l'objet d'une enquête par le Bureau of Alcohol, Tobacco, Firearms & Explosives (ATF), le bureau du shérif du comté de Whatcom et le département de police de Bellingham. La Drug Enforcement Administration, le U.S. Marshal's Service et de nombreux agents des forces de l'ordre étatiques et locaux ont participé aux arrestations de jeudi. Les accusés feront leurs premières apparitions vers 14 h 30 aujourd'hui dans la salle d'audience du magistrat, au 12e étage du palais de justice Américain au 700, rue Stewart. En raison du nombre de prévenus, la Cour peut modifier l'heure prévue.

Les allégations détaillées dans une requête déposée quelques jours plus tard par le procureur des États-Unis pour refuser la caution de George m'intéressaient le plus - les autorités fédérales ont affirmé que le criminel condamné avait un gilet Hells Angel et quatre armes de poing en sa possession lorsqu'il a été arrêté.

Alors que les Bandidos aux États-Unis célébraient le 4 Juillet, El Presidente profitait de sa détention à l'isolement - il avait droit à deux appels téléphoniques de quinze minutes par semaine - et le vice-président par intérim Jeffrey Fay Pike dirigeait le club dans le monde entier.

Début Août, le coureur OK Michael "Mike" James a reçu une balle dans la poitrine et a été tué lorsqu'il s'est arrêté à sa maison de location à South Maplewood pour prendre des photos. Mike était en train d'expulser le locataire et une audience d'expulsion était prévue cet après-midi au palais de justice du comté de Tulsa. Après avoir fait mourir des centaines de mes amis et frères au cours des trente dernières années, je n'ai pas pleuré quand j'ai appris la mort de Mike.

La semaine suivante, l'OK Rider a été inhumé dans un cimetière du sud de Tulsa. Quelques heures avant le service, je me suis faufilé dans la maison funéraire où j'ai passé dix minutes à traîner avec mon frère pour la dernière fois et lui ai rappelé la fois où il a ingéré du LSD chez Marvin au milieu des années 80. Après que l'acide ait donné un coup de pied, Marvin a convaincu Mike de monter dans un Greyhound et d'aller au Texas, alors qu'il n'y avait aucune raison d'y aller ou que quelqu'un vienne le rencontrer à son arrivée.

Mike est monté dans le bus et a fait le voyage plus haut qu'un pin de Géorgie, mais après avoir erré dans le centre-ville de Dallas pendant quelques heures pour dégriser, il a finalement compris qu'il avait été victime d'une plaisanterie amicale - il nous a dit plus tard le voyage avait été une aventure qu'il n'oublierait jamais – huit heures dans un bus Greyhound bourré de LSD. Dans mon esprit, Mike et moi étions tous les deux en train de rire aux éclats lorsque j'ai dit mon dernier au revoir et que j'ai franchi la porte.

Le locataire a affirmé avoir tiré sur Mike en état de légitime défense parce que Mike avait amené trois Bandidos avec lui en renfort. Après avoir été reconnu coupable par un jury en Juin 2006,

Recherche De Mon Identité: L'évolution Chronologique D'un Motard Hors-la-loi Sur La Route De La Rédemption

Quentin Nichols a été condamné à la prison à vie pour le meurtre de Mike. Les Bandidos Bill Wolf, Cub et Travis "Skull" Dodson ont témoigné contre Nichols pendant le procès parce qu'ils étaient présents lorsque Mike a été assassiné.

J'ai célébré un peu le 2 Octobre lorsque la signature de mon premier livre *Out In Bad Standings* a eu lieu au restaurant Dalesandro's au centre-ville de Tulsa. Je travaillais sur le manuscrit depuis le printemps 2004 et j'étais fier de voir les résultats quand j'ai tenu le livre entre mes mains. Après avoir été refusé par plus de cinquante agents littéraires en 2004 et 2005, j'ai créé ma propre maison d'édition et fabriqué moi-même le livre à couverture rigide. Plus d'une centaine d'amis et d'associés se sont arrêtés pour me rendre visite et acheter un exemplaire cet après-midi-là. Les Bandidos Bill Wolf, Hun et Mario ont défié le chapitre national pour assister à l'événement, tout comme les OK Riders Quinn, Ray, Brian, Animal, Brandon et Wyatt.

Deux jours après la signature du livre, Lee m'a appelé et m'a demandé de passer à la première église baptiste d'Owasso où il travaillait sur un projet de construction. Quand je suis arrivé, Lee était visiblement bouleversé. Il m'a dit que tout le monde dans le club était en colère contre moi pour ce que j'avais dit dans le livre. J'ai expliqué que je n'avais jamais eu l'intention de rendre quelqu'un fou - je venais de dire la vérité. Alors que je franchissais la porte, j'étais à peu près certain que Lee était énervé parce que le chapitre national savait maintenant qu'il avait menti à propos de notre relation. Après trente ans d'amitié, je n'ai jamais revu mon frère, et ce fut la dernière fois que nous nous sommes parlé.

Une semaine après la soirée de lancement, les Bandidos ont fermé tous les chapitres des OK Riders en représailles aux membres qui avaient assisté à la signature du livre. Les OK Riders qui n'avaient pas assisté à l'événement ont été encouragés à rejoindre le club de motards Loco Viajeros - un autre club de soutien de Bandidos Oklahoma - mais les anciens OK Riders Quinn, Ray, Brian, Animal, Brandon et Wyatt n'étaient plus les bienvenus dans le monde rouge et or.

Dix jours après la signature du livre, Lee a appelé Jonathan Sutton et lui a demandé de me convaincre d'arrêter de vendre le livre. Il a dit à mon avocat que si la publication du livre n'était pas arrêtée, *ce serait dommage si Caroline se cassait les jambes, si son cheval se faisait tirer dessus ou si quelque chose arrivait à Taylor.* Je ne pouvais pas croire que mon ami depuis trois décennies menacerait ma famille parce que le Lee que j'avais connu serait mort pour protéger ma famille. La seule explication à laquelle je pouvais penser et qui avait du sens était que Lee était défoncé à la méthamphétamine.

À la mi-Octobre, j'ai accepté un contrat pour construire un nouveau restaurant Hamlet à Owasso. Le projet consistait en une construction standard d'améliorations locatives dans un tout nouveau centre commercial linéaire. La seule mise en garde était que le magasin devait être achevé et ouvert à temps pour Noël, mais il n'y avait aucun plan de construction. La seule façon d'y parvenir était d'utiliser une méthode de construction connue sous le nom de construction de conception. Pour faciliter le processus chaque jour, l'architecte s'arrêtait et documentait la construction qui avait été précédemment achevée. Il dessinait ensuite les plans pour se conformer à la construction qui avait été faite, et me remettait les dessins le lendemain.

À peu près au moment où j'ai commencé à construire le restaurant, j'ai reçu un appel d'une librairie Barnes & Noble à Tulsa. Le manager voulait savoir si je les laisserais vendre *Out In Bad Standings*. J'ai été choqué d'apprendre qu'il était au courant du livre et je lui ai demandé comment il le savait. Le directeur m'a dit que des gens venaient tous les jours dans le magasin pour demander la couverture rigide. Quand je lui ai dit que je ne pouvais pas me permettre d'attendre les six mois standard de l'industrie pour être payé, il a accepté de me payer tous les trente jours. Pour lancer le bal, il a commandé soixante exemplaires et les a distribués également dans les quatre magasins Barnes & Noble de l'Oklahoma.

À ma grande surprise, il n'a fallu qu'une semaine pour que les magasins soient en rupture de stock. Lorsque le directeur a commandé cent exemplaires supplémentaires, je n'en avais que quatre-vingts à lui donner. Il ne m'était jamais venu à l'esprit que le livre se vendrait à l'échelle régionale, alors je n'avais initialement commandé que trois cents livres. Je m'attendais à en vendre une centaine lors de la signature du livre, à vendre ou à donner une autre centaine, puis à mettre ce qui restait en réserve. J'ai rapidement appelé l'entreprise qui a fabriqué le livre et commandé un millier de livres.

Chapitre 42

Sur La Route De La Rédemption

Octobre 2005 À Décembre 2006

Lorsque le téléphone a sonné quelques jours plus tard, c'était la petite division de presse de Barnes & Noble à New York. Le représentant a voulu commencer à vendre le livre à l'échelle nationale et a commandé cinq cents exemplaires. Plus important encore, il a accepté de continuer à effectuer des paiements tous les trente jours pour les livres vendus, alors j'ai rappelé l'entreprise de fabrication et j'ai augmenté la commande de mille à cinq mille. Bien que j'étais ravi qu'il y ait eu de l'intérêt pour le livre, je n'avais aucune idée à l'époque que les affaires littéraires auraient un impact majeur sur ma vie et modifieraient mon destin pour toujours.

Il n'a pas fallu longtemps à la section nationale pour lancer une campagne d'intimidation dans une vaine tentative d'empêcher la vente du livre. En Novembre, l'avocat du club à Houston a envoyé une lettre certifiée à mon avocat me menaçant de poursuites judiciaires si je continuais. Jonathan et moi avons ri - il n'y avait absolument aucune base légale ou loi statutaire qui pouvait m'obliger à arrêter - au contraire, toute loi existante était clairement en faveur de l'auteur et de l'éditeur.

Lors de la course nationale de Thanksgiving, il a été décidé que les OK Riders pourraient récupérer leurs patchs, et lors d'un

253

rassemblement à Hill Country parrainé par le chapitre de Kerrville, une réunion spéciale a eu lieu pour régler les différences entre le chapitre de Tulsa et le chapitre de North Tulsa. El Presidente Jeff, par intérim, a décidé que les deux chapitres devaient résoudre leurs problèmes entre eux, ce qui a préparé le terrain pour la bataille interne à venir.

Le 19 Décembre, j'ai terminé le hameau et j'ai reçu le certificat d'occupation du service du bâtiment de la ville d'Owasso. Le magasin s'est avéré formidable et les propriétaires étaient ravis que le coût final du projet soit inférieur à deux cent mille dollars. Les propriétaires n'ont pas perdu de temps - le lendemain matin, ils étaient ouverts pour vendre des jambons au miel signature aux clients juste à temps pour la saison des fêtes.

La première semaine de Janvier, mon avocat a décidé qu'il était dans son intérêt de mettre fin à notre association professionnelle et à notre relation personnelle. Jonathan voulait être juge du comté de Tulsa et prévoyait de lancer une campagne publique pour le poste. Il croyait que la connexion serait exploitée par ses adversaires dans les médias, compromettant sa chance d'être élu. Bien que déçu par la décision de sacrifier notre amitié, je me suis arrêté à son bureau quelques jours plus tard pour récupérer mes dossiers, payer mon compte en totalité et lui souhaiter bonne chance. Pour aider mon ami à réaliser son rêve, je n'ai jamais revu l'avocat, et ce fut la dernière fois que nous nous sommes parlé. La titulaire Deborah Shallcross a obtenu soixante-sept pour cent des voix pour le juge de district le 6 Novembre, et Jonathan a obtenu trente-deux pour cent.

Le 17, mon copain d'enfance Pete Hansen est décédé subitement d'une crise d'asthme chez lui dans le Connecticut. J'étais dévasté et je suis retourné assister aux funérailles et à l'inhumation dans un cimetière de Deep River. À l'intérieur de la maison funéraire, il y avait trois panneaux d'affichage couverts de photos de Pete prises à tout moment de sa vie. J'ai été frappé par le nombre de fois où Pete a été capturé en train de sourire ou de rire aux éclats - c'était si typique du Pete que je connaissais et que j'aimais, et la façon dont je me souviendrais de lui pour le reste de ma vie.

J'ai passé le mois suivant à voyager dans tout le pays pour assister à de grands événements moto, distribuant des milliers de cartes postales publicitaires de quatre pouces sur six pouces pour *Out In Bad Standings*. Lors de certains événements, j'ai loué un stand et vendu des exemplaires du livre au public - lors d'autres événements, j'ai juste payé les frais d'admission et parcouru l'événement en distribuant des cartes postales.

Début Février, un ami a appelé de Montréal. Il m'a dit que les anciens membres fondateurs de Bandidos et Rock Machine Salvatore Cazzetta, Giovanni Cazzetta et Gilles Lambert, ainsi que l'ancien membre de Bandido et Rock Machine Fred Faucher, étaient devenus Hells Angels en Janvier. Bien que la défection ait été un choc pour beaucoup dans le monde des motards hors-la-loi, je n'ai pas été surpris.

Début Mars, Caroline et moi nous sommes rendus en Floride pour un peu de soleil, la Daytona Bike Week, et pour distribuer des milliers de cartes postales publicitaires pour *Out In Bad Standings* avec l'aide de quelques amis proches. Alors que Caroline se promenait toute seule un jour, elle a rencontré une ancienne PBOL - fière Bandido ol 'dame - de Tulsa, elle savait qui lui avait raconté une histoire incroyable sur Ronald "Red Dog" Strong, qui était un Bandido complet dans le nord de Tulsa chapitre.

Red Dog l'avait récemment agressée, enfermé la femme à l'intérieur d'une petite caravane de camping, puis avait attelé le camping-car à son camion. Il a tiré la remorque loin de Tulsa dans la campagne désolée de l'Oklahoma et a détaché le camping-car du camion avec elle toujours enfermée à l'intérieur - il lui a fallu des heures pour s'échapper et revenir à Tulsa. Elle a dit à Caroline qu'elle avait eu de la chance d'avoir survécu à l'épreuve et que tous les Bandidos qu'elle connaissait dans l'Oklahoma avaient été assommés par la méthamphétamine.

Le 19 Mars 2006, Anthony Benesh a été assassiné devant une pizzeria de North Austin après avoir dîné avec sa petite amie et ses enfants. Benesh conduisait sa Harley partout à Austin portant un faux écusson des Hells Angels sur son gilet, disant à tout le monde qu'il allait commencer un chapitre des Hells Angels au

Texas, et les Bandidos avaient à plusieurs reprises menacé de le tuer s'il ne renonçait pas. Un tir de nuit d'un fusil de grande puissance par un tireur d'élite a éliminé le problème, et il n'y avait aucun doute dans l'esprit de quiconque que les Bandidos avaient orchestré le meurtre.

Les choses avaient été relativement calmes pour le seul chapitre de Bandidos restant au Canada. Au printemps 2006, le chapitre de Toronto était plus ou moins devenu une réflexion après coup dans le monde des motards Canadiens jusqu'au samedi 8 Avril, lorsque les Canadiens se sont réveillés en apprenant la nouvelle d'un meurtre multiple grizzly à Shedden, non loin de Londres.

Les premiers rapports des médias ont noté que huit corps avaient été retrouvés dans un champ au large de Stafford Line à deux miles au nord de Shedden à 7h45. Quatre véhicules dont une Volkswagen Golf, un VUS Infiniti, une Pontiac Grand Prix et une dépanneuse Chevrolet Silverado – avec des corps fourrés à l'intérieur – avaient été découverts par un agriculteur.

Selon la police, les victimes ont été abattues à un autre endroit avant d'être amenées sur le terrain, ce qui signifie que les meurtres étaient probablement l'œuvre de plus d'un individu. Ce qui semblait être un meurtre de style gangland a fait la une des journaux comme le meurtre de masse le plus horrible de l'Ontario et le pire massacre de motards au monde.

Recherche De Mon Identité: L'évolution Chronologique D'un Motard Hors-la-loi Sur La Route De La Rédemption

Lorsque j'ai vu le premier article de presse sur Shedden, j'ai immédiatement contacté certains de mes anciens frères au Canada car je soupçonnais que l'incident était susceptible d'impliquer des motards hors-la-loi. La réaction que j'ai reçue a confirmé l'instinct - les victimes étaient des membres ou des associés proches des Bandidos - et samedi en fin d'après-midi, j'étais à quatre-vingt-dix-neuf pour cent certain que certains des corps appartenaient à des membres à part entière. Au moment où je me suis couché ce soir-là, je connaissais les noms de trois d'entre eux, et deux que je connaissais bien.

Ce soir-là, j'ai commencé à répondre aux demandes des médias Canadiens qui voulaient savoir si j'avais la moindre idée de ce qui s'était passé à Shedden. L'un des journalistes a eu la perspicacité de me demander si je pensais que les hommes tués étaient des Bandidos ou des motards hors-la-loi d'une autre organisation. J'ai dit à Jen Horsey que certaines des personnes décédées étaient définitivement des Bandidos, et pour nuancer ma déclaration, j'ai dit au journaliste de la Presse Canadienne que j'avais parlé avec des initiés qui avaient identifié certains des véhicules montrés dans les reportages télévisés et l'un des corps qui était visible dans le hayon ouvert.

Moins d'une heure après notre conversation, Jen a rédigé un article de presse qui a révélé pour la première fois dans les médias que les hommes morts étaient des Bandidos. Dans l'article, elle a révélé la source de l'information et que j'avais récemment écrit un livre sur les Bandidos intitulé *Out In Bad Standings: Inside the Bandidos - The Making Of A Worldwide Dynasty*. Le lendemain matin, l'article avait été republié dans des centaines de journaux du monde entier et, par conséquent, le livre est devenu un best-seller du jour au lendemain.

Dimanche après-midi à 13 heures, les autorités ont tenu une conférence de presse au cours de laquelle elles ont confirmé que les motards décédés, âgés de la fin de la vingtaine au début de la cinquantaine, étaient tous membres des Bandidos. Le défunt comprenait le président John "Boxer" Muscedere et Luis Manny "Porkchop" Raposo.

Cela ne faisait que quatre ans que Boxer et Porkchop étaient venus en Oklahoma pour tenter de sauver ce qui restait des Bandidos au Canada après que l'opération Amigo ait pratiquement décimé le club. Mes frères ont été assassinés avec quatre autres Bandidos complets George "Pony" Jesso, Frank "Bam Bam" Salerno, Paul Sinopoli et George "Crash" Kriarakis. Les deux autres victimes du massacre étaient les prospects de Bandido, Jamie Flanz et Michael Trotta.

Les autorités policières de l'Ontario n'ont pas perdu de temps pour retrouver les personnes qu'elles croyaient responsables de cet acte horrible. Le lundi 10 Avril, la police a arrêté Wayne Kellestine, Frank Mather, Brett Gardiner, Eric Niessen et Kerry Morris, tous cinq accusés de meurtre au premier degré.

Recherche De Mon Identité: L'évolution Chronologique D'un Motard Hors-la-loi Sur La Route De La Rédemption

Kellestine, 56 ans, était le seul suspect identifié comme membre des Bandidos. Les autres étaient qualifiés d'associés, ce qui est toujours un terme pratique lorsque la police doute du statut réel de quelqu'un dans le monde des motards hors-la-loi.

Des dizaines de rumeurs se sont immédiatement propagées comme une traînée de poudre. L'un d'eux a émis l'hypothèse que les meurtres avaient été sanctionnés par la section nationale des Bandidos Américains qui aurait envoyé une équipe de quatre hommes de Chicago. Ce n'était un secret pour personne que les Américains étaient mécontents de la façon dont les choses avaient progressé au nord de la frontière, car le El Presidente par intérim avait récemment révoqué la charte Canadienne et ne les reconnaissait plus comme des Bandidos. Largement rapporté dans les médias, ce fait à lui seul a alimenté la théorie selon laquelle Jeff avait ordonné les meurtres.

Les Bandidos Australiens et Européens, qui avaient été les premiers à accueillir les Canadiens dans la nation Bandidos, ont été perturbés par l'attitude de Jeff mais n'ont pas pu changer sa position. La décision a marqué le début de la fin de l'unification et de la solidarité des Bandidos dans le monde entier, et a finalement provoqué la scission de l'organisation en deux factions distinctes. Il y avait déjà eu de grandes divergences d'opinion entre l'acteur El Presidente et les Bandidos en Australie et en Europe - les Australiens et les Européens croyaient encore au vrai sens de la fraternité - mais ce jugement était impardonnable.

Recherche De Mon Identité: L'évolution Chronologique D'un Motard Hors-la-loi Sur La Route De La Rédemption

Alors que les Américains tentaient de mettre le plus de distance possible entre eux et ce qui restait des Bandidos Canadiens, quatre Bandidos d'Australie et deux d'Allemagne sont arrivés en Ontario quelques jours après les meurtres pour réconforter les familles et mener une mission d'enquête. Ils seraient les seuls Bandidos internationaux à s'aventurer au Canada pour montrer leur soutien.

Même les funérailles des huit victimes étaient manifestement de nature non motarde, car seuls des amis proches et des membres de la famille ont assisté à chaque inhumation individuelle. Habituellement, lorsqu'un Bandido est inhumé, des centaines de Bandidos et de motards hors-la-loi se présentent pour lui rendre hommage, mais les victimes du massacre de Shedden n'ont pas reçu un tel honneur.

Selon une autre théorie sur les meurtres, les huit victimes se rendraient à la ferme de Kellestine pour remettre leurs patchs parce qu'elles voulaient quitter le club, d'où la rumeur selon laquelle elles allaient rejoindre les Hells Angels. Un autre spéculé que Kellestine allait céder volontairement son patch, son vélo et sa propriété de club à Boxer. Bien que Kellestine et Boxer aient appartenu aux Annihilators et aux Loners avant de devenir Bandidos, les entreprises ratées de Kellestine et les dettes croissantes étaient devenues un tel embarras pour les Bandidos qu'il était allégué qu'il devait être éliminé d'une manière ou d'une autre.

Recherche De Mon Identité: L'évolution Chronologique D'un
Motard Hors-la-loi Sur La Route De La Rédemption

Le spectre de la drogue est inévitablement entré dans
l'équation car les forces de l'ordre avaient gardé trois des Bandidos
sous surveillance pendant plusieurs semaines avant les meurtres.
Ironiquement, les officiers avaient suivi trois des membres à la
ferme de Kellestine le week-end du massacre, mais la surveillance
a été annulée parce qu'ils pensaient que les motards étaient allés là-
bas pour faire la fête.

Finalement, les détectives ont relié les points, plaçant
certaines des victimes à la ferme de Kellestine le jour des meurtres.
Après coup, il a été suggéré que les trois Bandidos avaient été
victimes d'une escroquerie mortelle à l'instigation de Kellestine et
du co-accusé, mais cette théorie était une connerie. Les cinq autres
Bandidos seraient arrivés séparément plus tard dans la nuit et
auraient systématiquement tué pour éliminer les témoins.

La semaine qui a suivi les meurtres, j'ai participé à des
dizaines d'interviews à la télévision, dans les journaux et à la radio.
La majorité étaient Canadiens, mais un bon nombre ont été donnés
aux grands médias du monde entier. *Out In Bad Standings* était
souvent un sujet de discussion et le nom du livre apparaissait dans
le chyron à l'écran sous mon nom. Dans chaque entretien, ma
position était la même - il n'y avait pas de grand complot ou de
complot - les meurtres étaient sans aucun doute le résultat d'un acte
de folie spontané et la méthamphétamine en était plus que
probablement la cause.

Recherche De Mon Identité: L'évolution Chronologique D'un Motard Hors-la-loi Sur La Route De La Rédemption

J'ai emprunté une Harley à Fuzz chez Terreson's Harley-Davidson à Shillington le 20 Mai et j'ai roulé sous la pluie de l'est de la Pennsylvanie à Washington, DC. J'avais réservé un stand là-bas pour annoncer et vendre mon livre à la Book Expo America, qui était le plus grand événement pour l'industrie de l'édition de livres en Amérique. J'ai conduit la moto dans le hall d'exposition et l'ai garée à l'intérieur du stand comme stratagème de marketing, et au cours de l'événement de trois jours, des dizaines de cadres de l'industrie, d'agents littéraires et du public acheteur de livres se sont arrêtés pour visiter.

Même si je n'ai pas vendu beaucoup de livres, j'ai rencontré deux personnes qui étaient destinées à devenir une partie importante de ma vie. Wil De Clercq était un moto-journaliste Canadien renommé qui connaissait déjà mon livre et ma réputation, et Marc Teatum était un aspirant écrivain de Boston qui se trouvait être un passionné de Harley. Les deux hommes deviendront co-auteurs de futurs projets de livres, amis proches et conseillers en affaires.

Le 16 Juin, la police de Winnipeg, au Manitoba, a arrêté trois autres hommes en lien avec les meurtres de Shedden— Marcello Aravena, Michael "Tazz" Sandham et Dwight Mushey. Sandham et Mushey étaient des membres à part entière des Bandidos, et Aravena était une perspective. Comme leurs homologues ontariens, les trois résidents du Manitoba ont été accusés de huit chefs de meurtre au premier degré. La révélation que Sandham, le président de la section de Winnipeg, était un ancien policier, m'a choqué.

En 2002, Sandham avait été suspendu du service de police d'East St. Paul, une communauté juste au nord de Winnipeg. Peu de temps après avoir été suspendu, prétendument pour avoir assuré la sécurité lors d'une fête de motards, Sandham a démissionné des forces de l'ordre pour poursuivre sa vie dans le monde des motards hors-la-loi où il avait des liens avec les Outlaws et les Bandidos.

Quelques jours avant son arrestation, Sandham était au Texas pour discuter de l'expansion des Bandidos au Canada avec des membres de la section nationale. Il avait demandé une rencontre avec El Presidente par intérim mais a finalement été rejeté à la dernière minute lorsque les Bandidos ont découvert qu'il avait été policier.

Peu de temps après, le lien avec la méthamphétamine que je soupçonnais initialement a été révélé dans les médias - Dwight Mushey avait été accusé de complot en vue de produire la drogue en 2004. Eric Niessen, bien qu'il n'ait jamais été inculpé d'infractions liées à la drogue, était également apparu dans plusieurs enquêtes majeures sur la drogue. Dans la période qui a précédé le massacre, la police a lié Niessen à Dan McCool, qui avait été crédité d'avoir amené le processus de fabrication de méthamphétamine à base d'éphédrine en Ontario depuis le Texas, et à Eddie Thompson qui avait un dossier de fabrication de la drogue. Comme pour assembler les pièces du puzzle d'un enfant,

264

il était facile de déterminer que la méthamphétamine était le catalyseur qui a alimenté les meurtres.

Bandido Mick a agressé Vanessa Ann Wilson - la mère de leur fille de dix-huit mois - le 2 Octobre, et sa petite amie et sa fille ont été blessées lors de l'incident. Le lendemain, Vanessa a demandé une ordonnance de protection d'urgence dans le comté de Tulsa et, dans la demande, la petite amie de Mick a déclaré que le Bandido l'avait jetée par terre alors qu'elle tenait le bébé, puis l'avait frappée dans les yeux lorsqu'elle s'était levée. Bien que l'État de l'Oklahoma ait émis un mandat d'arrêt contre lui pour agression domestique en présence d'un enfant mineur trois semaines plus tard, Mick a évité d'être capturé jusqu'en Mars 2007.

Une personne associée à l'industrie de la télévision en Californie a contacté Blockhead City fin Octobre pour demander trois exemplaires gratuits de *Out In Bad Standings* pour une émission intitulée *Charming*. Depuis la couverture étendue des meurtres de Shedden, nous avions répondu à des dizaines de demandes similaires de la part des médias du monde entier - cette demande n'était pas différente et nous n'y avons pas accordé une attention particulière.

Quelques jours avant Halloween, mon bureau a expédié un exemplaire du livre à chacune des trois adresses fournies, de la manière la moins chère possible. Il ne nous est jamais venu à l'esprit d'envoyer les trois livres certifiés ou de demander une signature à réception. Je n'ai aucune idée si les livres ont jamais été livrés aux destinataires prévus ou lus, car personne de *Charming* ne nous a jamais rappelés.

À l'été 2008, Charming était devenu la série télévisée *Sons of Anarchy*, et je n'ai pas été surpris de voir la publicité initiale qui comprenait le synopsis *Un homme au début de la trentaine se bat pour trouver un équilibre dans sa vie entre être un nouveau père et son Implication dans un gang de motards.* J'ai été surpris d'apprendre que des milliers de personnes à travers le monde pensaient que la série était basée sur mon livre et que le personnage principal de la série avait été inspiré par ma vie.

Il y avait certainement des similitudes. Jax Teller était un père célibataire avec garde et j'avais été un père célibataire avec garde. Sa femme était accro à la méthamphétamine et ma femme était accro à la méthamphétamine. Jax a eu du mal à être un père célibataire tout en étant dans un club de motards hors-la-loi, et j'ai eu du mal à être un père célibataire tout en étant dans un club de motards hors-la-loi.

Mais l'aspect le plus intéressant de l'hypothèse de la connexion était que jusqu'à l'été 2008, moins de quarante livres de non-fiction sur la culture motard avaient été publiés dans le monde. Un seul d'entre eux s'est concentré sur un motard qui avait du mal à être un père célibataire avec garde alors qu'il était dans un club de motards hors-la-loi et avait une femme qui était accro à la méthamphétamine - ce livre était *Out In Bad Standings*.

Recherche De Mon Identité: L'évolution Chronologique D'un Motard Hors-la-loi Sur La Route De La Rédemption

Le créateur de *Sons of Anarchy* a toujours nié le lien. Mon avocat du divertissement m'a dit que la raison principale de sa position était simple. Si lui - ou quelqu'un d'autre de la société de production ou du réseau de diffusion - admettait que *Out In Bad Standings* était l'inspiration de Jax dans *Sons of Anarchy*, la société de production et / ou le réseau de diffusion devraient probablement me dédommager.

Bandido George Wegers a été libéré de prison fédérale après avoir purgé dix-sept mois d'une peine de vingt mois à la mi-Novembre. Après une tentative infructueuse de récupérer son ancien emploi lors de la course nationale de Thanksgiving Day, l'ancien El Presidente a officiellement concédé le contrôle de l'organisation et de la marque fédérale à El Presidente Jeffrey Fay Pike.

À la fin de l'année, je possédais seize maisons et mon activité immobilière était en plein essor. Toutes les propriétés avaient été vendues à des familles incapables d'obtenir des hypothèques, en utilisant le modèle commercial sans contrat de qualification que j'avais fréquemment utilisé pendant vingt ans. J'étais essentiellement la banque, portant les hypothèques jusqu'à ce que l'acheteur puisse obtenir un financement pour me rembourser, et le nouveau concept a été accueilli avec enthousiasme par des dizaines d'acheteurs qui avaient été exclus du marché immobilier pour diverses raisons.

Chapitre 43

Sur La Route De La Rédemption
Janvier 2007 À Décembre 2010

J'ai passé les premiers mois de 2007 à promouvoir *Out In Bad Standings*, à distribuer des milliers de cartes postales publicitaires et à dédicacer des livres lors d'événements de motards majeurs et de concessionnaires Harley dans tout le pays, et pour la première fois, j'ai fait des apparitions tous les jours pendant la Daytona Bike Week à Floride.

Les sociétés de production télévisuelle appelaient régulièrement pour offrir des opportunités d'apparitions dans des émissions de télévision, et certains voulaient que je sois un expert en la matière sur le style de vie des motards hors-la-loi, qui s'appelait un producteur-conseil dans l'industrie de la télévision.

Bien que j'étais toujours en contact avec de nombreux membres actifs des Hells Angels, Outlaws, Pagans, Mongols, Sons of Silence et Bandidos, mon intérêt pour le style de vie disparaissait, mais j'ai maintenu une conscience de la culture du point de vue d'un journaliste.

Début Avril, j'ai signé un contrat avec ECW Press au Canada pour écrire un livre sur ma vie et le temps que j'ai passé avec les Bandidos au Canada. Wil De Clercq a négocié l'affaire et allait être mon co-auteur. Nous étions enthousiasmés par l'opportunité et la date de sortie provisoire du printemps 2008, mais nous ne savions pas si nous pouvions livrer le manuscrit dans les délais imposés dans le contrat. Le projet était un défi pour nous deux, et nous avons travaillé dur pendant près d'un an pour faciliter la vision.

Au Book Expo America à New York en Mai, j'ai été interviewé par une équipe de télévision de Toronto pour un segment sur *Out In Bad Standings* qui paraîtrait en Décembre sur les chaînes Bravo TV et CTV au Canada. Le journaliste m'avait approché alors que je saluais des dirigeants de l'industrie dans le stand d'un éditeur qui distribuait le livre. Nous avons parlé de mon implication dans la guerre des motards et de ma tristement célèbre rencontre avec les autorités Canadiennes de l'immigration.

En Juillet, El Presidente a annoncé au monde qu'il était en charge de l'Amérique du Nord et du Sud, et que le Canada, l'Australie et l'Europe ne seraient plus reconnus comme faisant partie de la nation Bandidos. Cela a vraiment énervé les Bandidos au Canada, en Australie et en Europe. À partir de ce jour, la ligne de communication entre les factions distinctes a été coupée, le concept de fraternité mondiale s'est désintégré et le mandat a amené l'échelon supérieur des chapitres nationaux Australiens, Canadiens et Européens à dédaigner Jeff Pike.

Le 26 Juillet, Oklahoma City Bandido James "Cub" Oleson a été arrêté par l'ATF pour avoir vendu illégalement des cigarettes et a été libéré sous son propre engagement immédiatement après. En Août, il a finalement été expulsé du club pour trafic de méthamphétamine, mais à ce moment-là, le mal était déjà fait. Lorsque son accord de plaidoyer fédéral a révélé qu'il était un témoin coopérant pour les autorités fédérales chargées de l'application des lois deux mois plus tard, des dizaines de motards hors-la-loi de l'Oklahoma sont devenus nerveux et ont commencé à se demander qui allait être inculpé en premier.

Quelques jours plus tard, les Hells Angels ont organisé une course nationale à Eureka Springs, Arkansas, et pendant l'événement, quatre Bandidos - Isidro Zerrata Jr., David Wood, Thomas Goodnight et Keith "Crash" Miller - ont été battus avec des battes de baseball et poignardés par six Hells Angels après avoir été attirés dans un parking. La violente altercation a été observée par un officier de police d'Eureka Springs qui n'était pas en service. Bandidos Doyne "Boudreaux" Thuston et Michael Williams ont signé des déclarations sous serment contre les auteurs et ont aidé à leur arrestation en les identifiant depuis le siège arrière d'une voiture de police.

J'ai commencé à tourner un documentaire en Pennsylvanie fin Juillet sur le club de motards Vietnam Vets avec mon vieil ami Bruce "Fuzz" Terreson, qui était président de la section locale. Mike Crowe, mon ancien patron de l'entreprise de construction de Dallas, est venu en avion pour être le pilote Harley VIP du spectacle.

Joe White de White's Harley-Davidson au Liban nous a fourni de nouvelles Harley à conduire pendant le tournage, et plus

270

d'une centaine de détenteurs d'écussons Vietnam Vets de la région ont participé à une signature de livre chez White's qui a été filmée pour le spectacle. Le 29, le club de motards hors-la-loi a organisé un pique-nique à Reading en l'honneur des vétérans militaires récemment revenus d'Irak et d'Afghanistan. Au cours de l'événement, nous avons réalisé des interviews filmées avec des vétérans irakiens et afghans, Mike Crowe, des membres des Vietnam Vets et des motards présents.

En Octobre 2007, tous les Bandidos restants au Canada ont été transférés aux Mongols. Le processus pour s'unir contre les Hells Angels avait commencé au cours de l'été lorsque les Mongols se sont attaqués aux Solitaires en Amérique du Nord, y compris les chapitres au Canada. En quelques mois, les Bandidos ont fait défection pour rejoindre leurs camarades dans la nouvelle fraternité Canadienne, et après moins de sept ans de vie, Bandidos Canada était l'histoire.

Lorsque personne du chapitre de North Tulsa ne s'est présenté au Swap Meet de Denver ce week-end, le vice-président William "Bill" Sartelle a dissous le chapitre le 2 Février. Les Bandidos Michael "Mick" Barnett, Ronald "Red Dog Strong, John Burzio et James "Tontow" Zent ont été transférés au chapitre de Tulsa, et Bill a dit à Lee de faire ce qu'il voulait avec eux.

Quand j'ai entendu que le Bandido Michael "Mick" Barnett avait été expulsé des Bandidos une semaine plus tard pour avoir volé l'argent du club et qu'il était officiellement en mauvais état, j'ai ri de mon cul. Le chapitre national avait décidé que le défunt Bandido Steve avait besoin d'une pierre tombale officielle de Bandidos pour sa tombe près de Lawton, alors ils ont envoyé mille cinq cents dollars à Scooter, le président du chapitre de North Tulsa.

Scooter a alors confié la tâche à Mick, mais au lieu d'acheter une pierre tombale, il a détourné l'argent. Son bannissement de l'organisation m'a rappelé un vieux proverbe indien cherokee - *si vous restez assis assez longtemps au bord de la rivière, les corps de vos ennemis finissent par flotter.*

J'ai passé l'automne 2007 et le printemps 2008 à promouvoir *Out In Bad Standings*, en distribuant des milliers de cartes postales publicitaires et en signant des livres lors d'événements motards majeurs et chez les concessionnaires Harley à travers le pays. Encore une fois, j'ai fait des apparitions tous les jours pendant la Daytona Bike Week en Floride tout en profitant du soleil, du temps chaud et des Harleys gratuites fournies par les concessionnaires.

Dès mon retour de Daytona, Wil De Clercq et moi avons signé un contrat de co-auteur pour écrire un livre avec un universitaire Australien spécialiste des motards hors-la-loi, Arthur "Art" Veno. Nous avons convenu de mettre nos ressources en commun et de travailler ensemble pour produire le premier livre jamais écrit sur les motardes - passagères et cavalières. Fin Mars, nous avons conclu un contrat d'édition de livres avec Allen &

Unwin en Australie, et nous avons commencé à faire des recherches, à contacter des femmes de la culture motarde du monde entier et à écrire le manuscrit.

En Mai 2008, à la Book Expo America à Los Angeles, ECW Press a organisé une soirée de lancement pour *The Assimilation: Rock Machine Become Bandidos - Biker United Against The Hells Angels*. En présence de plus de trois cents personnes, ce fut un événement majeur et très amusant. J'ai signé des livres pendant des heures et j'ai été surpris par l'attention que l'œuvre littéraire a reçue.

Le même mois, j'ai signé un contrat de co-auteur avec le pilote Wisconsin Harley James "Jim" Larson pour écrire *All Roads Lead To Sturgis*, qui allait être mon premier roman et mon troisième livre. Jim m'avait contacté à la fin de 2007 avec le concept de base, puis a conduit sa Harley du Wisconsin à l'Oklahoma pour visiter pendant quelques jours au printemps lorsque le temps s'est suffisamment chaud.

Nous avions précédemment signé un contrat de co-auteur littéraire en Novembre 2007 pour ce qui allait devenir mon cinquième livre, *The Mirror*. Ce roman était également basé sur un concept à l'origine de Jim, et maintenant que nous écrivions deux romans, la décision a été prise d'en faire une série que j'ai nommée à juste titre *A Biker's Story*.

En Juin, une société de production télévisuelle de Toronto a frappé à la porte. Ils voulaient m'interviewer à l'écran en tant

273

Recherche De Mon Identité: L'évolution Chronologique D'un Motard Hors-la-loi Sur La Route De La Rédemption

qu'expert en la matière pour une série de docu-réalité sur les motards hors-la-loi Canadiens, et pour que le sujet reste précis. Pour mes services, je serais crédité en tant que producteur consultant pour les épisodes que j'ai aidé à créer. La série s'appelait *Outlaw Bikers* et devait faire ses débuts à l'automne sur History Television au Canada avant d'être exploitée dans le monde entier en 2009 sur la chaîne Nat Geo.

Moins d'un mois plus tard, une équipe de production télévisée de Chicago a appelé. Ils voulaient m'interviewer à l'écran en tant qu'expert en la matière pour un épisode sur les Bandidos qui ferait partie d'une série de docu-réalité appelée *Gangland*, et pour moi de garder le sujet précis. Comme typique et habituel dans l'industrie, je serais crédité en tant que producteur consultant pour l'épisode. L'épisode *Bandido Army* devait faire ses débuts à l'automne sur History Channel aux États-Unis, avant d'être diffusé dans le monde entier en 2009.

J'ai été approché en Août par Michael Tolkin, un célèbre producteur de cinéma et de télévision hollywoodien, concernant une série télévisée qu'il était producteur exécutif pour HBO. La série tournait autour d'un club de motards hors-la-loi appelé les Death Rangers, et la vedette de la série était un motard hors-la-loi appelé Misfit joué par l'acteur Canadien Donal Logue. J'ai accepté d'être producteur consultant pour la série, et mon travail consistait à m'assurer que chaque épisode décrivait la culture des motards hors-la-loi aussi précisément que possible. Malheureusement, deux semaines avant la date prévue pour la production complète, HBO a mis fin au projet.

Bandido Gregory "Fat Greg" Hernandez a été reconnu coupable dans le comté de Cleveland le 30 Septembre. Tatoueur et membre des Bandidos depuis 2006, il avait commencé à prospecter pour le chapitre de Tulsa à l'automne 2005. Fat Greg a été reconnu coupable du viol des filles de quatorze et seize ans de sa conjointe de fait, et a été représenté par mon ancien avocat Jonathan Sutton. Trois semaines plus tard, il a été condamné à la prison à vie plus vingt ans, et peu de temps après, il a été exclu du club en mauvaise position.

Au début de Novembre, ECW Press à Toronto a cédé les droits de traduction en Allemand de *The Assimilation* à un éditeur de livres Allemand, puis a cédé les droits en français à un éditeur de livres de Montréal quelques semaines plus tard. Le titre Allemand était *Die Ubernahme: Von Der Rock Machine Zu Den Bandidos – Der Bikerkrieg In Kanada*, et mon vieil ami Dieter Tenter a accepté la lourde tâche de s'assurer que la traduction était exacte. Le titre français était *L'Assimilation: Rock Machine & Bandidos Contre Hells Angels*, et j'avais lancé l'accord à la Book Expo America en Mai après avoir rencontré deux cadres qui travaillaient pour l'éditeur.

All Roads Lead To Sturgis: A Biker's Story (Livre 1 de la série) est sorti en Janvier 2009. Le scénario était incroyable et impliquait toutes sortes de rebondissements, ainsi que le plus grand

événement annuel de motards de la planète, le Sturgis. Rallye vélo.
Le synopsis du roman était *Un tueur dérangé et évadé cherchant
à se venger chasse un membre d'un club de motards hors-la-loi
l'ayant confondu avec son frère jumeau identique inconnu, qui est
un agent des forces de l'ordre fédérales.*

Début Février, une société de production télévisée de
Virginie m'a contacté et m'a demandé d'être producteur-conseil
pour un documentaire sur les motards hors-la-loi qu'ils réalisaient
pour Discovery Channel. Une partie importante du tournage du
projet a été réalisée en Floride entre mes apparitions à la Daytona
Bike Week début Mars. Plus tard cette année-là, lorsque les
dirigeants de Discovery Channel ont vu un écran pour l'émission,
ils n'étaient pas contents et ont dit au producteur exécutif qu'ils
s'attendaient à voir et voulaient voir des motards tuer des motards.

Au crédit du producteur exécutif, il a remboursé l'argent
que Discovery avait payé à l'avance et est sorti. Le documentaire
d'une heure *Gang World: One Percenters* a finalement fait ses
débuts en Août 2011 sur la chaîne Crime & Investigations en
Australie et en Nouvelle-Zélande, puis a été diffusé sur la chaîne
Biography en Avril 2012 dans toute l'Amérique du Nord et
l'Europe. C'était le premier regard approfondi et équilibré sur le
monde des motards hors-la-loi jamais apparu à la télévision, et
comportait des interviews franches d'anciens Mongols et Hells
Angels.

Recherche De Mon Identité: L'évolution Chronologique D'un
Motard Hors-la-loi Sur La Route De La Rédemption

En Mai, le livre Australien *Biker Chicks: The Magnetic Attraction of Women to Bad Boys and Motorbikes* est sorti et est devenu un best-seller en quelques semaines. Pour compléter le travail littéraire sur les motardes, Wil et moi avons convenu de co-écrire un livre sur des femmes célèbres en Amérique du Nord qui conduisent leur propre Harley en Juillet. Nous avions prévu de faire participer l'entreprise Harley-Davidson pour soutenir le projet que nous avons provisoirement intitulé *Harley Chicz Of North America.*

Le 27 Septembre, Bandido George Wegers n'a pas réussi à négocier une rampe de sortie de la I-5 à Bellingham alors qu'il conduisait sa Harley après avoir quitté l'Oyster Run. Bien que sa vie ait été sauvée par la charge de voiture des fédéraux qui le suivaient à l'époque - les agents des forces de l'ordre ont été témoins de l'accident et ont appelé un hélicoptère de sauvetage - l'ancien El Presidente a été grièvement blessé. Pour éviter qu'une de ses jambes soit amputée, les médecins l'ont fusionnée au genou, laissant George avec une jambe droite pour le reste de sa vie.

Alors qu'il était dans le coma, luttant pour sa vie, El Presidente a ordonné à une équipe de démolition de se rendre du Texas à l'État de Washington, où ils sont entrés par effraction dans la maison de George et ont saisi son gilet Bandidos, des photos de club et trente-cinq ans de souvenirs de Bandido. Lorsque George s'est réveillé à l'hôpital, personne du monde rouge et or n'était présent ou ne s'est arrêté pour lui rendre visite - il n'était plus membre des Bandidos et était officiellement en mauvais état.

Lorsque Joe Don Harris m'a envoyé un e-mail le 18 Octobre, j'ai été choqué. Il a dit, *"Je me demande si vous avez déjà été ami avec mon pop. Il s'appelait Rocky. Je viens de remarquer que vous étiez dans le même club que lui à OKC et j'ai commandé un de vos livres pour, espérons-le, en savoir un peu plus sur qui il était."*

Il était difficile de croire que c'était le fils de mon frère Robert "Rocky" Harris, qui avait été un Rogue dans l'Oklahoma et le Texas avant sa mort en 1981. Je savais que l'ex-femme de Rocky était Maureen, et qu'il avait deux enfants d'environ cinq ans quand il est mort - un fils et une fille, répondis-je.

"Si votre père était Robert Eugene Harris, alias Rocky, décédé en Alaska en 1981, oui, je connaissais bien votre père... c'était un de mes amis très proches. Mon premier livre "Out In Bad Standings" était dédié à la mémoire de Rocky et j'ai beaucoup écrit sur lui aux pages 128 à 140. En quelle année êtes-vous née, et par hasard votre mère s'appelle-t-elle Maureen?"

Trois heures plus tard, Joe Don a répondu. *"Je suis né en 76, et oui c'est ma mère. Très cool. J'avais 5 ans quand il est mort et je ne me souviens vraiment que du bruit assourdissant des Harley et de l'odeur du cuir. Pourtant, en toute honnêteté, il est bon de savoir qu'il était un 'quelqu'un'. Je ne peux pas m'empêcher d'en être fier. Apprendre que vous avez dédié un livre à sa mémoire m'étonne presque, et je vous en remercie sincèrement. Le livre que j'ai commandé était 'The Assimilation', mais je suppose que je vais devoir tous les acheter maintenant."*

Tailleur de pierres et acteur dans le sud de la Californie, Joe Don avait grandi en Angleterre après la mort de Rocky. Sa grand-mère paternelle vivait dans l'Oklahoma et il lui rendait visite régulièrement.

"Rocky avait un tatouage sur son bras avec le nom de ta mère dessus. J'ai un tatouage sur mon épaule pour lequel ton père a écrit les lettres. Le tatoueur a suivi le lettrage exactement, donc ça ressemble à son écriture - le tatouage dit I Love My Brothers," ai-je répondu.

Dix jours plus tard, je me suis envolé pour Las Vegas et j'ai loué une voiture, et les quatre heures de route jusqu'à Los Angeles ensoleillées étaient remplies d'anticipation. Après nous être rencontrés dans un restaurant, j'ai passé des heures à raconter des histoires à Joe Don sur son père. J'ai été hypnotisé par l'expérience - il ressemblait à Rocky à bien des égards - et je lui ai dit de m'appeler à tout moment et j'ai promis de rester en contact. Sur le chemin du retour au Nevada, mon frère était dans mon cœur et dans mon esprit, et je savais que Rocky aurait été fier de l'homme que je venais de rencontrer.

Un documentaire télévisé sur les tatouages et le style de vie des motards que j'ai aidé à produire a fait ses débuts sur History

Recherche De Mon Identité: L'évolution Chronologique D'un Motard Hors-la-loi Sur La Route De La Rédemption

Channel en Octobre. L'émission s'appelait *Marked: Death Ride* et j'ai été crédité en tant que producteur consultant pour l'épisode.

The Mirror: A Biker's Story (Livre 2 de la série) est sorti en Novembre, mais ce roman était inhabituel car le genre était techniquement de la science-fiction. Le synopsis de mon cinquième livre était *Un raciste voyage dans un monde alternatif où les Allemands ont gagné la Seconde Guerre mondiale et découvre que le monde qu'il a laissé derrière lui n'était pas si mal après tout.* Lorsque mon père biologique, Forrest Draper, a découvert qu'il avait fait une apparition en tant qu'avocat corrompu dans le scénario, nous avons bien ri.

J'ai signé un contrat de co-auteur avec Marc Teatum en Mars 2010 pour ce qui allait devenir le troisième roman de la série *Biker's Story* et mon septième livre. *One Light Coming* était basé sur un concept que Marc avait proposé et nous avons immédiatement commencé à travailler sur le manuscrit. Le pilote Boston Harley écrivait autant qu'il le pouvait, puis me l'envoyait pour examen. Je modifierais à volonté, j'ajouterais un récit supplémentaire, puis je le renverrais à Marc pour qu'il fasse de même. Le processus compliqué a pris un an mais en valait la peine.

En Avril 2010, le vice-président Jack "Jack-E" Tate - que je n'avais pas vu depuis des années - a été inculpé en Louisiane par le gouvernement fédéral pour avoir distribué de la méthamphétamine, et en Octobre, le vice-président de Bandidos Wolfgang Kung a été inculpé par le gouvernement fédéral en

Texas pour trafic de méthamphétamine. S'ils n'avaient pas été des membres de haut rang de la section nationale relevant directement d'El Presidente Jeff, les arrestations auraient été insignifiantes dans le monde rouge et or.

Au cours de l'été, j'ai produit deux épisodes d'une série télévisée que j'ai créée et qui s'appelle *Biker Chicz*. L'émission de docu-réalité mettait en vedette un club de motards entièrement féminin appelé East Coast Biker Chicks dans l'est du Massachusetts et du Rhode Island.

J'ai utilisé l'expérience acquise lors de la réalisation du documentaire *Living On The Edge* et j'ai passé deux semaines en Nouvelle-Angleterre à superviser l'équipe de production professionnelle que j'avais embauchée pour filmer le club. J'ai suivi les filles lors de leur pèlerinage annuel à la Laconia Bike Week et je les ai filmées à moto, en train de socialiser, au travail et lors d'événements motards locaux.

Quand je suis retourné à Tulsa avec les images brutes, j'ai demandé l'aide du monteur Mark Haugh, qui avait fait le montage pour *Living On The Edge*. Après une énorme quantité de travail qui a pris des mois, les épisodes se sont avérés meilleurs que je ne l'avais imaginé - alors que vous rouliez avec les motardes, le spectateur a ri, pleuré et a été fasciné par le regard approfondi sur la culture. Pour la première fois dans l'histoire, j'avais capturé l'aspect féminin du style de vie et dépeint tout avec précision.

Recherche De Mon Identité: L'évolution Chronologique D'un Motard Hors-la-loi Sur La Route De La Rédemption

J'ai soumis les épisodes à une responsable du développement féminin de TLC - qui fait partie de Discovery Channel - dans l'espoir de décrocher une commande pour une saison complète. Au lieu de cela, la réponse qu'elle a donnée a été, *"Pensez-vous que les filles seraient prêtes à se poignarder et à se battre régulièrement? Nous recherchons une version motard de notre populaire émission Real Housewives of Orange County."*

J'ai dit au revoir à l'exécutif et sorti les deux épisodes de *Biker Chicz* sur DVD. Des années plus tard, lorsque Amazon Prime Video a été introduit, j'ai rendu les deux épisodes disponibles sur la plateforme de streaming, où ils peuvent encore être vus aujourd'hui.

Après que les dirigeants d'entreprise de Harley-Davidson à Milwaukee ont laissé passer l'opportunité unique d'autoriser leur nom afin que Wil et moi puissions utiliser le mot Harley dans le titre, mon sixième livre *Biker Chicz Of North America* est sorti en Novembre 2010. Bien que déçus par la décision, nous avons investi beaucoup de temps, d'efforts et d'argent dans la conception et la mise en page du livre. Le niveau de qualité atteint était incroyable et les mini-biographies des vingt-deux femmes ont survécu à l'épreuve du temps.

À la fin de l'année, j'avais écrit six livres et j'étais en train d'en écrire un autre. J'avais été le producteur consultant de six émissions de télévision pour de grands réseaux et le producteur exécutif de *Biker Chicz* et *Living On The Edge*. Ma carrière littéraire et télévisuelle avançait et il semblait que mon destin était d'être auteur et producteur de télévision - la dernière chose que je m'attendais à faire à ce stade de ma vie.

Taylor était en dernière année au lycée et j'étais heureusement mariée à Caroline. Pour qu'il soit facile pour nous deux de nous souvenir de la date importante à laquelle nous nous sommes mariés à Halloween, mais aussi de choisir le jour parce que nous pensions que c'était une chose effrayante à faire. Nous avions décidé de déménager dans le Michigan après que Taylor eut obtenu son diplôme d'études secondaires en Mai 2011 et nous faisions des plans pour le déménagement. Plus de sept ans s'étaient écoulés depuis que j'étais un Bandido, et j'étais à un point où je pensais rarement au club.

Du côté négatif, à l'âge de cinquante-cinq ans, ma santé déclinait. J'avais développé un mauvais cas de sécheresse oculaire au cours des dernières années et mes glandes thyroïdiennes ne fonctionnaient plus. Les médecins n'avaient aucune idée de la cause des problèmes, et le seul mot que j'entendais d'eux était auto-immune. Le problème de thyroïde était assez facile à traiter - la clinique VA l'a traité avec des médicaments - mais le problème oculaire était dévastateur pour la vie quotidienne et mes activités littéraires.

J'avais du mal à garder les yeux ouverts pendant de longues périodes, et la plupart du temps, quand ils étaient ouverts, j'avais l'impression que quelqu'un me poignardait l'œil avec un pic à

glace. On m'a prescrit tous les types de médicaments pour éliminer
ou atténuer le dilemme en vain. La sécheresse oculaire ne cessait
de s'aggraver et je commençais à penser que la fin de ma carrière
d'écrivain était une réelle possibilité.

Chapitre 44
Sur La Route De La Rédemption
Janvier 2011 À Décembre 2014

Les Bandidos des États-Unis ont changé la conception de leurs patchs au printemps 2011 pour se démarquer des Bandidos d'Europe et d'Australie. Le nouveau design incorporait une arme à feu automatique Colt de calibre .45 et une épée militaire, qui remplaçaient le pistolet et la machette qui avaient été la signature de Bandidos dans le monde entier depuis la création du club en 1966.

L'El Presidente a dirigé la révolution et a décrété que les nouveaux patchs devaient être cousus par chaque membre avant Août à temps pour Sturgis, et tous les patchs avec l'ancien design devaient être brûlés. Un bon nombre de membres à travers le pays ont été énervés et certains ont démissionné en signe de protestation - d'autres ont refusé de reconnaître l'ordre et de coudre la nouvelle version.

Pour ceux qui ont décliné l'invitation obligatoire, El Presidente a ordonné aux forces de l'ordre du chapitre national de les traiter durement. Lors d'une réunion régionale de Bandidos en Mars tenue à l'extérieur de Roswell, au Nouveau-Mexique, des membres et des partisans des chapitres d'El Paso et de Las Cruces ont été pris en embuscade alors qu'ils se rendaient sur le site du parti. Les assaillants, des membres des Bandidos envoyés là-bas

Recherche De Mon Identité: L'évolution Chronologique D'un Motard Hors-la-loi Sur La Route De La Rédemption

par Jeff pour réprimer un soulèvement dirigé par le président de la section d'El Paso Ernest "Ernie" Morgas, ont attaqué les coureurs entrants avec des clubs, des bâtons, des cadenas enveloppés dans des bandanas, des gants partiellement remplis de BB et les fesses d'un fusil de chasse.

Ernie a été roué de coups mais a survécu à l'agression avec des blessures à la tête, au visage et aux côtes. El Paso Bandido Charles "Boogeyman" Anderson a été assommé. Lorsque la poussière est retombée, Ernie et quinze autres d'El Paso et de Las Cruces étaient d'anciens Bandidos en mauvaise posture.

Bandido Lee McArdle a été sévèrement battu au Nouveau-Mexique par un Sargento-de-Armas sur les ordres d'El Presidente Jeff début Mai et expulsé du club en mauvais classement. La sortie du club du président de la section de Tulsa a été traumatisante - le plus jeune exécuteur hispanique a frappé l'homme de près de soixante ans si fort que le globe oculaire de Lee lui est sorti de la tête.

Après un voyage à l'hôpital pour se faire réinsérer le globe oculaire dans le crâne, Lee est monté sur sa Harley et a parcouru six cent cinquante miles jusqu'à Tulsa. Il a garé la Harley dans son garage et a disparu du monde des motards hors-la-loi.

Après que Taylor ait obtenu son diplôme d'études secondaires, Caroline et moi avons déménagé dans l'ouest du Michigan pendant qu'elle restait dans l'Oklahoma pour aller à l'université et être proche de ses amis. C'était un week-end doux-amer du Memorial Day - bien que je devais dire au revoir à ma belle fille, l'aube d'un nouveau chapitre de ma vie était sur moi.

Après le déménagement, chaque fois que je pouvais garder les yeux ouverts, j'ai continué à écrire, mais à un rythme beaucoup plus lent. Le problème est devenu si grave que je suis allé à la clinique VA du côté nord de Grand Rapids pour obtenir de l'aide. Les médecins généralistes que j'ai vus pour la première fois m'ont dit que le problème résultait d'un problème oculaire, alors ils m'ont envoyé à l'hôpital VA d'Ann Arbor pour voir un ophtalmologiste.

Les ophtalmologistes que j'ai vus à Ann Arbor m'ont dit que la cause de ma sécheresse oculaire n'était pas un problème oculaire - mes yeux étaient en bonne santé. Lorsque les deux groupes de médecins se sont mutuellement accusés de la cause de la sécheresse oculaire, j'en ai rapidement déduit qu'aucun d'eux n'avait la moindre idée de ce qui se passait.

Un médecin m'a prescrit du Naproxen, un autre du Plaquenil, un autre des larmes artificielles ReFresh et une autre de la vitamine D. À différents moments de l'année précédente, on m'avait diagnostiqué la maladie de Sjogren et la maladie thyroïdienne des yeux, mais chacune de ces conclusions était erronée. Assez souvent, j'ai entendu le mot auto-immune - comme dans vous avez un problème auto-immun - mais aucun des médecins ne savait réellement ce qui causait le problème ou n'était prêt à le comprendre. J'étais moi-même.

Recherche De Mon Identité: L'évolution Chronologique D'un Motard Hors-la-loi Sur La Route De La Rédemption

En Août, j'ai été approché par une société de production française qui voulait me filmer pour un documentaire sur lequel ils travaillaient intitulé *Sturgis: Voyage Au Pays Des Bikers*. L'équipe de tournage est venue dans le Michigan, m'a filmé au volant de ma Harley sur l'autoroute et m'a interviewé à l'extérieur du concessionnaire Harley à Grand Rapids. Bien que défié par la sécheresse oculaire, j'ai réussi à survivre au tournage en portant des lunettes de soleil pendant toute l'interview.

One Light Coming: A Biker's Story (Livre 3 de la série) est sorti en Novembre – le synopsis de mon septième livre était *Encadré pour meurtre, un charpentier à moto Harley demande justice avec l'aide d'alliés inhabituels*. Après avoir rencontré Joe Don Harris, j'ai décidé de redonner vie à Rocky dans le scénario en lui donnant, ainsi qu'à son fils, des camées en tant que membres du club de motards Skuldmen.

Peu de temps après, j'ai signé un autre contrat de co-auteur avec Marc Teatum pour ce qui allait devenir le quatrième livre de la série *Biker's Story* et mon huitième livre. *The Moon Upstairs* était basé sur un concept auquel Wil De Clercq avait pensé des années plus tôt, et Marc et moi avons entrepris d'écrire une histoire qui donnerait vie à sa vision.

Début Mars 2012, j'ai fait le voyage du Michigan à la Floride pour mes apparitions à la Daytona Bike Week, mais cette fois à cause de mes problèmes oculaires, j'ai demandé à un ami de me rejoindre pour partager la conduite. Après mon retour de l'événement, j'ai passé la majorité du printemps et de l'été 2012 à produire quatre épisodes d'une série télévisée appelée DMX Motorsports pour PBS à Grand Rapids, Michigan. J'ai embauché une équipe de probatoires des collèges locaux et supervisé le tournage et le montage des épisodes mettant en vedette un animateur de sport automobile bien connu de la région.

Mon huitième livre *The Moon Upstairs: A Biker's Story (Livre 4 de la série)* est sorti en Décembre. Le roman me tenait à cœur - l'histoire aurait pu parler de moi si je n'avais pas quitté les Bandidos - le synopsis était *Après avoir purgé dix ans de prison pour avoir vengé le meurtre de sa femme et de son fils, un membre hors-la-loi d'un club de motards se prépare pour rétablir une relation avec sa fille adolescente séparée.*

Skip, Fuzz, Dave Gruber, Rocky et Joe Don ont fait des camées dans le scénario. Ils n'avaient pas été informés du fait et ne l'ont pas compris avant d'avoir lu le livre.

À la fin de l'année, j'ai arrêté d'écrire des livres et je me suis résigné au fait que la vie telle que je la connaissais était terminée. Même si j'avais abandonné les médecins, je n'allais pas renoncer à moi-même. J'ai pris la décision d'essayer de découvrir la cause de mon dilemme qui change la vie grâce à des recherches en ligne, puis de traiter la cause de la maladie, pas les symptômes. Une grande commande? Peut-être. Mais qu'avais-je à perdre?

Donc, chaque fois que je pouvais garder les yeux ouverts pendant un certain temps, je faisais des recherches sur la question sur Internet. Chaque fois que je lisais un remède miracle contre la sécheresse oculaire, je l'essayais. Il semblait que j'avais essayé tout ce que l'homme savait, mais rien ne m'a fait me sentir mieux. Je me sentais désespéré, mais abandonner la recherche de ce qui me faisait mal n'était pas une option, alors j'ai continué.

Un jour d'Août 2013, j'ai eu de la chance. À ce moment-là, j'étais absolument convaincu que le problème de la thyroïde et le problème de la sécheresse oculaire étaient liés, même si un seul des douze médecins que j'avais vus était d'accord avec ma supposition. J'ai réalisé que les problèmes oculaires et thyroïdiens m'étaient arrivés à peu près au même moment, et cela m'a amené à croire que ce n'était pas une coïncidence.

Un jour, je faisais des références croisées entre l'œil sec et la thyroïde, et je suis tombé sur un article très intéressant sur le gluten Américain génétiquement modifié. Le rapport a souligné son effet dévastateur sur le corps humain et a déclaré avec autorité que la protéine modifiée du génome a définitivement causé plus de quarante-cinq maladies auto-immunes. L'anatomie humaine est incapable de déterminer si la protéine génétiquement modifiée est un ami ou un ennemi, alors le corps s'attaque à lui-même. J'étais stupéfait, mais en même temps encouragé que j'étais peut-être sur quelque chose.

Étant donné que mon régime alimentaire était lourd de pain et de pâtes, je pensais que je verrais ce qui se passerait si je supprimais les deux de mon alimentation pendant un certain temps.

Recherche De Mon Identité: L'évolution Chronologique D'un Motard Hors-la-loi Sur La Route De La Rédemption

Tout ce que j'ai lu m'a dit qu'il faut trente jours pour que le gluten quitte votre corps, alors j'ai marqué mon calendrier - c'était le 15 Août. J'ai demandé à Caroline de ne plus cuisiner de repas du soir contenant des pâtes et d'arrêter de manger des sandwichs le midi.

J'avais lu que le gluten Américain génétiquement modifié était aussi un agent addictif, et que j'aurais envie de pâtes et de pain pendant cette période de trente jours. C'était un euphémisme! Les repas italiens étaient l'un de mes plats préférés et j'avais mangé des sandwichs au déjeuner toute ma vie. C'était une garce d'arrêter de fumer d'un coup, mais j'ai persévéré.

Trente jours plus tard, j'ai soudainement réalisé que je me sentais mieux. Je pouvais garder les yeux ouverts pendant des périodes beaucoup plus longues avec beaucoup moins de douleur, et j'étais désireux et capable de recommencer à écrire. Je voulais savoir si c'était une coïncidence, alors j'ai conçu un petit test avec l'aide de ma femme.

Pendant deux jours, elle a servi une assiette géante de spaghettis avec du pain italien pour le dîner, et j'ai mangé des sandwichs au déjeuner. Presque immédiatement, la douleur dans mes yeux est revenue avec une vengeance, alors j'ai mis fin au test. Même s'il a fallu près d'une semaine pour aller mieux, je savais que j'étais sur la bonne voie.

Fin Septembre, j'ai signé un accord de co-rédaction avec le romancier Iain Parke en Angleterre pour *The Ultimate Biker Anthology: An Introduction to Books About Motorcycle Clubs And*

Recherche De Mon Identité: L'évolution Chronologique D'un Motard Hors-la-loi Sur La Route De La Rédemption

Outlaw Bikers. Ce livre allait être assez différent - une collection d'histoires de livres existants écrits par des auteurs non romanesques et des romanciers du monde entier. Chaque chapitre de l'anthologie serait un chapitre d'un livre existant différent. La première section présentait des chapitres écrits par des auteurs de non-fiction, et la deuxième section présentait des chapitres écrits par des romanciers.

Au 1er Octobre, je me sentais rajeunir de quinze ans. Mon problème de sécheresse oculaire était toujours présent, mais j'allais évidemment beaucoup mieux. J'ai pris rendez-vous avec mon médecin de premier recours à la clinique VA de Grand Rapids et j'ai arrêté de prendre Naproxen et Restasis la nuit, réduisant de moitié la dose prescrite pour chaque médicament.

Bien que j'aie initialement perdu un peu de terrain, j'en ai gagné en ajoutant plus d'aliments sans gluten à mon alimentation. À ce jour, j'avais découvert que le gluten Américain génétiquement modifié n'est pas seulement présent dans les pâtes et le pain - il est également utilisé comme agent de conservation et agent addictif, et est présent ou pulvérisé sur la majorité des aliments transformés en Amérique. Pour faciliter mes nouvelles exigences alimentaires, Caroline et moi avons dû faire attention à ce que nous achetions au magasin où nous faisions nos courses chaque semaine.

À ma grande surprise, j'ai découvert que le jambon et le fromage que je mangeais au déjeuner presque tous les jours contenaient des quantités massives de gluten Américain génétiquement modifié. Le mélange de laitue emballé que ma femme servait régulièrement avait également le conservateur pulvérisé dessus, pour faire durer la salade plus longtemps. J'ai été choqué quand j'ai réalisé que quatre-vingt-dix pour cent de mon alimentation avant le 15 Août contenaient du gluten Américain génétiquement modifié.

Après une recherche prolongée, Caroline a trouvé des céréales sans gluten qui avaient vraiment bon goût, et elle a acheté de la viande pour le déjeuner fabriquée par Boar's Head qui était sans conservateur et sans gluten. Elle a utilisé la vaste base de données consultable sur les produits sans gluten hébergée par une chaîne d'épiceries locale, où elle pouvait effectuer une recherche par type d'aliment ou par nom de produit. Caroline a changé de marque sur des dizaines de produits que nous utilisions régulièrement comme la mayonnaise, le ketchup et la moutarde, et a plutôt acheté des produits sans gluten plus chers.

Le premier jour de Novembre, j'ai arrêté de prendre ma dose du soir de Placquenil et j'ai commencé à prendre un Naproxen de 500 mg le matin, au lieu de deux comprimés de 375 mg. J'ai aussi commencé à manger du pain, des biscuits et des pâtes sans gluten, et j'ai commencé à manger plus de légumes crus et de fruits. Mes yeux n'arrêtaient pas de s'améliorer.

Je pouvais maintenant les garder ouverts toute la journée et je souffrais rarement des sensations de coups de couteau que j'avais ressenties auparavant. J'ai été choqué lorsque presque tous mes autres problèmes médicaux ont disparu. Par exemple, avant le 15 Septembre, mes articulations me faisaient souvent mal et j'avais régulièrement une éruption cutanée sévère inexpliquée sur le côté gauche de la poitrine. Au 1er Novembre, il n'y avait plus de douleurs articulaires ni d'éruption cutanée.

The Ultimate Biker Anthology: An Introduction to Books About Motorcycle Clubs And Outlaw Bikers a été publié à la mi-Novembre. J'étais fier du fait que Iain et moi avions présenté le travail de tant d'auteurs inconnus dans mon neuvième livre, et ravi d'être de retour dans le jeu de l'écriture.

À la mi-Novembre, je suis allé à la clinique VA pour voir mon médecin traitant. Michael "Mike" Lyons avait été le seul professionnel de la santé à m'avoir jamais écouté, et le seul à vouloir m'aider dans ma quête pour découvrir ce qui n'allait vraiment pas.

Alors que j'expliquais ce que j'avais appris et ce que j'avais déterminé comme étant la cause de mon problème de sécheresse oculaire, Mike m'a patiemment écouté. Quand je lui ai demandé de commander un test sanguin HLA-DQ pour voir si j'étais coeliaque - allergique au gluten - il a souri. En Mai, le médecin avait ordonné une batterie de tests pour voir si j'avais le syndrome de Sjogren, et bien que les résultats soient finalement revenus négatifs pour Sjogren, l'un des tests sanguins qu'il a alors commandés concernait les antigènes HLA-DR2 et HLA-DR3.

Recherche De Mon Identité: L'évolution Chronologique D'un Motard Hors-la-loi Sur La Route De La Rédemption

Lorsqu'il a affiché les résultats des tests sanguins sur son écran d'ordinateur, il a expliqué que les gènes HLA DQ2 et HLA-DQ4 étaient présents, ce qui indiquait un diagnostic préliminaire de maladie coeliaque. Cela signifiait que j'étais définitivement allergique au gluten - même si je ne le savais pas à l'époque, j'étais en fait allergique au gluten Américain génétiquement modifié.

Mike a ordonné d'autres tests sanguins pour confirmer le diagnostic coeliaque qui est revenu positif, mais ce sont les résultats du test sanguin pour mes problèmes de thyroïde qui nous ont surpris tous les deux. Mes résultats aux tests Free Ts, TSH et T4 augmentaient, ce qui signifiait que mes glandes thyroïdiennes s'amélioraient. Mike a diminué ma dose de Synthroid et j'ai commencé à prendre un Naproxène de 375 mg le matin au lieu de 500 mg. Le jour de Noël, j'ai arrêté de prendre le Restasis et le Plaquenil.

Fin Mars, j'ai signé un troisième contrat de co-auteur avec Marc Teatum pour ce qui allait devenir le cinquième livre de la série *Biker's Story* et mon onzième livre, *The Blue And Silver Shark*. Bien qu'il s'agisse d'une œuvre de fiction, le roman allait être basé sur de vraies personnes et sur le récent attentat à la bombe qui s'était produit près de la ligne d'arrivée lors du marathon de Boston.

En Avril 2014, la quantité de Synthroid que je prenais était la moitié de celle que je prenais en Novembre 2013. Le 10 Juin, mes résultats de tests sanguins gratuits Ts, TSH et T4 étaient tous dans des plages normales, de sorte que le médecin VA a diminué ma dose de médicament thyroïdien pour Synthroid à 50 mg par jour.

Début Mai, j'ai été approché par une société de production télévisée de Minneapolis qui voulait que je sois l'animateur d'une série télévisée qui allait se concentrer sur des criminels célèbres qui ont vécu au cours des deux derniers siècles. La série allait s'appeler *Villains*, et mon co-animateur devait être R. Lee Ermey, l'ancien sergent instructeur de la Marine qui était célèbre pour avoir incarné le sergent d'artillerie Hartman dans le film *Full Metal Jacket* de 1987. Malheureusement, le concept n'a pas été repris par un réseau, de sorte que la série n'est jamais entrée en production.

À la mi-Mai, j'ai signé des contrats de co-scénarisation avec une poignée d'étudiants récemment diplômés de la Grand Valley State University à Allendale, dans le Michigan. Embauchés comme stagiaires, Whitney Lautner, Alexandra "Alex" Andreoni, Jesse Routhier et Mike Steinebach ont été chargés de m'aider à adapter cinq de mes livres en scénarios.

Grâce à leurs efforts au cours de l'été, nous avons écrit des scénarios pour *Das Portal* (basé sur *The Mirror*), *Biker Daddy* (basé sur *Out In Bad Standings* et la vie de ma fille), *Vindication* (basé sur *One Light Coming*), *Twin Roads To Revenge* (basé sur *All Roads Lead To Sturgis*) et *Bloodline Redemption* (basé sur *The Moon Upstairs*).

Recherche De Mon Identité: L'évolution Chronologique D'un Motard Hors-la-loi Sur La Route De La Rédemption

En Juin, une compagnie de production télévisuelle de Montréal est venue nous appeler. Ils voulaient faire une série télévisée sur les motards hors-la-loi et se demandaient si j'avais de bonnes idées qu'ils pourraient éventuellement exploiter. Pour adoucir l'affaire, je serais un producteur exécutif pour le projet. Dans mon arsenal de propriété intellectuelle, j'avais un traitement que j'avais déjà écrit sur la culture. Utiliser ce traitement comme source d'inspiration pour la série *Behind The Patch* est né. Malheureusement, le concept n'a pas été repris par un diffuseur Canadien, de sorte que la série n'est jamais entrée en production.

En Juin, Wil et moi avons décidé d'exploiter tout ce que nous avions écrit pour le livre Australian *Biker Chicks* en 2009 dans un nouveau livre sur les motardes. Moins d'un an après la publication de la version originale en Australie, une écrivaine et étudiante en droit du Canada est sortie de l'ombre pour poursuivre Allen & Unwin et notre co-auteur pour plagiat. Apparemment, elle avait écrit chaque partie du livre que Wil et moi n'avions pas écrite, et Art avait menti à ce sujet.

Allen & Unwin ont réglé le procès dès le début et ont payé au nègre une somme d'argent insignifiante. Dans le cadre de l'accord de règlement, le livre a été retiré du marché et tous les exemplaires existants ont été détruits, ce qui a été décevant pour tout le monde car le livre était un best-seller. Art, une universitaire titulaire d'un doctorat, a d'abord nié la tromperie délibérée, mais a finalement révélé la vérité et admis qu'elle disait la vérité en 2013.

Recherche De Mon Identité: L'évolution Chronologique D'un Motard Hors-la-loi Sur La Route De La Rédemption

Étant donné que le litige Australien n'impliquait pas Wil, moi-même ou quoi que ce soit que nous avions écrit, Wil et moi avons utilisé les mots que nous avions écrits à l'origine pour créer *Biker Chicz: The Attraction of Women to Motorcycles and Outlaw Bikers*, qui a été publié en Août— c'était mon dixième livre.

Pour ma sécheresse oculaire, qui avait presque disparu, j'ai pris 50 mg de Synthroid par jour du 10 Juin au 15 Septembre. Après cela, j'ai pris une pilule tous les deux jours jusqu'en Novembre, date à laquelle la prescription de Synthroid a été interrompue. Mes glandes thyroïde étaient maintenant normales à 100 % et je ne prenais aucun médicament. Le problème des yeux secs a été résolu, le problème de la thyroïde a disparu et j'étais en assez bonne santé pour un homme d'une cinquantaine d'années.

Chapitre 45
Sur La Route De La Rédemption
Janvier 2015 À Juillet 2016

Ma femme et moi sommes allés à Dubaï pour rendre visite à Mike et Liz Crowe pendant dix jours en Janvier 2015. Le matin après notre arrivée, j'ai remarqué du pain moisi sur le comptoir de la cuisine pendant le petit déjeuner, et comme je n'avais pas vu de pain comme ça depuis des années J'ai demandé la source. Lorsque Liz a expliqué que le pain était fait quotidiennement dans une boulangerie locale et commençait généralement à se décomposer en trois ou quatre jours, je suis sorti sur une branche. Plus tard dans la matinée, Liz nous a emmenés au Carrefour et nous avons acheté une miche de pain frais.

À ce moment-là, j'étais bien éduqué sur les effets du gluten Américain génétiquement modifié et j'étais conscient du fait qu'il était interdit dans de nombreuses régions d'Europe. En espérant que le pain ne contienne pas la protéine modifiée, j'ai tenté de voir ce qui s'est passé et à ma grande joie, il n'y a pas eu d'effets secondaires. Le lendemain, j'ai goûté un petit morceau de gâteau et les résultats étaient les mêmes. Pour le reste de notre séjour, j'ai apprécié du pain frais et quelques bouchées de dessert tous les jours. Pas de douleur oculaire, pas d'éruption cutanée et pas d'autres problèmes de santé inhabituels - j'étais ravie!

Pendant mon séjour à Dubaï, j'ai rencontré un cadre de la

Dubai Film Commission, et il m'a présenté une société de production télévisée locale appartenant à un passionné de Harley qui était impliqué dans le chapitre du Dubai Harley Owners Group (HOG). Le lendemain, le propriétaire m'a prêté une Harley et à 6 heures du matin, j'ai pu faire le tour de Dubaï avec près d'une centaine de motards pendant six heures. Quelle expérience!

En Avril, je suis retourné à Dubaï pendant une semaine pour discuter d'un éventuel projet de télévision de style *American Choppers* avec la société qui m'avait été présentée en Janvier. Après avoir réalisé que le projet était viable, j'ai pris des risques et j'ai accepté de déménager à Dubaï en Octobre. Je devais être le producteur exécutif de la série de dix épisodes, qui mettrait en vedette le constructeur Harley personnalisé Maher "Big Daddy" Rabbani et serait filmé au magasin de motos Strokerz à Abu Dhabi. La société de Dubaï produirait la série et fournirait l'équipe de production, le financement serait assuré par un investisseur privé et un diffuseur pour la série serait déterminé après la fin des premiers épisodes.

La merde a frappé le ventilateur au Texas le 17 Mai. Un dimanche après-midi à Waco à 12h15, une équipe de Bandidos et des membres du club de motards Cossacks se sont battus à coups de poing dans le parking d'un restaurant Twin Peaks sous la surveillance d'un groupe d'agents des forces de l'ordre. La police était présente pour sécuriser la zone et protéger les citoyens des motards qui s'y étaient rassemblés pour assister à une réunion du

Texas COC (Confederation of Clubs) prévue à 13 heures.

En quelques secondes, l'altercation sur le parking est passée d'une bagarre à une fusillade. Lorsque des membres des deux organisations ont commencé à se tirer dessus, certaines des balles destinées aux motards ont manqué de peu les policiers. Pensant que les motards tiraient délibérément sur eux, les flics ont ciblé les motards avec une avalanche de balles. Les caméras de pôle installées par les forces de l'ordre la nuit précédente à des fins de surveillance ont capturé tous les éléments sanglants en détail.

Le différend entre les deux clubs durait depuis plus de six mois. Bien que les Bandidos aient à l'origine sanctionné le rocker du bas du Texas lorsque les Cossacks ont pris la décision de le porter, le El Presidente a changé d'avis à l'automne 2014. Lorsque les Cossacks ont refusé de capituler et de retirer le rocker du Texas, Jeff a déclaré la guerre à tout le club. Le conflit avait été aggravé par de multiples affrontements violents récents entre les organisations qui avaient préparé le terrain pour la bataille de Twin Peaks.

Lorsque la poussière est retombée, neuf motards hors-la-loi étaient morts et dix-huit grièvement blessés. Cent soixante-dix-sept motards ont été arrêtés et détenus en prison avec des obligations d'un million de dollars tandis que les forces de l'ordre tentaient de comprendre ce qui s'était passé. Beaucoup d'incarcérés n'avaient rien à voir avec le carnage et étaient des passants innocents.

Recherche De Mon Identité: L'évolution Chronologique D'un Motard Hors-la-loi Sur La Route De La Rédemption

Plus de deux cent trente-cinq membres d'au moins trois douzaines de clubs et d'organisations de motards étaient présents lorsque l'altercation s'est produite, mais seuls les Bandidos, Cossacks, Scimitars, Los Caballeros et Vaqueros ont participé à la violente altercation. Les Scimitars étaient un club de soutien des Cossacks, et les Los Caballeros et Vaqueros étaient des clubs de soutien des Bandidos.

J'avais été informé de la violente altercation moins d'une heure après l'incident et, en fin d'après-midi, j'avais amassé une variété d'informations. À la fin de la journée, la quantité d'e-mails, de messages vocaux et d'appels téléphoniques que j'ai reçus des médias télévisés demandant des interviews était écrasante. J'ai contacté Whitney Lautner et lui ai demandé de filtrer les e-mails et les messages vocaux, et de programmer des interviews jusqu'à ce que la frénésie médiatique se calme.

Pendant les trois jours suivants, j'ai pratiquement vécu dans un studio de télévision local pendant que je faisais des dizaines d'interviews télévisées en direct avec les principaux organes d'information télévisés du monde entier. Entre les apparitions, j'ai donné des dizaines d'entretiens téléphoniques avec des journalistes de journaux et de magazines du monde entier. Le 19, j'ai été interviewé par Bill O'Reilly de l'émission télévisée *O'Reilly Factor* sur Fox News Channel, et bien que Bill soit connu pour se disputer avec ses invités et les traiter mal, il m'a traité avec respect.

Recherche De Mon Identité: L'évolution Chronologique D'un Motard Hors-la-loi Sur La Route De La Rédemption

En Juin, un responsable du développement de la télévision - son père était un pilote Harley - m'a présenté à Sean O'Grady chez Atlas Industries à Southfield, Michigan. Atlas était une nouvelle société de production soutenue par un riche homme d'affaires de Detroit. Sean, un cinéaste renommé et natif du Michigan, a remporté des prix au Festival du film de Sundance dans l'Utah et a produit des programmes télévisés pour de grandes sociétés de production à Los Angeles pendant des années. Président d'Atlas, il avait récemment ramené sa famille dans l'est du Michigan pour élever ses enfants dans un meilleur environnement.

Sean était à la recherche de projets inhabituels lorsque nous nous sommes rencontrés à son bureau pour la première fois en Juillet, et après une courte session de présentation, il m'a proposé des contrats pour deux des concepts. Le premier accord d'achat concernait *Real American Bikers*, une série télévisée de docu-réalité proposée sur le club de motards War Dogs dans l'ouest de la Pennsylvanie. Les War Dogs avaient accepté de nous laisser les filmer pour la télévision et avaient offert un accès sans entrave à l'organisation et à certains de ses membres. Dans le cadre de l'accord, Atlas fournirait une équipe de tournage, puis utiliserait les images pour produire une bobine de grésillement qui serait utilisée pour commercialiser le programme sur les réseaux de diffusion en Amérique du Nord.

Le deuxième contrat d'achat concernait *Shovelhead Road*, un projet de documentaire sur ma vie et l'ascension et la chute de

Recherche De Mon Identité: L'évolution Chronologique D'un Motard Hors-la-loi Sur La Route De La Rédemption

Harley-Davidson. Nous avons convenu que le tournage de ce projet se ferait en même temps qu'Atlas filmait les War Dogs pour économiser de l'argent, du temps et des ressources. Des scènes supplémentaires pour *Shovelhead Road* devaient être tournées à Detroit, Lansing et Dubaï à une date ultérieure.

Fin Août, je suis allé à Pittsburg pendant dix jours pendant que l'équipe de tournage filmait les War Dogs. Nous avons interviewé les membres du club individuellement, filmé une meute massive de War Dogs sur l'autoroute et capturé les 1% socialisant dans leur club-house et traînant dans un centre d'entraînement d'arts martiaux mixtes (MMA). Pour *Shovelhead Road* et *Real American Bikers*, j'ai été filmé à cheval avec une demi-douzaine de War Dogs, et les membres du club ont assisté à une séance de dédicace chez le concessionnaire Harley local. Toutes les personnes impliquées se sont éclatées pendant notre séjour et savaient que nous avions réalisé quelque chose d'unique et d'exceptionnel.

Après la Fête du Travail, Caroline a quitté son emploi de responsable des ressources humaines pour une entreprise de construction de Grand Rapids et nous avons préparé notre déménagement à Dubaï. J'ai expédié quatre cent cinquante livres de Chicago à Dubaï et je me suis assuré qu'ils arriveraient avant mon apparition à la Gulf Bike Week à l'intérieur de l'Autodrome de Dubaï, une piste de Formule 1, du 22 au 24 Octobre. J'ai également engagé la société de production télévisée de Dubaï avec laquelle je m'apprêtais à travailler, pour qu'elle me filme pour *Shovelhead Road* pendant l'événement de motards de trois jours.

Le 7 Octobre, nous avons pris l'avion de Chicago à Dubaï et avons emménagé dans un petit appartement meublé près du Mall of the Emirates dans le quartier d'Al Barsha. Deux semaines plus tard, Dieter Tenter est arrivé d'Allemagne pour voir Dubaï pour la première fois et nous aider pendant la Gulf Bike Week.

Lorsque j'ai appelé pour vérifier mes livres au bureau de fret à Dubaï, j'ai eu de la chance - le commis était un pilote Harley. Il a rationalisé le processus et a fait livrer la caisse la veille du début de l'événement. Pendant que Dieter, Carline et moi déballions les livres et installions tout dans l'espace de stand assigné, nous savourions le ciel ensoleillé et l'air chaud - c'était un changement bienvenu par rapport au temps du Michigan et de l'Allemagne auquel nous étions habitués.

Le grand espace d'exposition pour Strokerz d'Abu Dhabi était à vingt pieds, et il ne fallut pas longtemps avant que le constructeur de motos personnalisées arabes Big Daddy et son entourage ne se présentent. Bien que jeudi soir ait été relativement calme, vendredi après-midi, tout l'endroit était bondé et tout le monde se balançait au son de la musique forte qui imprégnait le site. Dieter et moi avons été surpris lorsque nous avons réalisé que les motards étaient beaucoup plus jeunes que la foule Harley que nous rencontrions régulièrement.

Recherche De Mon Identité: L'évolution Chronologique D'un Motard Hors-la-loi Sur La Route De La Rédemption

Le samedi après-midi, des centaines de motards ont uni leurs forces pour participer à une opportunité unique - une course organisée pour boucler un tour sur la piste de Formule 1. Beaucoup de motards se sont arrêtés pour visiter et acheter des livres, et l'équipe de tournage de *Shovelhead Road* m'a suivi partout où j'allais.

Le lendemain de la fin de la Gulf Bike Week, Dieter, Caroline et moi sommes allés chez le concessionnaire Harley. Le gérant qui nous avait prêté les deux Harley neuves pour faire le tour de l'Autodrome s'était porté volontaire pour nous prêter à nouveau des motos. Nous avons passé les jours suivants à conduire des Harleys partout à Dubaï, à voir les sites, à profiter du temps, à nous émerveiller du manque de nids-de-poule et de l'état fantastique de l'asphalte sur lequel nous roulions, et à nous perdre plusieurs fois. Ce fut une semaine incroyable, et au moment où Dieter est rentré en Allemagne, Caroline et moi avons réalisé que la vie à Dubaï allait être pleine de surprises.

Fin Octobre, nous avons commencé à tourner *Iron Horses* à Abu Dhabi chez Strokerz. Chaque jour, six d'entre nous s'entassaient dans une camionnette avec les caméras et l'équipement de production, et parcouraient les soixante miles de Studio City à Dubaï jusqu'au magasin de motos. À la fin de la journée, nous retournions dans le même van et retournions à Dubaï. Pendant la journée, lorsque les caméras ne tournaient pas,

Big Daddy et moi passions beaucoup de temps ensemble, et nous ne tardâmes pas à devenir de bons amis.

The Blue And Silver Shark: A Biker's Story (Livre 5 de la série) a été mis en vente en Novembre. Dans le scénario de mon onzième livre, Joe John Edwards, Cowboy, Mike Crowe, Mark Haugh, le Warren Winters Band, Stanley Lynde, Earl Hastings, Rocky, Joe Don et ma chienne Nikita - c'était une Akita - avaient des camées.

Le synopsis du roman était *Un avocat à cheval Harley part en quête de vengeance, enrôlant le célèbre Skuldmen MC pour aider à localiser le troisième kamikaze du marathon de Boston. L'avocat est en conflit car il chevauche une ligne fine entre les deux mondes dans lesquels il vit et les choix qu'il doit faire en matière de justice morale ou de justice des motards.*

Après quelques mois de vie à Al Barsha, Caroline et moi avons déménagé de l'autre côté de la ville dans le tout nouveau Ghaya Grand Hotel à IMPZ, la zone de production internationale des médias. Les commodités étaient similaires à celles auxquelles nous étions habitués dans le Michigan et l'appartement de six cent cinquante pieds carrés offrait un espace de vie supplémentaire.

Caroline travaillait comme responsable des ressources humaines pour une société de promotion immobilière locale et appréciait le défi de travailler avec différentes nationalités. Lentement mais sûrement, nous nous sommes acclimatés à la semaine de travail du dimanche au jeudi, à la culture musulmane et aux émiratis arabophones originaires du pays.

Le 16 Décembre, le procureur des États-Unis à Houston a largué une bombe lorsque El Presidente Jeffrey Fay Pike a été inculpé de racket, d'extorsion et de trafic de drogue. L'enquête fédérale était en cours depuis des années et s'appelait à juste titre Operation Texas Rocker par déférence pour la violente bataille de Waco. Jeff a profité des vacances avec ses frères et sa famille avant d'être arrêté par des agents fédéraux à son domicile de Conroe, au Texas, le 6 Janvier.

Moins d'une semaine plus tard, il a été libéré avec une obligation de deux cent cinquante mille dollars et a repris la direction du club et a été un Bandido. Le narcissique n'a jamais envisagé la possibilité d'aller en prison pour le reste de sa vie avant d'avoir été inculpé, et c'était le résultat de l'arrogance.

Fin Janvier, je savais *Iron Horses* avait des problèmes financiers. La société de production de Dubaï ne m'avait pas payé et la plupart des caméramans qui avaient été embauchés étaient soit incompétents, soit inexpérimentés. Bien que l'investisseur privé ait fourni un financement suffisant pour terminer les dix épisodes que nous avions prévus, je n'arrivais pas à savoir où allait l'argent. Il n'a pas fallu longtemps pour le comprendre - le propriétaire de la société de production télévisée détournait l'argent.

J'ai acheté une Harley Street Bob 2013 à un homme à Abu Dhabi en Février. La moto était presque neuve et n'avait que 4,600

308

kilomètres (2,860 miles) au compteur. Après que Big Daddy et l'investisseur privé *d'Iron Horses* m'ont aidé à transférer le titre et à obtenir une plaque d'immatriculation pour la Harley jaune, j'ai commencé à suivre une thérapie par le vent et à explorer la région au quotidien.

Après une longue discussion avec Big Daddy et l'investisseur privé au sujet du détournement de fonds en Mars, j'ai décidé de quitter la société de production et de m'éloigner le plus possible du propriétaire. Le dilemme était de savoir quoi faire, maintenant que j'en avais fini avec *Iron Horses*. TwoFour54 - une société de production télévisée et cinématographique appartenant au gouvernement à Abu Dhabi qui accueillait des pigistes - s'est avérée être la réponse.

L'investisseur privé a tenté de sauver ce qui restait de la production, mais n'a jamais été en mesure d'obtenir un résultat satisfaisant. Un an plus tard, il a déposé une affaire de fraude civile devant le tribunal de Dubaï dans l'espoir de récupérer une partie de son investissement, mais comme tout le monde le sait, il est impossible de faire sortir le sang d'un rocher.

Pendant que je profitais de ma liberté retrouvée à TwoFour54 et que je conduisais ma Harley dans tous les Émirats arabes unis, Atlas Industries montrait la bobine de grésillement pour *Real American Bikers* pour diffuser des réseaux à travers l'Amérique. Mark Haugh, le monteur de télévision qui avait travaillé avec moi sur *Living On The Edge* et *Biker Chicz*, a terminé la bobine de grésillement pour *Shovelhead Road* avant que la neige ne cesse de tomber dans le Michigan. En fin de compte, les deux concepts n'ont pas suscité d'intérêt et ne sont jamais entrés en production.

Le 7 Juillet, les autorités fédérales ont martelé le président El avec un acte d'accusation de remplacement qui comprenait des allégations de meurtre. Quand j'ai lu le communiqué de presse détaillé, je me suis demandé combien de Bandidos attendaient de témoigner contre lui, et j'étais certain que certains des informateurs et des témoins à charge allaient être des membres mécontents de la section nationale.

Le grand jury fédéral ajoute l'accusé et l'accusation de meurtre à l'acte d'accusation contre la direction de l'organisation de motos hors-la-loi de Bandidos

POUR DIFFUSION IMMÉDIATE

Jeudi 7 Juillet 2016

À San Antonio, un grand jury fédéral a rendu un acte d'accusation de remplacement contre les plus hauts dirigeants de la Bandidos Outlaw Motorcycle Organization (OMO), ajoutant une accusation de meurtre et un nouvel accusé à l'acte d'accusation fédéral de racket rendu en Janvier.

Cette annonce a été faite aujourd'hui par le procureur Américain Richard L. Durbin, Jr., district ouest du Texas; Agent spécial responsable de la Drug Enforcement Administration (DEA) Joseph M. Arabit, division de Houston; Agent spécial responsable du Bureau fédéral d'enquête Christopher Combs, division de San Antonio; le directeur du département de la sécurité publique du Texas, Steve McCraw; et le chef de la police de San Antonio, William McManus.

L'acte d'accusation de remplacement, descellé ce matin à San Antonio, intègre les charges contenues dans l'acte d'accusation initial du grand jury fédéral contre le président national de Bandidos Jeffrey Fay Pike, le vice-président national John Xavier Portillo et le sergent d'armes national Justin Cole Forster. Pike, 60 ans de Conroe, TX; Portillo, 56 ans de San Antonio; et, Forster, 31 ans de San Antonio, sont accusés d'avoir dirigé, sanctionné, approuvé et permis à d'autres membres de l'organisation de commettre des actes de racket, notamment des meurtres, des tentatives de meurtre, des agressions, des intimidations, des extorsions et du trafic de drogue pour protéger et renforcer le pouvoir de l'organisation , territoire, réputation et profits.

Selon l'acte d'accusation de remplacement, le Bandidos OMO a déclaré qu'il était "en guerre" avec les Cossacks OMO. L'acte d'accusation de remplacement allègue spécifiquement un certain nombre d'actes de violence commis par des membres de Bandidos OMO dans le cadre de cette "guerre". L'acte d'accusation de remplacement allègue également que Portillo, Forster et d'autres membres du Bandidos OMOM se livraient au trafic de méthamphétamine et de cocaïne et maintenaient un accord avec la mafia mexicaine du Texas dans lequel les membres du Bandidos OMO n'étaient pas tenus de payer le "dime" de 10 % au La mafia mexicaine du Texas en échange d'une autorisation de trafic de stupéfiants.

L'acte d'accusation de remplacement allègue également que Frederick Cortez (alias "Fast Fred"), membre du chapitre de Portillo et du sud-ouest de San Antonio, a été impliqué dans le meurtre de représailles de Robert Lara en Janvier 2002 dans le comté d'Atascosa pour avoir tué l'un des leurs. Javier Negrete, membre du même chapitre Bandidos OMO que Portillo et Cortez, a été tué devant un bar de San Antonio en Octobre 2001. Les autorités fédérales ont arrêté Cortez hier.

Pike, Portillo et Forster sont accusés d'un chef de complot en vue de violer la loi RICO (Racketeering Influenced Corrupt Organization); un chef d'accusation de complot en vue de commettre des crimes violents au profit du racket (VICAR); et, un chef de complot en vue d'entraver le commerce par extorsion. Portillo est également accusé de trois chefs d'accusation substantiels de VICAR, plus un chef de complot en vue de posséder avec l'intention de distribuer de la méthamphétamine et de la cocaïne; un chef de possession avec intention de distribuer de la cocaïne; et, un chef d'accusation de criminel en possession d'une arme à feu. Forster est également accusé d'un chef de complot en vue de posséder avec l'intention de distribuer de la méthamphétamine et de la cocaïne; et deux chefs de possession

312

avec intention de distribuer de la méthamphétamine. Cortez est accusé d'un chef d'accusation substantiel de VICAR.

Portillo, Forster et Cortez restent sous garde fédérale. Pike est actuellement sous caution en attendant son procès. La sélection du jury est actuellement prévue pour le 11 Octobre 2016. Après leur condamnation, les accusés risquent la perpétuité dans une prison fédérale.

Cette enquête en cours est menée par le FBI, la DEA et le Texas DPS en collaboration avec l'Internal Revenue Service-Criminal Investigation, US Customs and Border Protection, New Braunfels Police Department, Seguin Police Department, San Antonio Police Department, Bexar County Sheriff's Department, Atascosa Département du shérif du comté et bureau du procureur du comté de Bexar. Les procureurs adjoints des États-Unis, Eric J. Fuchs et Joey Contreras, poursuivent cette affaire au nom du gouvernement.

Chapitre 46

Sur La Route De La Rédemption

Août 2016 À Décembre 2018

Joe John Edwards est décédé subitement le 1er Août d'une crise cardiaque massive alors qu'il conduisait de Norman à Tulsa à l'âge de cinquante-six ans. Pour compliquer la situation, j'étais à Tulsa à l'époque et j'avais l'intention de passer à son bureau le lendemain matin pour lui rendre une visite surprise. Lorsque j'ai envoyé un texto à son fils John-Marc à 20 heures pour coordonner une heure pour la visite impromptue, il m'a informé de la mauvaise nouvelle qui s'était produite plus tôt dans la journée.

J'étais plus que dévasté et en état de choc, et pour la première fois de ma vie, j'ai ouvertement pleuré. Trois jours après sa mort, j'ai écrit cet hommage à mon meilleur ami, mentor et associé:

J'ai rencontré Joe John pour la première fois en 1998 alors qu'il débutait dans le secteur de l'immobilier. Je travaillais dans le secteur de la construction pendant la journée et pendant mon temps libre, je retournais des maisons. Bien qu'il ne connaisse pas grand-chose de l'industrie à l'époque, son enthousiasme, son dynamisme, son esprit d'initiative et sa volonté d'en savoir plus ont plus que compensé ce qu'il ne savait pas.

Il ne fallut pas longtemps avant qu'une amitié très improbable se développe entre moi - un motard aux cheveux longs, tatoué, hors-

la-loi et membre d'un club de motards - et Joe John. Au cours des dix années suivantes, alors que nous travaillions ensemble pour acheter et vendre des maisons, nous sommes devenus les meilleurs amis du monde. Sa famille est devenue une partie de la mienne, et ma famille est devenue une partie de la sienne.

Lors de déjeuners-rencontres réguliers chez Chili's, nous partagions tout ensemble et nous donnions des conseils sur les affaires et les affaires familiales. Nous étions toujours là l'un pour l'autre, peu importe ce qui se passait dans nos vies. Après que ma fille ait obtenu son diplôme en 2011, ma femme et moi avons déménagé dans le Michigan. Joe John et moi sommes restés en contact et avons continué à partager régulièrement tout ce qui se passait dans nos vies malgré la distance qui nous séparait.

Chaque fois que je revenais en Oklahoma pour rendre visite à ma fille, nous nous réunissions toujours pour nous rattraper et nous finissions généralement par passer une journée entière ensemble. Et cela, bien sûr, inclus le déjeuner chez Chili's.

Comme vous pouvez l'imaginer, mon cœur est brisé. L'homme que j'admirais, respectais et admirais en tant que mentor, inspiration et modèle n'est plus là. Joe John était vraiment la quintessence de l'être humain parfait - un homme qui avait du temps pour tout le monde tout en étant un père et un mari aimant et un ami pour beaucoup.

Recherche De Mon Identité: L'évolution Chronologique D'un Motard Hors-la-loi Sur La Route De La Rédemption

Sachez qu'il a eu un impact profond sur ma vie et que ce fut un honneur et un privilège de l'avoir connu et d'avoir été son ami.

Même si son rire et son amitié vont me manquer, je sais que j'ai gagné un autre ange pour veiller sur moi et ma famille.

Repose en paix mon frère; tu es dans mon coeur pour toujours et à jamais.

J'étais tellement bouleversé par sa mort que je n'ai pas pu assister à la célébration de la vie qui s'est tenue à Owasso quelques jours plus tard. Taylor a eu la force et le courage d'assister au service pour moi, mais a pleuré en disant au revoir à l'homme qu'elle connaissait sous le nom d'oncle Joe John depuis qu'elle était enfant. Je pense toujours à lui régulièrement et quand je le fais, j'en ai les larmes aux yeux.

À mon retour à Dubaï, j'ai utilisé mon expérience dans la construction pour superviser la construction du nouvel atelier Strokerz à Dubaï. Il s'agissait d'un vaste projet d'amélioration des locataires sur deux étages dans un nouvel entrepôt situé dans le quartier DIP - Dubai Investment Park. Le processus de construction à Dubaï n'était pas si différent de l'Amérique, à l'exception des ouvriers et des artisans qualifiés qui venaient principalement d'Inde, du Pakistan et du Bangladesh.

Le 22 Septembre, j'ai perdu un autre vieil ami en Pennsylvanie. Je connaissais Bruce "Fuzz" Terreson depuis plus de trente-cinq ans et nous avions travaillé ensemble pour produire le documentaire *Living On The Edge*. Au moment de sa mort de causes naturelles, Fuzz était président régional du club de motards Vietnam Vets.

Dégoûté par les nombreuses décisions que Jeff avait prises depuis qu'il était devenu El Presidente, plus d'une centaine de membres actuels et anciens des Bandidos ont formé le Kinfolk Motorcycle Club en Octobre. La nouvelle organisation - avec plusieurs chapitres à travers le pays principalement situés dans les États où les Bandidos étaient présents - était dirigée par l'ancien officier national des Bandidos Dan "Chopper Dan" Schild et l'ancien El Presidente George Wegers. La défection massive de motards à la recherche de fraternité a provoqué une rupture instantanée entre les Bandidos et les Kinfolk qui allait bientôt conduire à la violence et à la mort.

Le 4 Novembre, Big Daddy a organisé une grande ouverture pour le nouvel atelier Strokerz à Dubaï. Ce fut un événement incroyable avec des centaines de motards et de personnalités de la région présents. Au rez-de-chaussée se trouvait une salle d'exposition de vente de motos qui abritait vingt Harleys et un grand atelier avec quatre élévateurs à motos. À l'étage se trouvaient des bureaux et des salles de bains, ainsi qu'un espace où les motards pouvaient regarder la télévision et socialiser pendant que leurs vélos étaient réparés.

Caroline a commencé un nouvel emploi début Décembre en tant que responsable des ressources humaines pour une entreprise de construction très respectée comptant quinze mille employés à son siège social dans le quartier de Business Bay. Malgré les défis auxquels elle était confrontée avec l'énorme main-d'œuvre, ma femme a accueilli favorablement l'opportunité d'occidentaliser le service des ressources humaines. Je n'avais aucun doute qu'elle excellerait dans le poste et je savais qu'ils avaient embauché la bonne personne pour le poste.

Big Daddy a démissionné de Strokerz une semaine plus tard pour démarrer sa propre entreprise et a immédiatement entrepris de trouver un emplacement pour la nouvelle entreprise. Après avoir examiné une douzaine de possibilités, nous avons trouvé un emplacement approprié dans le quartier d'Al Quoz. En Janvier 2017, Maher a déposé les documents requis pour Big Daddy Kustoms auprès du gouvernement de Dubaï et a signé un contrat de coentreprise que j'ai rédigé avec une entreprise spécialisée dans la réparation d'automobiles endommagées lors d'accidents.

Les deux sociétés ont uni leurs forces et ont commencé le processus de construction pour convertir l'entrepôt et le bureau en un magasin de motos personnalisées à la pointe de la technologie. De l'autre côté de l'allée de Big Daddy Kustoms, les partenaires ont loué un espace supplémentaire et ont converti cette zone en un atelier de réparation de carrosserie et une installation de peinture de motos personnalisées, avec une cabine de peinture de taille automobile.

Recherche De Mon Identité: L'évolution Chronologique D'un Motard Hors-la-loi Sur La Route De La Rédemption

Taylor s'est envolé pour Dubaï pour passer du temps avec nous pendant une semaine en Février. Au cours de la visite, elle a monté les montagnes russes les plus rapides du monde à Abu Dhabi, a dîné au Sajway - mon restaurant préféré à Abu Dhabi - et s'est rendue aux parcs d'attractions Global Village, Legoland, Motiongate, Bollywood et Dinosaur Garden Glow à Dubaï. Un voyage au parc aquatique géant de l'Atlantis Resort on the Palm a été excitant pour Taylor et Caroline, mais la température était inhabituellement froide et j'ai gelé mon cul.

Le 2 Mars, les autorités fédérales ont martelé Jeff avec un acte d'accusation de remplacement supplémentaire qui comprenait de sérieuses allégations sur son lien avec le meurtre d'Anthony Benesh à Austin. Le document de vingt-neuf pages ajoutait quatre Bandidos comme accusés supplémentaires et détaillait les événements sordides qui ont conduit à l'assassinat de Benesh en Mars 2006. Il était évident que des Bandidos importants coopéraient avec les autorités fédérales et qu'El Presidente avait de sérieux ennuis.

Johnny "Downtown Johnny" Romo, son frère de sang Robert Romo, le sergent d'armes Jesse "Kronic" Benavidez et Norberto "Hammer" Serna Jr. ont été inculpés pour leur rôle dans le meurtre de Benesh. Downtown Johnny était un Sargento-de-Armas dans le chapitre national, et les trois autres étaient des membres du chapitre San Antoni Centro. El Presidente Jeff et El Vice-Presidente John "John" Portillo ont été accusés d'avoir

319

autorisé et ordonné à Bandidos de commettre un meurtre, une tentative de meurtre, un vol qualifié, des voies de fait, une intimidation, une extorsion et un trafic de drogue.

En Mai, j'ai approché Discovery Channel MENA - Moyen-Orient et Afrique du Nord - à Dubaï pour obtenir une licence pour les droits de diffusion régionaux d'une série télévisée que j'avais conçue et intitulée *Steel Horse Cowboys*. L'émission de docureality devait présenter Maher "Big Daddy" Rabbani - les caméras le suivaient quotidiennement pendant qu'il concevait et construisait des motos Harley personnalisées - et un peintre de motos personnalisées bien connu qui dirigeait l'atelier de réparation de carrosserie sur le l'autre côté de la ruelle.

Lors de la négociation de l'accord, j'ai appris que Discovery avait refusé ma demande de licence *Iron Horses* en Janvier 2016 à cause de la société de production avec laquelle je travaillais. Ils étaient conscients de la réputation sordide du propriétaire et n'avaient aucune envie d'être impliqués, mais maintenant c'était un jeu de balle différent parce que j'étais un producteur de télévision indépendant avec TwoFour54. Le directeur général et responsable du développement de Discovery étaient impatients d'obtenir les droits pour la première série télévisée dans la région MENA sur un constructeur de motos personnalisées arabe, et après une semaine de travail sur les détails, nous avons conclu un accord.

Fin Septembre, quatre Bandidos ont plaidé coupables du meurtre d'Anthony Benesh pour protéger le pouvoir, la réputation

et le territoire de l'entreprise criminelle Bandidos. Downtown
Johnny, Robert Romo, Kronic et Hammer s'étaient tous rendus à
Austin pour effectuer le coup, mais Robert Romo était celui qui
avait tiré le coup d'un fusil de grande puissance qui avait tué
Benesh.

J'ai perdu un autre ami proche le 9 Octobre dans le
Vermont. Je connaissais Stanley "Stan" Lynde, qui possédait et
exploitait Lynde Motorsports à Brattleboro, depuis plus de
quarante ans et l'avait récemment honoré d'une apparition dans
mon dernier roman. Il est décédé des suites de blessures subies lors
d'un accident de moto alors qu'il conduisait sa Harley avec sa
femme le 25 Septembre après avoir été évacué vers un hôpital
d'Albany New York pour tenter de lui sauver la vie.

Stanley est né à Brattleboro et y a vécu toute sa vie. Homme
qui avait toujours du temps pour les autres, le motard était en
quelque sorte un héros de sa ville natale et plus d'un millier de
personnes se sont déplacées pour célébrer sa vie. J'ai écrit cet
hommage à mon frère d'une mère différente quelques jours plus
tard:

*Il y avait une légère couche de neige sur le sol à Brattleboro
lorsque j'ai été présenté à un cavalier knucklehead de 20 ans à
l'automne 1974; notre amour pour les Harley nous a collés
comme des frères dès le moment où Stan et moi nous sommes
rencontrés. Bien que le monde ait perdu l'un des mécaniciens
Harley les plus talentueux que j'aie jamais connus, je suis*

Recherche De Mon Identité: L'évolution Chronologique D'un
Motard Hors-la-loi Sur La Route De La Rédemption

*reconnaissant pour les bons moments, les souvenirs et les
millions de rires que nous avons passés ensemble pendant plus de
40 ans, et réconforté par le fait qu'il est immortalisé sur les pages
de mon livre de 2015 "The Blue & Silver Shark: A Biker's Story"
en tant que juge Stanley Lynde. Ce fut un honneur et un privilège
pour moi d'avoir roulé sur la voie rapide aux côtés de mon frère
Stanley Lynde, et son souvenir vivra dans mon cœur et mon esprit
jusqu'au jour de ma mort.*

J'ai été approché par une société de production télévisée de
Toronto en Octobre. Ils voulaient produire une série de docu-
réalité sur la guerre des motards québécois basée sur
L'assimilation. Nous avons exécuté un contrat qui offrait une
option sur le livre et un traitement télévisé que j'avais écrit, et nous
avons convenu que je serais producteur exécutif et animateur à
l'écran de la série. Une équipe de tournage a été embauchée pour
me filmer à Dubaï, et un producteur a été embauché à Vancouver
pour créer une bobine de grésillement qui serait utilisée pour
commercialiser *World's Deadliest Biker War* aux diffuseurs
Canadiens. Bien que le concept ait suscité beaucoup d'intérêt de la
part des responsables du développement en Amérique du Nord, la
série n'est jamais entrée en production.

En Novembre, j'ai été approché par le producteur exécutif
de la série télévisée *Eish El Dor* sur MBC Action, une station
locale diffusée en arabe. Il cherchait à filmer un segment pour un
épisode de l'émission populaire qui mettrait en vedette un motard

322

d'Oman qui a toujours voulu conduire un moto chopper. C'était une occasion parfaite de présenter Big Daddy Kustoms au monde, nous avons donc accepté l'invitation et obtenu la permission d'un client de longue date d'emprunter son moto chopper bleu pour le motard omanais.

Nous avons filmé pendant quelques heures dans l'atelier, puis avons emmené l'équipe de tournage dans le désert à l'extérieur de Dubaï pour nous filmer en train de rouler avec le motard d'Oman. Comme j'avais travaillé avec lui auparavant, j'ai pu convaincre un caméraman de prendre des photos tout en roulant derrière moi sur le siège passager à l'envers. Les producteurs ont été tellement étonnés par cette méthode de tournage et les images qu'elle a produites qu'ils ont inclus un plan de cinq secondes du caméraman à reculons sur ma Harley dans l'épisode. Le segment de dix minutes a été bien accueilli lorsqu'il a fait ses débuts le 2 Décembre dans des millions de foyers de la région MENA.

L'avocat d'El Presidente Jeff Pike à Houston m'a contacté le 3 Décembre. Il était évident qu'ils devenaient désespérés. Dans l'e-mail, Catherine "Cat" Baen a déclaré, "*Nous avons besoin d'un expert des clubs de motards en général et, en particulier, d'un expert des Bandidos. Le gouvernement fait venir un agent du FBI de Houston en tant qu 'expert'. Il n'a jamais travaillé sur une affaire Bandido et ne sait rien. Jeff et Portillo ont tous deux besoin de quelqu'un pour réfuter ce que dit 'expert' du gouvernement dans le sens de ce que vous avez écrit dans Out In Bad Standings et de vos entretiens au fil des ans. Il nous semble que vous êtes le seul choix logique et le meilleur."*

J'ai supposé que l'avocat ne lui avait pas parlé avant de me contacter, sinon El Presidente l'aurait éclairée sur l'histoire alambiquée de notre relation. Après avoir expliqué que je vivais à Dubaï et que j'étais extrêmement occupé par de multiples projets littéraires et télévisuels, j'ai ajouté, *"Même si mon assiette n'était pas pleine et que je vivais en Amérique, il n'y a aucun moyen que j'envisage d'être un témoin pour votre client - ou quelqu'un d'autre d'ailleurs. Pour mémoire, je n'ai jamais dénoncé qui que ce soit dans ma vie, je n'ai jamais témoigné contre qui que ce soit dans ma vie et je ne me suis jamais présenté à la barre pour témoigner pour qui que ce soit (défense ou accusation). Ce n'est pas ce que je fais, ce n'est pas quelque chose que j'ai jamais fait, et ce n'est pas quelque chose que je ferai jamais."* Je n'ai plus jamais eu de nouvelles de l'avocat.

Comme je n'avais pas réussi à obtenir un financement privé pour *Steel Horse Cowboys* au second semestre 2017, j'ai convaincu TwoFour54 de monter à bord en tant que société de production en Janvier 2018. Sameer Al Jaberi et son équipe à Abu Dhabi ont créé un pitch professionnel. deck pour la Fondation Salama Bint Hamdan Al Nahyan, le ministère du Tourisme d'Abu Dhabi et des investisseurs potentiels.

J'avais déjà approché la fondation avec une proposition de filmer la série dans le quartier Mina Zayed d'Abu Dhabi. Le tournage se ferait dans un entrepôt que nous prévoyions de transformer en un petit magasin de motos personnalisées pour Big Daddy, et le spectacle mettrait régulièrement en vedette des artistes émiratis soutenus par la fondation. L'entrepôt serait accessible au public, et tout le monde serait autorisé à regarder quotidiennement le tournage à travers de grandes baies vitrées.

À la fin du mois de Janvier, la coentreprise de Big Daddy avec l'entreprise de réparation de carrosseries était à court d'essence. Les commerces de l'autre côté de la ruelle avaient disparu et le magasin était vide de voitures à réparer, et le propriétaire devait de l'argent à tout le monde et était profondément redevable au constructeur de motos personnalisées. En conséquence, Big Daddy a réduit ses pertes et a déménagé à travers la ville vers un nouvel emplacement à DIP non loin de l'ancienne installation de Strokerz qui était maintenant fermée.

Cette fois, Maher s'est installé seul et a décidé d'analyser régulièrement les aspects financiers de l'entreprise sur une base hebdomadaire. En raison de la baisse des conditions économiques, nous étions tous les deux assez certains qu'il était impossible de gérer une entreprise de motos rentable dans le pays, peu importe ce que vous faisiez ou comment vous dirigez l'entreprise, mais cela valait la peine d'essayer. Il avait beaucoup de clients, cela ne faisait aucun doute, car ils venaient de tout le pays pour le faire travailler sur leurs vélos. Ce n'était pas une surprise pour moi parce que Big Daddy était un homme intègre et brillant constructeur de motos personnalisées, et n'avait jamais baisé personne ou n'avait pas payé ses dettes.

Le procès fédéral d'El Presidente Jeff Pike et d'El Vice-Presidente John Portillo s'est finalement ouvert fin Février à Houston. Un défilé d'anciens Bandidos a témoigné pour l'accusation, dont une demi-douzaine d'anciens officiers nationaux et présidents de chapitre. Johnny "Downtown Johnny" Romo et Robert Romo étaient catégoriques sur le fait que le meurtre de Benesh avait été ordonné par Pike et Portillo. Richard "Scarface" Merla, qui a poignardé à mort Robert Quiroga en 2004, a témoigné qu'il avait reçu l'ordre de participer au meurtre de Robert Lara par Portillo.

William "Big G" Ojemann, un ancien de Sargento-de-Armas, a déclaré au jury que Pike avait expulsé George Wegers du club en 2012 parce que l'ancien El Presidente était apparu dans un documentaire télévisé. Big G, qui mesurait six pieds trois pouces et pesait quatre cent vingt livres lorsqu'il était un Bandido, a déclaré que lui et d'autres forces de l'ordre battaient régulièrement des Bandidos capricieux et intimidaient des rivaux sur ordre de Pike et Portillo.

Ojemann a également déclaré avoir assisté à une réunion au début de 2011 au restaurant Mason Jar à Houston au cours de laquelle El Presidente et d'autres membres de la section nationale ont parlé de la proposition de Pike d'éloigner les Bandidos des États-Unis des sections Européenne et Australienne. Bien que la plupart des Bandidos de l'organisation aient semblé soutenir Pike, qui a également appelé à un nouveau patch pour représenter le club, il y avait une faction qui n'a pas inclus John "Galveston John" Lammons - le même Big John qui m'a aidé à démarrer le Tulsa chapitre - qui était président d'un chapitre au Costa Rica et Ernest "Ernie" Morgas, un patron régional du Texas et président du chapitre d'El Paso.

Après avoir reçu l'ordre de Pike d'expulser violemment Galveston John et Ernie du club, l'ancien Sargento-de-Armas a immédiatement mis en place des plans pour s'occuper des affaires. Bien que Galveston John ait réussi à éviter Bandido Big G et les coups prévus, Ernie a été agressé et expulsé du club lors d'une réunion régionale à Roswell.

Dans une vaine tentative de sauver son cul poussé par l'arrogance, El Presidente est monté à la barre et a témoigné pour sa propre défense. Le 17 Mai, Jeff Pike et John Portillo ont été reconnus coupables, et Jeff a été immédiatement renvoyé à la garde du maréchal des États-Unis.

Plus de cent vingt-cinq Bandidos au Texas et au Nouveau-Mexique ont quitté les Bandidos et se sont joints au club de motards Mongols deux mois plus tard. Déçus par leur ancienne organisation, les transfuges ont immédiatement formé dix nouveaux chapitres mongols au Texas et deux nouveaux chapitres au Nouveau-Mexique. Comme avec le Kinfolk, cela a provoqué une rupture instantanée entre les Bandidos et les Mongols qui conduirait bientôt à la violence et à la mort.

Caroline et moi avons déménagé de l'autre côté de la ville à Business Bay en Août pour qu'elle puisse se rendre au bureau à pied et ne pas avoir à se battre tous les jours avec la circulation dense pour se rendre au travail. Nous avons loué un appartement de mille pieds carrés avec un balcon et une vue partielle sur le plus haut bâtiment du monde, le Burj Khalifa. À cinq minutes à pied du Dubai Mall, nous avons eu accès à plus d'un millier de magasins et de restaurants, et le sentier pédestre sur le canal à proximité a fourni à Caroline un endroit idéal pour se promener tous les matins avant le travail.

Le 22 Septembre, des centaines de Mongols de tout le pays se sont réunis à Fort Worth, au Texas, à la palissade pour célébrer les nouveaux chapitres du Texas et du Nouveau-Mexique. Quatre jours plus tard, El Presidente Jeffrey Fay Pike et El Vice-Presidente John Xavier Portillo ont été condamnés à la prison à vie sans possibilité de libération conditionnelle.

À Halloween, les Bandidos ont été brisés - le club était en guerre avec les Kinfolk, les Mongols, les Cossacks, les Vagos et les forces de l'ordre - et il semblait que tout le monde au Texas était énervé contre l'organisation, mais le plus gros problème du club était interne. Étant donné que de nombreux anciens Bandidos coopéraient avec les forces de l'ordre, la plupart des Bandidos

regardaient les leurs avec suspicion, se demandant si le frère était
déjà un rat ou le deviendrait bientôt.

A la fin de l'année j'ai débranché *Steel Horse Cowboys*
faute de financement. Bien que le pitch deck de la série se soit
avéré fantastique, la série a été victime de la mauvaise économie
et il était impossible de trouver des investisseurs ou des sponsors.
Presque tous les magasins de motos du pays perdaient de l'argent
et les ressources gouvernementales étaient épuisées. Tout le
monde avait des priorités plus importantes, et même Maher "Big
Daddy" Rabbani commençait à repenser son avenir en tant que
constructeur de motos personnalisées.

Chapitre 47

Sur La Route De La Rédemption

Janvier 2019 À Décembre 2020

J'ai pris l'avion de Dubaï à Manille aux Philippines pour rendre visite à un vieil ami de Pennsylvanie et à sa femme philippine début Février. Je connaissais John "Sam" Cirulli depuis plus de quarante ans et nous avions traversé beaucoup de choses au fil des ans. Nous avons traîné ensemble pendant près d'une semaine et j'ai pu voir San Jose Del Monte et ses environs comme si j'y vivais.

Être traitée comme un morceau de viande par les filles philippines dans le centre commercial parce que j'étais Américaine avait été une expérience nouvelle, la circulation était un cauchemar, les promenades en moto tuk-tuk étaient un frisson et il n'y avait jamais un moment d'ennui à marcher dans les rues parmi les centaines de petits magasins que nous avons rencontrés. Ce fut un voyage incroyable, et Sam et moi nous sommes bien amusés à rattraper notre retard.

Le 3 Mars, Sameer Al Jaberi et moi avons organisé un séminaire pendant le Festival littéraire Emirates à Dubaï. En plus d'être un bon ami et pilote Harley, Sameer était employé dans l'industrie de la télévision chez TwoFour54 à Abu Dhabi. Je l'avais rencontré lors du tournage *Iron Horses*, et il dirigeait l'équipe qui travaillait sur le pitch deck de *Steel Horse Cowboys*. La session d'une heure que nous avons présentée a détaillé le processus requis

330

dans le monde d'aujourd'hui pour transformer un livre en une émission de télévision ou un film. Plus tard dans la soirée, j'ai organisé une séance de dédicaces pour ceux qui ont choisi d'acheter un de mes livres. Mon apparition a été filmée par une équipe de tournage et plus tard réalisée dans un court métrage pour ma chaîne YouTube.

En Avril, j'ai pris l'avion de Dubaï pour l'Allemagne où j'ai passé la majeure partie d'une semaine à rendre visite à Dieter Tenter et à sa femme Christiane. J'ai apprécié le dîner de Pâques avec toute la famille Tenter chez sa mère, et lorsque la chasse aux œufs de Pâques a commencé pour les enfants, sa mère m'a encouragé à fouiller la cour. Il n'a pas fallu longtemps pour localiser le panier qu'elle avait caché pour moi. les buissons. Comme je l'avais fait aux Philippines, j'ai passé une semaine paisible à profiter du monde qui m'entoure et à apprécier chaque minute passée avec mon frère depuis plus de trente ans.

Maher "Big Daddy" Rabbani a fermé définitivement son magasin de motos personnalisées à DIP en Avril. Après une année chargée à construire et à entretenir des vélos pour de nombreux clients, le pronostic financier n'était pas bon. Les registres comptables détaillés ne mentaient pas, et après avoir déduit ses dépenses, Maher a à peine dégagé un bénéfice.

Compte tenu du temps qu'il avait passé à gérer l'entreprise, il était évident que continuer à exploiter un magasin de motos personnalisées dans un environnement économique en déclin était un exercice futile. Trois mois plus tard, Big Daddy a déménagé au Canada où il prévoyait de démarrer une entreprise de construction spécialisée dans les rénovations résidentielles.

J'ai passé l'été à profiter du beau temps chez moi dans l'ouest du Michigan, à travailler sur la maison et à rattraper tout ce que j'avais ignoré depuis que nous avons déménagé à Dubaï. À l'exception d'un voyage en voiture à Branson, Missouri, pour voir Taylor, mes petits-fils et le parc d'attractions Silver Dollar City, pour une fois dans ma vie, je n'ai rien fait pendant des mois, à part me détendre jusqu'à ce que je revienne à Dubaï en début Octobre 2019.

Après un hiver calme à Dubaï profitant du temps chaud et du soleil, Caroline et moi avons commencé à prêter une attention particulière aux reportages des médias lorsqu'un nouveau type de maladie est apparu pour la première fois au début de 2020. Le nouveau virus avait été détecté pour la première fois sur le marché des fruits de mer de Huanan à Wuhan— la capitale de la province du Hubei en Chine – et provenait soi-disant de chauves-souris.

Lorsque le coronavirus a commencé à se répandre comme une traînée de poudre dans le monde entier le premier week-end de Mars, Caroline a pris l'un des derniers vols de Dubaï à Chicago. J'étais déjà revenu en Amérique et j'étais en train de me préparer à l'inévitable verrouillage qui se produirait dans un proche avenir. Elle n'était pas à la maison une semaine et le monde entier s'est fermé pour la pandémie connue sous le nom de Covid-19.

Recherche De Mon Identité: L'évolution Chronologique D'un Motard Hors-la-loi Sur La Route De La Rédemption

J'ai passé les deux premières semaines de confinement à domicile à organiser et à cataloguer toute ma musique, et les deux semaines suivantes à enregistrer certaines des chansons que j'avais écrites il y a des décennies mais jamais enregistrées. En Avril, j'ai écrit et enregistré *The Name Of The Game* - la chanson était un hommage aux guerriers de première ligne et aux travailleurs de la santé qui combattent quotidiennement Covid-19 - les paroles étaient:

Le virus est venu de Chine, avec un risque que personne ne connaissait
Lorsque de nombreuses vies ont été perdues, la peur a soudainement grandi
Tu étais un guerrier de première ligne, c'est ce que tu aimais faire
Sauver des vies, vêtus de blanc, nous nous souviendrons tous de toi
Tout a changé, rien ne sera plus pareil
Parti, mais pas oublié, est le nom du jeu

Nos héros de la santé, ils ont payé le prix ultime
Des millions de personnes sont tombées malades, tant de corps ont été jetés
Il n'y a plus de temps pour pleurer, il n'y a plus de ponts à traverser

Recherche De Mon Identité: L'évolution Chronologique D'un Motard Hors-la-loi Sur La Route De La Rédemption

Il n'y a pas le temps de dire au revoir, à la famille que nous

avons perdue

Tout a changé, rien ne sera plus pareil

Parti, mais pas oublié, est le nom du jeu

Vivre dans la voie rapide, c'est le code du motard hors-la-loi

En cours de route, vous apprenez à porter la lourde charge

Quand le trajet est terminé et que tu es au bout du chemin

Il n'y a plus de temps pour rêver, ou pour récolter l'amour que tu

as cousu

Tout a changé, rien ne sera plus pareil

Parti, mais pas oublié, est le nom du jeu

En plus de capturer le sentiment de ce que tout le monde vivait dans le monde, c'était de loin l'une des meilleures chansons que j'aie jamais écrites. J'ai appelé Mark Haugh à Seattle pour voir s'il serait prêt à créer un clip vidéo et j'ai eu de la chance - l'éditeur de télévision polyvalent était également verrouillé et l'ennui s'était installé.

Pendant que Mark travaillait sur le film, je me suis concentré sur la publication d'un LP numérique de chansons que j'avais écrites en utilisant le pseudonyme Warren Winters et le Warren Winters Band. Bien que Sophomore Lounge Records dans le Kentucky ait sorti une réédition en vinyle du trentième anniversaire de l'album *Crossbar Hotel* en Février 2019, c'était ma première collection de nouvelles chansons depuis 1988. Comme le disque contenait d'anciennes chansons et de nouvelles chansons, *Then And Now* était un titre approprié.

Lorsque Mark a terminé le clip fin Avril, j'étais fier de ce que nous avions accompli. Pour présenter la chanson au monde, j'ai posté le film sur ma chaîne YouTube, et il n'a pas fallu longtemps avant que des milliers de personnes ne le regardent.

Lorsque le verrouillage a été levé et que tout a commencé à revenir à la normale, EV Construction à Holland, Michigan, m'a demandé de superviser un projet pour eux à Fort Wayne, Indiana. Le remodelage de douze mille pieds carrés d'un entrepôt construit à l'origine dans les années 60 avait été fermé à ses débuts à cause de Covid, et était maintenant prêt à aller de l'avant. Le seul problème était qu'EV n'avait personne de disponible qui était qualifié pour exécuter le projet et ne pouvait trouver personne. À cause de Covid, ils étaient dans le même bateau que toutes les autres entreprises de construction en Amérique - trop de travail et pas assez de main-d'œuvre.

J'ai accepté d'être le surintendant de chantier et j'ai installé mon quartier général dans un hôtel situé à proximité du chantier la première semaine de Mai. Le remodelage était une tâche monumentale car le bâtiment avait d'énormes problèmes de structure. Trente pour cent du sol présentait des creux sous la dalle de béton et le fer rouge structurel n'était pas d'aplomb. Certaines des colonnes structurelles s'étaient enfoncées dans le sol et l'eau s'accumulait sur le toit au-dessus. De plus, le service local du bâtiment était toujours fermé à cause de Covid, donc l'obtention du permis de construire a pris beaucoup plus de temps que prévu.

Au cours de l'été, j'ai résolu tous les défis connus et inconnus auxquels j'étais confronté, et lentement mais sûrement, les nouveaux bureaux et toilettes ont pris vie. Bien qu'initialement sceptique quant à mes méthodes désuètes, le représentant du propriétaire et directeur général de la société d'électricité pour laquelle nous travaillions a finalement adopté ma façon de faire les choses. Mes superviseurs chez EV Construction étaient ravis lorsque le projet a été achevé dans les délais et dans les limites du budget à la mi-Août, et ravis que le propriétaire soit satisfait du résultat final.

Lorsque les restrictions de Covid ont été levées aux Émirats arabes unis fin Juillet, Caroline s'est envolée pour Dubaï. Elle a été agréablement surprise d'apprendre que les touristes n'étaient pas encore revenus dans la zone de villégiature populaire et que, par conséquent, le coût de la location d'un appartement partout à Dubaï avait chuté. Elle a pu louer un appartement de neuf cents pieds carrés sur le magnifique Palm Dubai sur une base mensuelle pour moins que ce que nous avons payé pour notre résidence précédente à Business Bay.

Après avoir vécu à Dubaï pendant cinq ans, il était évident que je pouvais manger presque n'importe quoi dans le pays tant que ce n'était pas d'Amérique. Les pâtisseries, les céréales, le pain et les desserts faisaient partie intégrante de mon alimentation, mais si je mangeais quelque chose à base de gluten Américain génétiquement modifié, je le savais généralement en moins d'une heure car mes symptômes de sécheresse oculaire revenaient. Si j'ingérais trop de protéines modifiées en provenance d'Amérique, l'éruption cutanée sur le côté gauche de mon abdomen reviendrait également jusqu'à ce que le gluten ait disparu de mon corps.

En prévision des touristes qui devaient revenir en masse à Dubaï, notre propriétaire a doublé le loyer en Octobre. Nous avons décliné l'opportunité et sommes retournés à Business Bay dans le tout nouveau luxueux hôtel Doubletree. Chaque matin, nous avons apprécié un copieux petit-déjeuner buffet avec deux chefs, et Caroline était ravie des services de ménage quotidiens fournis par l'établissement.

Le 14 Octobre, l'ancien Bandido El Presidente George Wegers est décédé. J'ai été surpris de voir autant de Bandidos actuels du monde entier déposer leurs condoléances sur Internet, et je me suis demandé ce que les dirigeants actuels du club pensaient de la situation.

En Novembre 2020 l'ancien El Presidente Jeffrey Fay Pike - détenu numéro 04249-479 - résidait au pénitencier Américain de Victorville en Californie et l'ancien El Vice-Presidente John Xavier Portillo - détenu numéro 64593-380 - résidait au McCreary United States Pénitencier du Kentucky. Louis "Bill Wolf" Rackley, soixante-douze ans, était président de la section Bandidos

Recherche De Mon Identité: L'évolution Chronologique D'un
Motard Hors-la-loi Sur La Route De La Rédemption

à Tulsa et prévoyait de célébrer sa vingt-cinquième année dans le club le 25 Mai 2022, dans lequel il vit assez longtemps.

Mon père biologique est décédé dans le Kentucky à l'âge de quatre-vingt-huit ans le 10 Décembre. Forrest Draper avait travaillé comme cadre de gestion de la construction pendant la majeure partie de sa vie et supervisé activement des chantiers de construction jusqu'à ce qu'il ait bien plus de quatre-vingts ans. En plus de sa carrière dans la construction, mon père était fortement impliqué dans l'industrie de la télévision, du cinéma et de la musique, comme en témoigne sa biographie IMDB:

Forest Draper est un acteur et musicien qui est apparu dans une variété d'émissions de télévision et de films entre 1955 et 1976. Connu pour sa beauté robuste, il a joué le rôle d'un cow-boy dans des westerns télévisés populaires tels que Big Valley, Bronco, Cheyenne, Colt 45, Gunsmoke, Larabee, Laredo, Lawman, The Lone Ranger, Maverick, The Rebel, Rawhide, Restless Gun, The Rifleman, Roy Rogers, Sugarfoot, Texas Rangers, The Virginian, Wagon Train et Whispering Smith. Draper est également apparu dans des séries télévisées telles que Naked City, Streets of San Francisco, Car 54, The Untouchables, Hawaii Five-O, Seahunt, 77 Sunset Strip, Ben Casey et Hawaiian Eye, et dans les premières publicités pour Maxwell Coffee House et Gallo. Vin. Il fut acteur dans The Tender Trap (1955) avec Frank Sinatra et Debbie Reynolds, How The West Was Won

Recherche De Mon Identité: L'évolution Chronologique D'un Motard Hors-la-loi Sur La Route De La Rédemption

(1962) avec Gregory Peck, John Wayne et James Stewart, Send Me No Flowers (1964) avec Tony Randall, Doris Day et Rock Hudson, The Night Walker (1964) avec Robert Taylor et Barbara Stanwyck, et That Funny Feeling (1965) avec Bobby Darin et Sandra Dee.

Draper a commencé sa carrière musicale en tant que batteur et chanteur avec le Tony Pastor Orchestra de 1947 à 1954. Il a joué de la batterie pour Rosemary Clooney, est apparu deux fois au spectacle de Perry Como et une fois au spectacle d'Ed Sullivan, a tourné avec des stars telles que Frank Sinatra, Tony Bennett et Jack Jones, et a été le batteur de plus de 150 chansons enregistrées chez Columbia Records entre 1950 et 1965, avec des artistes tels que les Four Lads, Johnny Ray, Rosemary Clooney, Guy Mitchell, Kitty Kallen, Tommy Leonetti, Kalin Twins, Don Cherry et Bobby Darin.

Recherche De Mon Identité: L'évolution Chronologique D'un
Motard Hors-la-loi Sur La Route De La Rédemption

Chapitre 48

Rédemption

Janvier 2022

Je suis à l'automne de ma vie, mais c'est le printemps dans mon esprit - à l'âge de soixante-six ans, je me demande toujours ce qui m'attend et je suis prêt pour le prochain défi de ma vie. S'adapter, évoluer et changer avec le temps est une méthode de survie, et après toutes ces années, je suis définitivement un survivant.

Bien que j'ai écrit une fois *qu'il n'y a aucune chance de rédemption, pas même un signe* dans les paroles d'une de mes chansons, je crois maintenant que la récupération de mon passé est complète. Une partie de ma rédemption consiste à capturer les aspects historiques du style de vie des motards et à préserver avec précision la culture dans les livres, les films et les émissions de télévision pour les générations à venir. Je l'ai fait pendant les seize dernières années et j'ai l'intention de continuer à le faire jusqu'au jour de ma mort.

Ces jours-ci, je me considère comme un motard hors-la-loi à la retraite et un simple père de famille. Mes priorités sont d'écrire des livres, de produire de la télévision, de profiter de ma vie et de prendre soin de ma famille. Cela ne cesse de m'étonner de voir à quel point le temps change votre façon de penser, ainsi que vos priorités.

Recherche De Mon Identité: L'évolution Chronologique D'un Motard Hors-la-loi Sur La Route De La Rédemption

Je chéris le temps qu'il me reste sur cette terre avec Taylor, ma Conquistadora et mes petits-fils, et j'ai du mal à croire que j'ai survécu au style de vie des motards hors-la-loi. Je suis reconnaissant de ne pas avoir passé plus de temps en prison et extrêmement fier du fait que je n'ai jamais sacrifié mon intégrité et que j'ai toujours été un homme de parole.

Malgré le fait que je commence à montrer mon âge, je peux facilement me regarder dans le miroir tous les jours. Il y a certainement quelques choses que je regrette d'avoir faites dans ma vie, mais rien que je ne regrette de ne pas avoir fait. La majorité de mes regrets sont liés aux personnes que j'ai blessées quand j'étais jeune. Aux personnes qui ont été offensées ou impactées par mon comportement, je m'excuse.

Bien qu'il ne fasse aucun doute que je suis psychologiquement biaisé, j'ai reconnu le fait et appris à vivre avec. Je me rends compte que j'ai eu la chance d'avoir vécu la vie que j'ai menée, d'avoir vécu les choses que j'ai vécues et d'avoir voyagé partout dans le monde pour le faire.

Mes Pensées Sur Les Bandidos

Après avoir lu mon autobiographie, il devrait être évident que certains hommes rejoignent un club de motards pour de mauvaises raisons, et la majorité ont un agenda caché qui les conduit généralement à être arrêtés - un bon exemple de cela est un intimidateur ou un trafiquant de drogue, et ces personnes sont généralement ceux que vous lisez dans les journaux et que vous voyez à la télévision. Ce type de personnalité est une menace dangereuse pour les membres réguliers et travailleurs de l'organisation, car le connard qui se fait passer pour un motard utilise toujours le patch comme un outil dans sa boîte à outils pour mener une campagne de violence ou promouvoir sa distribution de drogue. affaires, et a souvent besoin de porter le patch pour se sentir comme un homme.

Les Bandidos devront bientôt comprendre ce qu'il faut pour battre la vieillesse s'ils espèrent survivre sur le long terme, comme le feront la plupart des autres clubs de motards hors-la-loi. Le Bandido moyen a maintenant la quarantaine et de nombreux membres pourraient être classés parmi les personnes âgées - très peu ont la trentaine et presque aucun n'a la vingtaine. Si rien n'est fait pour modifier cette tendance, le Bandido moyen aura la soixantaine dans deux décennies. Si l'organisation évite le vent du changement, le seul territoire que le club contrôlera dans vingt ans sera celui des Ehpad.

À un moment donné, il deviendra impossible d'attirer des membres plus jeunes parce qu'un jeune de vingt ans n'aura rien en commun avec un jeune de cinquante ans, et les intérêts d'un jeune membre potentiel seront diamétralement opposés aux intérêts d'un membre plus âgé. Lorsque cela se produit, il est inévitable que le club perde plus de membres qu'il n'en gagne - c'est ce qu'on appelle l'attrition. Les Bandidos, ainsi que tous les autres clubs de motards hors-la-loi, doivent changer de cap ou leur mode de vie disparaîtra et mourra.

La seule façon de changer la trajectoire est de modifier l'ensemble de l'orientation de l'organisation au fil du temps, mais pour faciliter ce processus, tous les Bandidos devront accepter le changement - lutter contre le progrès est un exercice futile car rien ne reste éternellement le même. Si rien n'est fait pour modifier la voie d'un train à mesure qu'il se déplace dans le temps, il va toujours dans la même direction, mais si la voie est déplacée un peu chaque année, alors, sur une période de temps, le train finit par suivre un cours complètement différent.

L'histoire n'oubliera jamais que l'organisation a raté une occasion divine d'effectuer des changements sous la direction d'El Presidente George Wegers, mais il a oublié ses valeurs et a perdu son intégrité en cours de route. Au XIXe siècle, John Dalberg-Acton disait, *"Le pouvoir a tendance à corrompre, le pouvoir absolu corrompt absolument, et les grands hommes sont presque toujours des hommes mauvais."* Des mots plus véridiques n'ont jamais été prononcés.

Recherche De Mon Identité: L'évolution Chronologique D'un Motard Hors-la-loi Sur La Route De La Rédemption

Glossaire

Patch

Les couleurs du club d'un club de motards. Un patch peut être le gilet entier avec les couleurs du club cousues ou peut simplement faire référence aux couleurs réelles du club par elles-mêmes.

Patchover

Un patchover est l'assimilation réelle d'un petit club de motards dans un plus grand club de motards.

Hangaround Club

Un club de hangaround est généralement un club de motards existant qui souhaite rejoindre un club de motards plus grand, et la première étape du processus consiste pour le plus petit club à traîner avec le plus grand club. Être accepté en tant que club de hangaround met tout le monde dans le monde des motards au courant—dans les clubs de motards et le reste du monde des motards—le plus petit club veut être affilié ou assimilé par le plus grand club, et le plus grand club envisage le changement. Après un minimum d'un an, les Bandidos votent pour déterminer si tous les membres du plus petit club sont dignes de porter l'écusson. Si le vote est affirmatif, les motards du plus petit club deviennent des membres stagiaires.

El Presidente

Recherche De Mon Identité: L'évolution Chronologique D'un Motard Hors-la-loi Sur La Route De La Rédemption

Le président national des États-Unis et président international du club de motards Bandidos est le patron de tous les membres des Bandidos dans le monde, et son équivalent corporatif serait le président du conseil d'administration. L'El Presidente est le seul Bandido qui porte un bas à bascule El Presidente à l'arrière des couleurs de son club.

El Vice Presidente

Le vice-président national américain du club de motards Bandidos est le sous-patron de tous les membres des Bandidos dans le monde, et son équivalent en entreprise serait le PDG. L'El Vice-Presidente est le seul Bandido qui porte un bas à bascule El Vice-Presidente au dos des couleurs de son club.

Presidente

Le Presidente est le patron de tous les membres des Bandidos dans une région du monde, un continent ou un pays particulier, et son équivalent corporatif serait le président. La région ou le pays dont le président est responsable est indiqué par la bascule de pays ou de région qu'il porte sur le côté sous le bras ou par un petit ruban sur la poitrine.

Vice Presidente

Le vice-président est le sous-patron de tous les membres des Bandidos dans une région du monde, un continent ou un pays particulier, et son équivalent corporatif serait le vice-président. La région ou le pays dont le vice-président est responsable est signifié par la bascule de pays ou de région qu'il porte sur le côté sous le bras ou par un petit ruban sur la poitrine.

Sargento-de-Armas

Un exécuteur du club de motards Bandidos, chargé de faire respecter les règles et les décisions du club en interne et en externe. La région ou le pays dont le Sargento-de-Armas est responsable est signifié par la bascule de pays ou de région qu'il porte sur le côté sous le bras ou par un petit ruban sur la poitrine.

El Secretario

Le Bandido en charge de tous les autres secrétaires dans une région ou un pays particulier pour le club de motards Bandidos, et son équivalent d'entreprise serait le directeur financier. La région ou le pays dont El Secretario est responsable est signifié par la bascule de pays ou de région qu'il porte sur le côté sous le bras ou par un petit ruban sur la poitrine. L'El Secretario attribue des tâches aux secrétaires et est généralement le gardien de la trésorerie du club national.

Secretario

Un secrétaire ou un trésorier du Bandidos Motorcycle Club. La région ou le pays dont le secrétaire est responsable est signifié par la bascule de pays ou de région qu'il porte sur le côté sous le bras ou par un petit ruban sur la poitrine. Son équivalent corporatif serait le secrétaire ou le trésorier.

Probationary

Lorsqu'un membre potentiel a déjà une expérience dans un club de motards, il devient généralement stagiaire pendant au moins un an pendant qu'il se recycle à la manière du club de motards Bandidos avant de devenir un membre à part entière des Bandidos. Un membre en probation porte une bascule inférieure qui dit en probation.

Prospect

Lorsqu'un membre potentiel n'a aucune expérience antérieure dans un club de motards, il deviendra généralement un prospect pendant au moins six mois pendant qu'il suivra une période de formation intensive - similaire à l'adhésion à une fraternité universitaire - avant de devenir un membre à part entière des Bandidos. Un prospect ne porte qu'un top rocker qui dit prospect.

Hangaround

Un membre potentiel traînera généralement avec le club de motards Bandidos pendant un an - ou dans certains cas plusieurs années - avant de devenir un prospect. Un hangaround ne porte parfois qu'un ruban sur le devant de son gilet qui dit hangaround, mais pas toujours.

Recherche De Mon Identité: L'évolution Chronologique D'un Motard Hors-la-loi Sur La Route De La Rédemption

Annexe A

Hangaround Et Informations Sur Les Prospects

Le document suivant a été utilisé au fil des ans par divers clubs de motards hors-la-loi 1%er comme document d'orientation pour informer le traîneau ou la perspective de ce qui les attend s'ils choisissent de rejoindre un club de motards hors-la-loi traditionnel 1%er qui porte un patch en trois pièces - un patch en trois pièces se compose d'une bascule supérieure, d'une bascule inférieure et d'une pièce centrale sur leur dos.

INTRODUCTION

Ces informations ont été rassemblées pour vous donner une meilleure compréhension du nouveau monde dans lequel vous entrez et une meilleure compréhension de ce qui est attendu de vous dans votre nouveau rôle. Une fois que vous avez compris l'ampleur de la tâche que vous entreprenez, vous devez examiner vos sentiments et vous interroger sur vos motivations à vouloir devenir membre d'une confrérie de motards. Il existe de nombreux clubs d'équitation qui n'exigent qu'une participation occasionnelle de leurs membres. D'autres exigent un engagement total envers le style de vie MC. Votre degré d'intérêt vous orientera vers une organisation dans laquelle vous vous intégrerez.

Soyez certain que vous êtes à la fois désireux et capable de vous engager au niveau requis. Assurez-vous que votre famille comprend les demandes que le club fera de votre temps, et que ces demandes continueront encore plus une fois que vous deviendrez détenteur d'un écusson. Si après avoir lu ce paquet, vous deviez avoir des réserves quant à la capacité de répondre à l'une des exigences, il serait préférable de ne pas envisager d'aller de l'avant pour le moment. Au lieu de cela, continuez votre niveau actuel d'association avec le club jusqu'à ce que vous vous sentiez prêt et confiant dans votre succès ou trouvez une organisation différente qui répond mieux à vos besoins. Une telle décision serait respectée et serait tout à votre honneur.

CLUB

Le but de cette section est de vous donner un aperçu de la structure et de la philosophie du club de motards traditionnel (MC). Cela n'exprime pas nécessairement les sentiments ou les priorités d'un club en particulier, car tous les clubs de motards diffèrent sur certains points. Quelle que soit la philosophie de base de votre club, il est important que vous compreniez les perspectives des autres clubs avec lesquels vous pouvez être associé de temps à autre. Si votre style de vie est influencé par les motos, alors vous faites partie de la communauté des motards. De tous les types d'organisations que l'on trouve au sein de cette communauté, le club de motards traditionnel se démarque et se classe au premier rang.

<u>RESPECT</u>

Un club sérieux force le respect pour une ou deux raisons. Ceux qui sont correctement informés reconnaissent le niveau profond d'engagement personnel et d'autodiscipline qu'un homme doit démontrer et maintenir pour porter un patch. Ils comprennent que cela s'apparente à une religion ou à une vocation pour cet homme. Ils se rendent compte que les couleurs d'un club sont jalousement gardées et que le processus d'adhésion est long et difficile. Nonobstant d'autres facteurs, ils respectent les détenteurs d'écussons pour ce qu'ils ont accompli en pouvant gagner et conserver l'écusson qu'ils portent. C'est le respect né de la reconnaissance du dévouement et de l'accomplissement.

Ceux qui sont moins informés ne voient que la surface. Ils voient la vigilance du soutien mutuel. Ils voient le danger potentiel d'invoquer une réponse d'une unité bien organisée qui voyage en nombre et est toujours prête à la confrontation. Ils savent que personne ne peut provoquer un membre du club sans être responsable devant tout le club, et qu'une telle réponse est un point d'honneur qui doit venir jusqu'au dernier homme. Le type de respect que cela génère est celui qui est né de la peur. Nous nous efforçons de respecter la raison numéro 1, pas la raison numéro 2! Cela est particulièrement vrai en ce qui concerne les personnes extérieures à la communauté des motocyclistes. Ce segment de la société est de loin le plus important et représente donc un marché plus important pour toute activité de collecte de fonds que le club pourrait entreprendre.

Il va de soi que cultiver une relation avec ces gens est important, et être perçu par eux comme de la racaille de motards ne serait pas avantageux pour le club. Nous nous conduirons donc en citoyens intègres à tous égards, en bons voisins pour ainsi dire. Le but est d'être admiré et respecté par le grand public plutôt que craint. Le club sérieux, et tous ses membres et prospects, se conduiront toujours publiquement de manière hautement professionnelle. Ils ne feront pas tout leur possible pour causer des problèmes ou se présenter comme une force intimidante sans but ni provocation.

COULEURS DE CLUB

Le grand public ne fait pas de distinction entre les différentes couleurs de club. Dans de nombreux cas, ils ne peuvent tout simplement pas faire la différence - nous sommes tous des racailles de motards pour eux. Si un club cause un problème qui touche le secteur public, l'identité du club fautif est soit confuse soit ignorée et la chaleur s'abat sur tous les clubs. Les clubs ont tendance à se surveiller eux-mêmes pour éviter de tels incidents.

LES OFFICIERS

Au sein d'un club, les officiers sont généralement élus aux postes de président, vice-président, secrétaire, trésorier et sergent d'armes. D'autres postes moins traditionnels sont le capitaine de route et l'exécuteur.

TRAITER

Dans la plupart des cas, le détenteur de l'écusson a traîné avec le club pendant environ un an. Avant cela, il était une connaissance de longue date et son attitude et sa conduite générale étaient bien connues. Il a ensuite prospecté le club pendant un à deux ans avant d'obtenir son écusson. De toutes les choses dans la vie de cet homme, sa loyauté et son engagement envers le bien-être du club passent avant tout. Il n'y a jamais de doute sur ce qui vient en premier. Bien que la plupart des choses dans la vie puissent le laisser tomber, il sait que son club et ses frères seront toujours là parce qu'il s'est toujours engagé à y être lui-même. Pour être sûr que cet idéal et cette attitude perdurent avec tous les nouveaux membres, il participe à l'enseignement, au conditionnement et même au test des perspectives du club.

Le terme prospect vient de l'expression membre potentiel. Avant qu'il ne permette à un autre homme de porter ses couleurs, il est sûr que le prospect est aussi dévoué que lui! Un porte-écusson a l'attitude qu'il n'y a que deux types de personnes, ceux qui sont frères et ceux qui ne le sont pas. Pour cette raison, il ne discutera pas des affaires du club, qu'il s'agisse du nombre de membres, des activités du club ou des informations personnelles d'un membre avec quiconque en dehors du club. Il gardera sa voix basse lorsqu'il discutera des affaires du club et il sera conscient de toute personne venant à distance d'écoute. Il comprend qu'il est porteur d'écusson

24 heures par jour, qu'il porte ou non ses couleurs. Tout ce qu'il dit ou fait en public peut affecter le club ou les frères. Il comprend également que s'il sort du rang, il est sujet à être conseillé par ses frères pour son bien et celui du club.

Porter un patch, c'est plus que se réunir pour passer de bons moments. Cela signifie aussi se réunir pour les autres fois aussi. Cela représente beaucoup de travail. C'est s'engager dans un style de vie dans lequel vous ne cherchez pas comment vos frères peuvent vous aider, mais comment vous pouvez aider vos frères. Vous cherchez toujours à donner plutôt qu'à recevoir. Tout cela peut sembler très idéaliste, et dans certains cas, ce n'est que cela. Mais c'est un idéal que tous les clubs professent et qu'ils recherchent toujours dans le principe et la pratique. Vous devez être conscient de la règle d'or de la conduite lorsque vous voyagez dans des cercles de clubs: si vous respectez, vous serez respecté; si vous agissez comme un connard, vous serez traité comme tel.

PARTICIPATION

Il est important que vous compreniez que ce sont les détenteurs de badges qui dirigent le club, pas les dirigeants. Cela peut sembler un point discutable pour certains, mais il ne faut pas trop insister. Cela ne veut pas dire que les officiers ne méritent pas le respect des autres détenteurs de patch. Ces membres ont fait preuve de leadership et sont probablement dans le club depuis un certain temps. Ils sont en fonction pour réaliser les souhaits des membres de manière rapide et efficace, car il n'est pas toujours possible de réunir les membres pour prendre des décisions ou agir.

Les officiers sont élus pour agir en tant que porte-parole du club et effectuer diverses tâches responsables, mais ils ne dirigent pas le club. Lorsqu'ils parlent ou agissent sur les affaires du club, c'est d'une manière sur laquelle ils pensent que les membres du club seraient d'accord, si un vote rapide était effectué. Si un officier ne comprend pas les sentiments des membres sur diverses questions, il est alors déconnecté de ses frères et devrait démissionner. C'est un point critique car la forme de gouvernement la plus forte et la plus représentative est celle où le pouvoir vient du bas vers le haut. Si les choses étaient dans l'autre sens et que les chefs ou les officiers dictaient continuellement la chaîne de commandement, un sentiment d'apathie et de non-implication finirait par s'installer. Si cela devait se produire, le détenteur de l'écusson individuel n'aurait aucun sens intuitif de la direction de son club et hésiterait lorsqu'il estime qu'il devrait agir dans le meilleur intérêt du club. Avoir peu ou pas de mot à dire sur ce qui se passe détruit la motivation d'un homme à s'impliquer ou à exprimer sa propre opinion. Cela viderait également ses sentiments d'unité avec ses frères de club. Sans une telle unité, une fraternité ne peut exister. N'oubliez pas que la force d'une fraternité repose sur les membres au bas de la chaîne de commandement et est transmise. C'est pourquoi la participation agressive est une qualité si prisée qui est attendue du détenteur du patch et qui est recherchée dans la perspective.

NIVEAUX D'ENGAGEMENT

Lorsqu'un homme gagne son patch, cela ne signifie pas qu'il a atteint le but ultime et à partir de ce moment, il peut se détendre et rouler en roue libre. Passer de hangaround à prospect puis à patch holder ne monte pas de bas en haut, mais ressemble plutôt à gravir une pente constamment ascendante et, avec le temps, à devenir un frère plus fort et plus engagé. La bascule de prospection d'un homme et plus tard son écusson sont simplement présentés en reconnaissance de ce qu'il a démontré en cours de route. De cette façon, plus le détenteur de l'écusson est ancien dans le club et plus il expérimente, plus il devrait être un frère pour tous.

BUT DE LA PROSPECTION

La prospection n'est pas une initiation comme on en trouverait dans une fraternité. Il s'agit plutôt d'une période de formation qui se poursuit jusqu'à ce que le prospect, dans tous les sens, se comporte comme un porte-écusson. C'est une période où l'attitude de l'homme est conditionnée pour qu'il affiche un sens des responsabilités et du respect envers les détenteurs d'écussons du club, sans lesquels il ne développera pas un sens de la fraternité. Il est formé au protocole et à l'étiquette de base de MC.

On lui laisse le temps de développer les habitudes qui sont à la base d'une bonne sécurité et d'une bonne communication: habituer l'homme à participer, laisser à sa famille le temps de s'adapter aux exigences du club, expérimenter et apprendre un degré essentiel de l'humilité, et de s'habituer à faire confiance au jugement, parfois aveuglément, de ces porteurs d'écussons qui seront un jour ses frères. Pour briser l'homme des habitudes qui sont égocentriques et égoïstes. La liste pourrait être longue mais il s'agit ici de démontrer que la prospection a des objectifs précis et qu'un prospect n'ira nulle part dans le club s'il n'en a pas conscience et ne s'applique pas à ces fins. Il n'est pas possible de faire une liste de contrôle de ce que l'on attend d'un prospect dans tous les cas. Il n'y a pas de recette miracle pour réussir, mais la clé est l'ATTITUDE. Tout le reste peut être appris avec le temps, mais l'attitude d'un homme vient du cœur.

Le test d'un prospect peut prendre plusieurs formes. Elle peut être planifiée ou spontanée. En tout état de cause, lorsqu'un prospect se voit confier une tâche, le porte-écusson va rechercher l'attitude de l'homme et l'esprit dans lequel il exécute la tâche. Le prospect doit être alerte et toujours attentif à chercher plus à faire. S'il doute un jour de ses priorités ou s'il ne trouve rien à faire, il devrait demander.

Les détenteurs de patchs savent lesquels des prospects bousculent, et ce sont les prospects dont on parle avec le plus de fierté et de respect. C'est aussi le moyen par lequel la confiance et la confiance sont développées. Ce sont les germes de la fraternité. N'oubliez pas que vous prospecterez pour l'ensemble du club et pas seulement

356

pour un chapitre individuel ou individuel. Les détenteurs d'écusson d'un chapitre sont toujours tenus responsables des actions d'un détenteur d'écusson d'un autre chapitre. Il est donc normal que les détenteurs de patchs de tous les chapitres participent au développement des prospects en passe de devenir un détenteur de patch complet.

QUELQUES CHOSES À FAIRE ET À NE PAS FAIRE

En tant que prospect, efforcez-vous de vous conduire à tout moment en tant que détenteur de patch responsable. Affichez toujours une attitude positive. Participez autant que vous le jugez acceptable; alors participez plus. Si vous voyez un porte-écusson de votre club que vous n'avez pas rencontré, prenez l'initiative de vous présenter. Présentez-vous toujours en tant que 'prospect (votre nom)'. À tous les rassemblements, assurez-vous de circuler lorsque vous avez le temps de le faire et saluez chaque détenteur d'écusson qui est là. Anticipez les besoins des frères et proposez de les pourvoir. N'attendez pas qu'on vous dise quoi faire et ne soyez pas trop amical avec quelqu'un qui n'est pas une connaissance régulière du club.

Si une personne extérieure au club a des questions, référez-la à un porte-écusson. Ne divulguez jamais le nom, le numéro de téléphone, l'adresse ou toute autre information personnelle d'un détenteur d'insigne à quiconque en dehors du club. Ne donnez jamais d'informations sur le club lui-même à des étrangers. Cela inclut, mais sans s'y limiter, l'emplacement du club, le nombre de membres dans le club, etc. Soyez toujours attentif à la sécurité, regardez autour de vous et voyez ce qui se passe autour de vous dans les lieux publics et signalez tout ce qui semble suspect. Dans les lieux publics, conduisez-vous toujours avec votre association en pensant au club. Rappelez-vous que ce que vous faites, les gens s'en souviendront, en bien ou en mal.

Ne laissez jamais un porteur de patch s'éloigner seul dans une zone non sécurisée. S'il sort avec sa voiture, son vélo ou même simplement pour prendre l'air, allez-y avec lui. Surveillez son dos à tout moment. Si vous êtes à une réception ouverte et que vous remarquez certaines attitudes négatives, surtout si vous venez d'un autre club, alertez discrètement immédiatement un détenteur d'écusson. Gardez vos oreilles et vos yeux ouverts et transmettez toutes les informations que vous pourriez obtenir à un détenteur de patch, en particulier les informations concernant un autre club. N'oubliez pas que vous êtes un prospect 24 heures par jour. Votre association ne va pas de pair avec vos couleurs.

N'oubliez pas que vous êtes le prospect de chaque détenteur de patch, pas seulement celui de votre sponsor ou de votre chapitre. Ne portez jamais vos couleurs hors de votre région sans l'approbation de votre sponsor et jamais hors de l'état, sauf si vous êtes avec un porte-écusson. Si deux détenteurs d'écusson ou plus ont une conversation privée, ne les approchez pas à portée de voix, surtout s'ils parlent avec un détenteur d'écusson d'un autre club. Si vous avez besoin d'interrompre, mettez-vous dans un endroit visible et attendez d'être reconnu. S'il est important que vous l'interrompiez, demandez à un autre détenteur de patch d'intervenir à votre place.

N'utilisez jamais le terme club hors-la-loi lorsque vous parlez à un membre d'un autre club. Ne jamais mentir à un membre d'un autre club. Si vous êtes dans une situation où l'on vous pose des questions sur le club ou ses membres, il est acceptable de dire *"Cela ressemble à une affaire de club et je ne peux vraiment pas en parler."* Si cela ne calme pas le sujet, proposez-lui de le mettre en contact avec un porte-patch pour lui parler. Montrez toujours du respect à un détenteur d'écusson d'un autre club. Même s'il est dans un autre club, il a mérité son écusson, pas vous.

Ayez toujours un stylo et un papier, une montre et un calendrier. Demandez fréquemment aux détenteurs de patchs comment vous allez et s'il y a quelque chose que vous devriez faire différemment. Ne demandez jamais quand vous pourriez recevoir votre patch. N'appelez jamais un porte-écusson frère—ce n'est pas votre frère. N'appelez jamais un détenteur d'écusson d'un autre frère de club— ce n'est pas non plus votre frère. Rappelez-vous, votre patch est gagné, il ne vous est pas donné.

N'amenez jamais un ami personnel ou un étranger en présence de détenteurs de patchs sans demander la permission de le faire au préalable. Lors d'une fonction ouverte, ne tournez jamais le dos à un porte-écusson d'un autre club. Ce n'est pas tant pour des raisons de sécurité, mais par respect. Faites toujours preuve de respect et de courtoisie envers les détenteurs de patchs d'autres clubs. Ne donnez pas l'impression que vous voulez être les meilleurs amis. Soyez professionnel dans de telles rencontres—soyez bref, puis passez à autre chose. Éloignez-vous des femmes qui s'associent à d'autres clubs.

Ne soyez jamais prompt à vous approcher d'un détenteur d'écusson d'un autre club dans un lieu public, même si vous le connaissez bien et que les clubs sont en bons termes. Si vous voulez le saluer, avancez lentement et attendez qu'il indique qu'il veut qu'une telle exposition publique ait lieu. Il peut s'occuper de certaines affaires du club et ne pas vouloir donner au grand public l'impression que les clubs sont en si bons termes. S'il a l'air de vouloir vous ignorer, acceptez-le et gardez vos distances. La meilleure approche est toujours d'attendre qu'ils viennent à vous et de laisser tout le monde le voir.

Découvrez ce que les différentes parties de notre écusson représentent et ce que représentent les différentes combinaisons de couleurs de votre club et d'autres clubs. Comme vous pouvez le voir, il y a beaucoup à penser. Cette décision est probablement l'une des plus importantes que vous prendrez jamais. Soyez absolument sûr que c'est pour vous, et ALLEZ-Y!

Annexe B

Règlements De La Bandidos Motorcycle Club

Juin 2002

1: Exigences pour un chapitre:

Cinq (5) membres minimum – Un (1) "Membre Fondateur".

Membre Fondateur = 10 ans.

Gardez des photos et des informations sur tous les membres.

Tenir des réunions hebdomadaires.

$25.00 par mois par membre au trésor national avant le premier jour de chaque mois.

Les chapitres probatoires (nouveaux) paieront un don unique de $1,000.00 au trésor national.

Les vélos et les titres des membres du chapitre probatoire seront promis au chapitre national pour la première année.

2: Patchs:

Seulement un rocker en haut et en bas, Fat Mexican, 1% le diamant et le patch MC doivent être au dos de votre cut-off. Il doit être visible à 150 pieds.

Un diamant 1%er sera porté sur le cœur.

Tout le reste appartient à l'individu.

Les patchs et les boucles de l'année ne doivent pas être donnés tôt.

National peut accorder un patch "Lifer" ou une adhésion sur une base individuelle.

Un patch de propriété par membre. Si elle conduit son propre vélo, il ne doit PAS être porté lorsqu'elle roule avec ou autour de porte-écussons ou de prospects. Il ne devrait pas être porté en public sans son vieil homme en vue. Il n'y a pas de limite sur les ceintures de propriété.

3: À Faire:

La fête du Travail et le Memorial Day sont des COURSES OBLIGATOIRES.

Un chapitre peut laisser un (1) membre derrière une course obligatoire. Un membre en congé de maladie ou un Membre à Vie est ce membre. C'est pour des raisons de sécurité; cette personne devrait avoir accès à un téléphone autant que possible. Lorsque vous voyagez, vous devez assister aux réunions de votre chapitre hôte.

Vous devez respecter les règlements administratifs et les politiques de ces chapitres.

4: A Ne Pas Faire:

Choses qui vous coûteront votre patch:

Vous ne mentez pas.

Vous ne volez pas.

Cela inclut également les ol' dames.

L'utilisation d'aiguilles ne sera pas tolérée.

Fumer des produits chimiques - coke, speed ou Mandrax - ne le fera pas non plus - s'il ne pousse pas, ne le fumez pas!

5: Motocyclettes:

Chaque membre POSSÉDERA au moins une (1) Harley-Davidson ou fac-similé d'au moins 750cc.

Pas plus de 30 jours d'arrêt par an.

Après 30 jours, le chapitre de ce membre paiera $500.00 au niveau national.

Vous avez une bonne raison? Demandez plus de temps.

Les Capitaines de Route doivent inspecter régulièrement tous les vélos.

Si vous visitez une autre région, chapitre, état ou pays et que vous empruntez la propriété d'un autre frère (vélo, outils, argent, etc.), vous êtes responsable du retour de cette propriété. Il vous sera restitué dans un état aussi bon ou meilleur que lorsque vous l'avez emprunté.

6: Appartenance:

Période d'attente à déterminer par le président du chapitre.

Motocyclette Harley-Davidson ou télécopieur capable de répondre aux exigences de la période de mise en gage.

Les membres doivent avoir au moins 21 ans.

Le parrain peut être individuel (membre fondateur de préférence) ou peut être parrainé par l'ensemble du chapitre.

Parrainez—ne renoncez pas à votre engagement sans aide. Si vous pensez assez à lui pour le parrainer dans ce club, c'est à vous de lui apprendre le bon chemin, le BANDIDO WAY. Si vous n'êtes pas prêt à sacrifier votre temps et à partager vos connaissances, ne le faites pas. Les choses simples - Qui est le MFer le plus soigné au monde? Ou ne portez pas votre patch dans un véhicule. Des choses insignifiantes qui feront fuir un FRÈRE potentiel.

Payez $275.00 au trésor national.

Promouvoir le vélo et le titre.

Être voté en tant que promesse par chapitre (vote à 100%).

Recevez votre patch ou rocker.

FAITES VOTRE TEMPS.

Prospect: 6 mois MINIMUM.

Stage: 1 an MINIMUM.

Cet homme est engagé envers toute la NATION BANDIDO, pas seulement un chapitre ou une région, une ville ou un état. Il assistera à toutes les réunions, fêtes, événements cyclistes ou rassemblements de toute nature dans sa région où les détenteurs d'écussons Bandido seront présents.

Il ne manquera aucune course nationale ou régionale, en particulier les funérailles.

Ce club est synonyme de sacrifice. Habituez-vous-y! Sa moto doit être en état de marche pendant toute sa période de mise en gage, prête à aller n'importe où. En d'autres termes, AUCUN TEMPS D'ARRÊT.

Pledge n'est pas éligible au vote s'il y a des dettes impayées, chapitre, national ou privé (à l'intérieur du club). Il devrait commencer dans ce club sur un pied d'égalité.

Une fois la période obligatoire écoulée et si le parrain estime que la promesse est prête, une réunion doit être convoquée. Tous les secrétaires de chapitre environnants doivent également être informés à l'avance.

L'engagement doit être voté par un vote de 100% du chapitre. Les membres du club en dehors du chapitre doivent avoir la possibilité d'exprimer leurs opinions. Le parrain de l'engagement devrait fonder sa décision sur ces choses, car c'est lui qui devra l'effacer si les choses tournent mal.

C'est un engagement à vie, NE VOUS PRÉcipitez PAS.

Membre fondateur, c'est 10 ans de service ininterrompu.

National peut accorder un congé – ce n'est pas automatique.

Les membres de deux (2) ans sont éligibles pour le transfert, seulement si les deux présidents concernés sont d'accord et une cotisation de $50.00 est payée au trésor national.

Tout frère qui se suicide NE SERA PAS autorisé à avoir des funérailles de BANDIDO.

Autres taxes nationales:

Frais de nouveau patch	$275.00
Transferts	$50.00
Nouvelle Charte	$1,000.00
Règle De Temps D'arrêt De 30 Jours	$500.00

Annexe C

Projets Et Missions De El Secretario

Mars 2001

01. L'argent

02. Programme de l'économat et affaires des détenus

03. Site Web des États-Unis

04. Site Web des États-Unis - cimetière

05. Site Web des États-Unis - histoire du club

06. T-shirts

07. Toutes les autres marchandises (sauf les t-shirts)

08. Assurance-vie

09. Clubs de soutien - liste des membres et liste de diffusion et liste de numéros de téléphone et liste des clubs/villes

10. Patchs et autocollants

11. Bulletin

12. Organisation du voyage pour le chapitre national

13. Liste de diffusion mondiale

14. Liste des secrétaires américains

15. Liste téléphonique des États-Unis

16. Temps dans le club - membres et chapitres - date réelle d'entrée dans le club

17. Questions juridiques et surveillance de toutes les affaires pénales

18. Problèmes de relations publiques

19. Tatouages de club - règles et réglementations uniformes dans
le monde entier

20. Chemises habillées - règles et réglementations uniformes
dans le monde entire

21. Directives PBOL - marchandise et patch

22. Liste des frères décédés - chaque chapitre - lieux de sépulture
pour le même

23. Entreprises – incorporation et administration des marques

24. Directives funéraires - un gars de chaque chapitre (mais vous
pouvez l'y amener) pour tout enterrement; deux gars de chaque
chapitre à moins de 500 milles à vélo; chaque chapitre envoie des
fleurs ou de l'argent pour chaque enterrement.

Annexe D

Projets Et Missions De Ct Ed

Pour Le Chapitre National

Mars 2003

01. Gardien de la liste téléphonique des États-Unis et de la liste de diffusion des États-Unis et de la liste des membres de 15 ans des États-Unis et de la liste des membres/chapitre du club de soutien des États-Unis

02. Gardez un œil sur la marque Fat Mexican

03. Surveillez la plupart des affaires pénales fédérales internes pour les membres de Bandidos et certaines affaires pénales d'État

04. Organiser occasionnellement des voyages internes dans le monde entier

05. Fournir des services occasionnels de relations publiques nationales

06. Fournir des suggestions de formes de communication entre la section nationale et les membres de la section nationale

07. Fournir des suggestions de formes de communication entre le chapitre national et tous les chapitres des États-Unis

08. Fournir des suggestions de modifications de conception sur le site Web des États-Unis

09. Fournir des suggestions pour structurer juridiquement les affaires financières du club

10. Fournir une sauvegarde d'urgence pour la publication de la newsletter des États-Unis

Annexe E

Bandidos Chapitres Du Club De Soutien

Août 2003

Nom Du Club/ État	Ville	Membres
ALABAMA		
Pistoleros	Auburn	5
Pistoleros	Birmingham	6
CMA	Birmingham	2
Soldiers of the Cross	Birmingham	3
Wayward Wind	Birmingham	5
Pistoleros	Dothan	2
Pistoleros	Huntsville	
Pistoleros	Jasper	5
Iron Hawgs	Jasper	5
Pistoleros	Mobile	4
Soldiers of the Cross	Mobile	12
CMA	Mobile	2
Alabama Riders	Montgomery	5
Pistoleros	Montgomery	5
ARKANSAS		
Ozark Riders	Eureka Springs	7
Ozark Riders	Rogers	6
COLORADO		
Peligrosos	Denver	16
No Names	Grand Junction	5

Los Bravos	Denver	11
John's Guys	Pueblo	12

LOUISIANA

West Bank	Baton Rouge West	5
Louisiana Riders	Baton Rouge	6
Louisiana Riders	Bogalusa	4
West Bank	Point Coupee	7
Hole in the Wall	Lafayette	5
Road Shakers	Acadiana	7
Rat Pack	Lake Charles	12
Grey Ghosts	Minden	3
Grey Ghosts	Natchitoches	4
Louisiana Riders	New Orleans	6
Grey Ghosts	Shreveport	14

MISSISSIPPI

Asgards	Biloxi	6
Asgards	Gulfport	6
Pistoleros	Hattiesburg	5
CMA	Jackson	10
Pistoleros	Jackson	2
Asgards	Kiln	6
Asgards	Pascagoula	6
Mississippi Riders	Tupelo	5

MISSOURI

Hermanos	Jamesland	11

Recherche De Mon Identité: L'évolution Chronologique D'un Motard Hors-la-loi Sur La Route De La Rédemption

MONTANA

Hermanos	Kallispell	5
Hermanos	Missoula	4
Amigos	Ronan	1

NEW MEXICO

Native Thunder	Acoma	3
German MC	Alamogordo	9
Black Berets	Albuquerque	9
Native Thunder	Albuquerque	4
Bandoleros	Albuquerque	4
Pacoteros	Artesia	4
Native Thunder	Dine Nation	2
US Vets	Hobbs	10
Regulaters	Roswell	7
Bandoleros	Santa Fe	6
Bandoleros	Truth/Consequences	3
US Vets	Tucumcari	7
Native Thunder	Zuni	3

OKLAHOMA

OK Riders	Tulsa	9
OK Riders	Shawnee	8
OK Riders	Comanche	9
CMA	OKC	2

SOUTH DAKOTA

Hermanos	Sioux River	5

Recherche De Mon Identité: L'évolution Chronologique D'un Motard Hors-la-loi Sur La Route De La Rédemption

Ghost Dance	Pine Ridge	6

TEXAS

Iron Riders	Amarillo	28
Companeros	Austin	10
Iron Riders	Borger	29
Southern Pride	Beaumont	3
Border Brothers	Brownsville	20
Rebeldes	Corpus Christi	10
Macheteros	El Paso	4
Del Fuego	El Paso	5
Coyoteros	El Paso	6
Amigos	Estralla Sola	3
Rebel Riders	Fort Worth	14
Aces & Eights	Fredericksburg	12
Amigos	Galveston County	8
Macheteros	Hill Country	5
Los Dorados	Hill Country	5
Soldiers of Jesus	Houston	10
Amigos	Houston State	5
Amigos	Houston East	5
Amigos	Houston North	8
Amigos	Houston West	4
Southern Raiders	Houston West	5
Los Malos	Jefferson County	
Renegades	Laredo	4

Recherche De Mon Identité: L'évolution Chronologique D'un Motard Hors-la-loi Sur La Route De La Rédemption

Aces & Eights	Levelland	37
Desperados	Longview	8
Los Cabboleros	Killeen	5
Amigos	Montgomery County	13
Los Riders	Plainview	39
Macheteros	San Antonio NW	14
Southsiders	San Antonio SW	12
Westsiders	San Antonio	9
Campesinos	San Antonio	9
Malditos (Bad Lance)	San Antonio SW	9
Texas Wheels	Waco	80
Equestrians	Waco	12
WASHINGTON		
Warriors	Everett	7
Destralos	King County	5
Amigos	King County	8
Hermanos	King County	4
Hombres	La Costa	4
Hombres	Olympia	4
Amigos	Pierce County	10
Hombres	Seattle	6
Amigos	Snohomish County	9
Hombres	Snow Valley	4
Hombres	Tacoma	6
Hermanos	Tacoma	5

Recherche De Mon Identité: L'évolution Chronologique D'un
Motard Hors-la-loi Sur La Route De La Rédemption

Destralos	Thurston County	5
Hombres	Wenatchee	4
Canyon Riders	Whatcom County	11
Unforgiven	Yakima	6
WYOMING		
Hermanos	Gillette	5
47 Clubs De Soutien	**Totale Membres**	929

Annexe F

Crédit Pour Les Articles De Journaux

Page 033   Réimprimé avec permission. Droits d'auteur © Ottawa
Citizen, Ottawa, Ontario. Tous les droits sont réservés.

Page 103   Réimprimé avec permission. Droits d'auteur © Ottawa
Citizen, Ottawa, Ontario. Tous les droits sont réservés.

Recherche De Mon Identité: L'évolution Chronologique D'un
Motard Hors-la-loi Sur La Route De La Rédemption

A Propos De L'auteur

Edward Winterhalder est un auteur américain qui a écrit plus de
vingt-cinq livres sur les clubs de motards et la culture des motards
hors-la-loi publiés en anglais, français, allemand et espagnol; un
producteur de télévision qui a créé des programmes sur les clubs
de motards et le style de vie des motards hors-la-loi pour les
réseaux et les diffuseurs du monde entier; un chanteur, auteur-
compositeur, musicien et producteur de disques; et scénariste.

Winterhalder a produit des segments, des épisodes et des
documentaires pour la télévision tels que *Gangland, Outlaw
Bikers, Gang World, Iron Horses, Marked, Biker Chicz, One
Percenters, Recon Commando: Vietnam* et *Living On The Edge*; et
est le créateur et producteur exécutif de *Steel Horse Cowboys, Real
American Bikers* et *Biker Chicz*.

Membre éminent du club de motards Bandidos de 1997 à 2003 et
associé de 1979 à 1996, il a contribué à l'expansion de
l'organisation dans le monde entier et a été chargé de coordonner
l'assimilation de la Rock Machine aux Bandidos pendant la guerre
des motards au Québec—un conflit qui a coûté plus de cent
soixante personnes leur vie.

Associé à des clubs de motards et à des motards hors-la-loi depuis
près de trente ans, Winterhalder a été vu sur Fox News (O'Reilly

Factor avec Bill O'Reilly & America's Newsroom), CNN, Bravo, Al Jazeera, BBC, ABC Nightline, MSNBC News Nation, Good Morning America, History Channel, Global, National Geographic, History Television, AB Groupe et CBC.

Ingram Content Group UK Ltd.
Milton Keynes UK
UKHW020637180523
421954UK00014B/379